高速公路养护技术与机械化管理研究

郭术铭　汤　涛　刘小四　主编

文化发展出版社
Cultural Development Press

图书在版编目（CIP）数据

高速公路养护技术与机械化管理研究 / 郭术铭，汤涛，刘小四主编． —北京：文化发展出版社有限公司，2019. 9

ISBN 978-7-5142-2683-6

Ⅰ．①高… Ⅱ．①郭… ②汤… ③刘… Ⅲ．①高速公路－公路养护－研究 Ⅳ．①U418

中国版本图书馆 CIP 数据核字（2019）第 119654 号

高速公路养护技术与机械化管理研究

主　　编：郭术铭　汤　涛　刘小四

责任编辑：李　毅　　　　　　　　　责任校对：岳智勇
责任印制：邓辉明　　　　　　　　　责任设计：侯　铮
出版发行：文化发展出版社有限公司（北京市翠微路 2 号　邮编：100036）
网　　址：www. wenhuafazhan. com　www. printhome. com　　www. keyin. cn
经　　销：各地新华书店
印　　刷：阳谷毕升印务有限公司

开　　本：787mm×1092mm　1/16
字　　数：368 千字
印　　张：20.25
印　　次：2019 年 9 月第 1 版　2021 年 2 月第 2 次印刷
定　　价：56. 00 元
I S B N：978-7-5142-2683-6

编委会

作　者	署名位置	工作单位
郭术铭	第一主编	江苏连徐高速公路有限公司
汤　涛	第二主编	济宁市公路管理局嘉祥公路局
刘小四	第三主编	江西省吉安市路桥工程局
郭泳江	副主编	云南交投集团运营管理有限公司
刘　坤	副主编	河南中原高速公路股份有限公司
王　玮	副主编	云南省交通投资建设集团有限公司
冯永清	副主编	山西路桥第一工程有限责任公司
葛振才	副主编	山西路桥第一工程有限责任公司
王　华	副主编	安徽省交通控股集团有限公司宁国管理处

前　言

近年来，随着我国经济的快速发展，关系国计民生的基础建设也实现了跨越式发展，尤其是高速公路建设，已经位居世界第一。高速公路在为国家经济建设带来一系列优势之外，其养护工作也产生了许多问题。随着高速公路的逐年使用，其自身功能也在不断地下降，危害也日趋严重。因此，探索新时期高速公路的养护技术，通过这些技术确保高速公路的正常使用，已经引起了许多工作者和学者的重视。

高速公路养护是保证高速公路正常运行的重要手段之一，其具有十分重要的意义。在高速公路运营过程中，高速公路养护能够及时的发现公路的损坏程度，以便及时的修复公路的损坏，这样有利于向公路使用者提供便捷、安全和舒适的行车环境，提高了高速公路运营企业的形象，从而间接的提高了高速公路社会效益和经济效益；解决高速公路先天性的不足和缺陷。在高速公路建设时期，由于公路设计和施工过程中等存在的各种问题，高速公路投入运行后，公路两边的排水管道、边坡防护、标牌位置等使用功能存在各种问题，这些问题都需要在高速公路运行时进行养护维修，因此，及时的发现和改进这些道路设施先天性的不足和缺陷，是高速公路养护的重要体现之一；强化高速公路养护，可以延长公路的使用周期。高速公路上的行车车速比较快，因此必须重视交通公路的运营质量。因此，在高速公路运行早期，通过检查高速公路的沥青路面和混凝土路面的损坏情况，检查高速公路路面是否存在龟裂、松散、不规则裂缝以及边坡的稳定和坡面的冲刷等状况，如果发现问题，就可以及时的采取有效措施，将病害处理在萌芽状态，确保高速公路正常通行。

公路施工具有流动性大、易受外界自然因素干扰、施工周期长和施工协作性高等特点。随着我国高速公路建设的迅速发展，机械化施工已成为高速公路主要的施工方法。在当今施工技术日益复杂和工程规模日趋增大的情况下，如果在高速公路建设项目施工前没有进行科学的管理和合理的组织，缺乏周密的计划，就必将会使各工序之间及各分部分项工程之间产生矛盾，导致劳动力、机械及材料等调配紊乱，资源浪费现象严重，甚至还会出现一些重复性的无效劳动，从而直接影响到建设项目的投资效益。由此可见，以科学的施工组织计划指导工程施工，并结合工程实际做好施工项目的管理是十分必要的，更是保证高速公路建设工程施工项目取得良好经济和社会效益的前提。

由于编者水平有限以及时间仓促，书中难免存在一些不妥之处，恳请广大读者批评指正，以便做进一步的修订。

《高速公路养护技术与机械化管理研究》编委会

目　录

第一章　公路路基养护与维修

第一节　路基养护工作的内容和一般要求

一、路基养护的内容

为了使路基满足密实、稳定、均匀的基本要求，必须采取措施防止地面水和地下水侵入路基，保持排水系统完好、路基各部分尺寸和坡度符合规定，并及时消除不稳定因素。为此，路基养护工作的主要内容包括：

维护、加固路肩、边坡；疏通、改善、铺砌排水系统；维护、修理各种防护构造物及透水路堤，管护两旁公路用地；清除塌方、积雪，处理塌陷，检查险情，预防水毁；观察、预防、处理翻浆、滑坡、泥石流等病害；有计划地局部加宽、加高路基、改善急弯、陡坡和视距，使之达到要求的技术标准。

二、路基养护的要求

（1）路基各部分经常保持完整状态，各部尺寸保持规定的标准要求，无损坏变形，经常处于完好状态。

（2）路肩无车辙、坑洼、隆起、沉陷、缺口面接茬平顺，横坡适度，边缘顺适，表面平整坚实、整洁，与路面接茬平顺。

（3）边坡稳定、坚固、平顺，无冲沟、松散、坍塌，横坡能符合规定要求。

（4）边沟、排水沟、截水沟、跌水井、泄水槽等排水设施无淤塞、无杂草，纵坡符合要求，排水畅通，进出口维护完好，消能防护措施完好，保证路基、路面及边沟内不出现积水。

（5）挡土墙、护坡及防雪、防沙等设施保持完好无损，不能出现砂灰脱落现象，泄水孔无堵塞；做好翻浆、塌方、山体滑坡体、泥石流等病害的预防、治理和抢修，尽力缩短阻车时间。

第二节 路基的日常养护与维修

路基的日常养护与维修要根据路基的主要损坏类型进行，主要内容包括：路肩的维护与加固、边坡的维护与加固、防水工程与透水路堤的维护与加固。

一、路基损坏类型与评定

根据《公路技术状况评定标准》（JTG H20—2007），将路基损坏类型分为8类，包括：路肩及边沟不洁、路肩损坏、边坡坍塌、水毁冲沟、路基构造物损坏、路缘石缺损、路基沉降以及排水系统淤塞。

1. 路肩及边沟不洁

路肩、边沟不洁指路肩及边沟部位有杂物、油渍、垃圾堆积物等。

路肩、边沟不洁不仅影响公路美观，而且会堵塞路基排水系统。路肩部位的杂物垃圾影响车辆紧急停车，或者垃圾被风吹至路面或空中会对行车安全造成一定的影响。路肩部位的油渍如不及时清理会腐蚀路肩，造成路肩损坏。

2. 路肩损坏

路肩是位于行车道外缘至路基边缘，具有一定宽度的带状结构部分。路肩通常包括路缘带（高速公路和一级公路设置）、硬路肩、土路肩三部分组成。路肩损坏是指土路肩、硬路肩或紧急停车带表面出现各种损坏，如龟裂、坑槽、松散等，硬路肩损坏按同类型路面的损坏判断，土路肩损坏主要指路肩出现沉陷、坑槽等损坏。造成路肩损坏的主要原因包括：横坡不顺、雨水冲刷、施工不规范或材料不符合要求以及外力作用等。此外，汽车在紧急停车带检查修理时，也会给路肩留下千斤顶痕迹及油污，形成路肩坑槽等损坏。

路肩损坏将所有形式的损坏按面积累加，以平方米（m^2）为计量单位，累计面积不足 $1m^2$ 的按 $1m^2$ 计。路肩损坏分为轻、重两个等级，其中，按路面损坏分类标准为轻和中的损坏都归为轻度路肩损坏，按路面损坏分类标准为重度损坏在路肩损坏中也归为重度。

3. 边坡坍塌

边坡包括路堑边坡和路堤边坡，路堤边坡对路肩有重要的保护作用。边坡坍塌是指边坡发生岩石塌落、缺口、冲沟、沉陷和塌方等。引起边坡坍塌的主要原因包括：边坡设计坡度过大、切坡过多、岩石风化、洪水冲刷以及春融等。

严重的边坡坍塌会堵塞路面、边沟，威胁交通安全。

边坡坍塌按处进行记录和统计。根据坍塌边坡的长度将损坏程度分为轻、中和重 3 个等级，其中坍塌长度小于或等于 5m 的为轻度损坏，坍塌长度 5 ~ 10m 的为中度损坏，坍塌长度大于 10m 的为重度损坏。边坡坍塌的长度按沿行车方向的长度实地丈量或目测估计。

4. 水毁冲沟

水毁冲沟是另一种形式的边坡损坏，它是指边坡出现冲沟和缺口。因水冲蚀而引发的局部沉陷等损坏。水毁冲沟损坏会严重影响路基的稳定性。路基压实不够、工程地质不良、路基填料土质差、路基排水不畅或缺乏防护等都会造成水毁冲沟损坏。

水毁冲沟损坏按处进行记录和统计。按冲沟的深度将损坏分为轻、中和重 3 个等级，其中冲沟深度小于或等于 0.2m 的为轻度损坏，冲沟深度介于 0.2 ~ 0.5m 的为中度损坏，冲沟深度大于 0.5m 的为重度损坏。测量冲沟深度时，采用直尺架在冲沟两侧，然后测定直尺与冲沟底部的最大距离。

5. 路基构造物损坏

路基构造物损坏是指路肩、边坡、挡土墙等圬工砌体出现断裂、沉陷、倾斜、局部坍塌松动、较大面积勾缝脱落等损坏。路基本身不稳定或构造物施工不良是造成路基构造物损坏的主要原因。路基构造物损坏以处为计量单位。按损坏长度分为轻、中和重 3 个等级，其中损坏长度小于或等于 5m 的为轻度损坏，损坏长度介于 5 ~ 10m 的为中度损坏，损坏长度大于 10m 的为重度损坏。

6. 路缘石缺损

路缘石包括中央分隔带和路肩边侧的缘石和挡水带的缘石，路缘石缺损是指路缘石损坏或缺少。路缘石损坏按长度测量和统计，以米（m）为单位，损坏不分轻重。测量时按损坏沿行车方向的长度进行实地丈量或目测估计。

7. 路基沉降

路基沉降是指路基出现深度大于 30mm 的整体下沉。路基沉降易发生在高填方路段，严重时会直接影响公路的正常使用，并导致路面损坏。路面标线扭曲通常是路基发生整体沉降的标志之一，路基施工时压实不足、填筑方案不合理以及路承载力不足是造成路基沉降的主要原因。路基沉降损坏以处为单位进行记录和统计。按路基沉降的长度分为轻、中和重 3 个等级，其中损坏长度小于或等于 5m 的为轻度损坏，长度介于 5 ~ 10m 的为中度损坏，损坏长度大于 10m 的为重度损坏。损坏长度按沉降部分沿行车方向的长度实地丈量或目测估计。

8. 排水系统淤塞

路基排水系统包括边沟、排水沟、截水沟及暗沟等。排水系统淤塞是指各种排水设施发生淤积或堵塞。排水系统淤塞导致水无法从路面或路基及时排出，会加剧水对公路的损坏。沟内杂草未能及时清除，或有垃圾、碎砾石、土等堆积是造成排水系统淤塞的主要原因。

按淤积程度及排水情况将损坏分为轻度和重度，并采用不同的计量方法。对排水系统的淤积，如仍可以排水，只是过水面积减小的情况，为轻度损坏，按长度计量；对排水系统发生全截面堵塞，无法排水的情况，为重度损坏，以处为计量单位。按长度计量时，按发生淤积的边沟长度实地丈量或目测估计。

二、路肩维护与加固

各等级公路都要设置路肩。路肩具有以下作用：路肩为发生故障的车辆提供临时停车位置；由于路肩紧靠在路面的两侧设置，可以保护行车道等主要结构的稳定；路肩增加行车道宽，能提高驾驶的安全和舒适感和挖方路段弯道视距；另外，为埋设路上设施提供位置，也可作为埋设地下设施的位置；公路未设人行道，可以供行人及非机动车等使用；还可以作为养护道路的工作场地。有的国家较宽的硬路肩，作为警车的临时专用道。

硬路肩是指进行了铺装的路肩，它可以承受汽车荷载的作用力，在混合交通的公路上便于非机动车、行人通行。土路肩是指不加铺装的土质路肩，它起保护路面和路基的作用，并提供侧向余宽。

路肩养护应满足以下基本要求：路肩应保持干净、清洁、无杂物；路肩应保持适当的横坡，坡度顺适，以迅速排除路面范围内的地面水。硬路肩横坡与同类型路面横坡相同，土路肩或草皮路肩的横坡应比路面横坡大 1% ~ 2%，以利于排水；路肩应经常保持平整、坚实。对车辙、坑槽、与路面产生错台以及高出路面的堆积物，必须及时整修或清除；及时排出和清除土路肩的积水和淤泥，并用与原路肩相同的土填平压实，保持原有状态。硬路肩产生病害应参照同类型路面病害处治；路肩上不应堆放有任何杂物或养护材料；路肩应尽量与环境协调，尽可能使之美观。

1. 土路肩的维修与加固

土路肩上出现车辙、坑洼以及因行车道罩面、加铺保护层而造成的错台现象，必须及时整修，并用与原路基相同的土填平夯实，使其顺适。土路肩过高妨碍路面排水时，应铲削整平。宜在雨后土质湿润状态下，结合清理边沟同时进行。

土路肩横坡度过大时，宜采用良好的砂土以及其他合适的材料填补压实，不得使用清沟挖出的淤泥或含有草根的土质填补。填补厚度大于15cm时，应分层夯压密实。砂性土或粉性土地段，应掺拌黏性土加固表面，以提高路肩的稳定性。土路肩横坡过小时，应削高补低整修至规定坡度，以利排水。

公路上的路肩通常不用于行车，但功能上要求其能承受汽车荷载。因此，为减少路肩养护工作量，对于行车密度大的路线，应该有计划地将土路肩改铺成硬路肩。

2. 陡坡路肩防排水

陡坡路段的路肩，易被暴雨冲成纵向横向沟槽，甚至冲坏路堤边坡，可根据路基排水系统的情况采取下列防护措施：

（1）设置截水明槽。自纵坡坡顶起，每隔15 ~ 20m在公路两侧交叉设置30 ~ 50cm宽的斜截水明槽，并用碎（砾）石填平，同时在路边缘处设置高10cm、顶宽10cm、底宽20cm的拦水土埂，在每条截水明槽处留一淌口，其下边的边坡用草皮或砌石加固，雨水集中在截水明槽内排出。

（2）用粒料加固土路肩或有计划地铺筑硬路肩；在陡坡路段的路肩和边坡上全范围人工植草，以防冲刷。

3. 硬路肩的维修

硬路肩如出现沉陷、缺口、车辙、坑槽、横坡不够等病害，应尽快组织维修。高速公路路肩应根据设计要求铺沥青混凝土或水泥混凝土面层，并铺砌路肩边缘带，此时路肩的养护工作将转变成同类型路面的养护工作。

在铺筑硬路肩有困难的路线或路段，可种植草皮或利用天然草来加固路肩。种植草皮应选择适宜于当地土质、易于成活和生长的草种，成活生长后定期进行维护和修剪，草高不得超过15cm，并随时清除杂草和草丛中积存的泥沙杂物，以利排水，保持路容美观。

4. 路肩清理

路肩清理包括机械清扫和人工清扫，进行路面清扫、保洁时，必须将硬路肩同时进行清扫和人工保洁；雨后路肩如有积水，应及时排除。

路肩上严禁种植农作物和堆放任何杂物。对于养路材料，应在公路以外相连路肩之处，根据地形情况，选择适宜地点，设置堆料台，堆料台的间距以200 ~ 500m为宜，硬路肩不堆放养护料。

三、边坡维护与加固

边坡包括路堑边坡和路堤边坡。它是保护路基的重要组成部分。其主要用于保证路基稳定。边坡坡面应经常保持平顺、坚实、无裂缝，如遇有缺口、斜塌、高边坡碎落、侧滑等病害，应分别针对具体情况采取相应的加固整修措施。

影响边坡稳定性的因素主要有：岩（土）体的性质、岩层结构及构造、水文地质条件、风化作用、气候作用、地震作用、地貌因素、其他因素（如水文及人为因素）等。

边坡养护应满足以下基本要求：

边坡坡面应保持平顺、坚实、无裂缝；经常注意观察路堑高边坡，发现问题及时处理；及时清理边坡滑塌部分，避免堵塞路面、边沟；对边坡加固的各种设施经常检查，维护，以保证其完整性良好；严禁在边坡上及路堤坡脚，护坡道上挖土取料，种植农作物或修建其他建筑物；土质边坡出现裂缝时，可用黏性土填塞捣实，以防表层水渗入路基内。如出现潜流涌水，可截断水源，将潜水引向路基外排出；填土路堤边坡处理时，应将原坡面挖成阶梯形，然后分层填筑夯实，并应与原坡面衔接平顺。

1. 植物护坡技术

为使开挖边坡与周边自然环境相协调，在有条件的路段应优先采取植物防坡技术，一般边坡坡度较小，土坡坡面本身就有一定肥效的表土，客土能够稳固地附着于坡面，采用“栽植木本植物”、“铺草皮”、“植生带护坡”或“种植香根草”就能恢复植被。人工边坡中岩质边坡，以及肥效贫瘠的土质边坡，因其坡面不具备植物生长的条件，必须采取工程措施，提供植物生长所需的条件，如“液压喷播植草”、“三维植被网”和“喷混植生”等技术措施，才能在短期内恢复植被。

“栽植木本植物”即栽植灌木、小乔木等木本植物进行边坡防护是较常用的一种方法。在路基边坡上合理地植树，对于加固路基有良好的效果；也可和种草、铺草皮配合采用，使坡面形成良好的防护层。植树适用于土质边坡及严重风化的岩石边坡和裂隙黏土边坡。但对盐渍土、经常浸水及经常干旱的边坡及粉质土边坡不宜采用。植树可以加强路基的稳定性。降低雨水流速，防止和减少水流对路基的冲刷。植树能防风、防沙、防雪。植树可美化路容、调节气候，并可获得部分木材，增加收益。

（1）“种植香根草”即在坡面上按一定间距并大致沿等高线密植香根草带，依靠香根草的植被覆盖及其根系的力学作用加固防护边坡的技术。香根草具有适应性广、易繁殖、根系发达、耐旱、耐湿、耐瘠薄等特性，因此成为保持水土流失、固土护坡的首推环保植物，在水土保持、固土护坡等方面具有广泛的应用价值。国际香根草网络主席 R·G.格雷姆肖预言“香根草技术在水土保持、土地复垦和固土护坡方面将可能成为 21 世纪的领头生物技术”。

香根草篱护坡具有以下优点：

①抗逆性强，适应性广。香根草能耐 -10℃严寒及 50℃高温，能抗严重干旱及水淹，既能种植于干旱的山坡，也可生长于河岸边富水土壤。

②生长分蘖迅速，分蘖后形成草篱。如果种植得法，第一年后香根草就可高达 80 ~ 100cm，并由原来每蔸 2 ~ 3 株，当年就可分蘖成 30 ~ 40 茎蘖的大丛。根系发达，固土力强。香根草以根系发达，且深扎土壤的优点而被广泛应用。

③技术简单，经济合理。种植香根草不同于工程治理，经过简单的技术培训后一般工人容易学会操作。香根草篱护坡成本低，同铺草皮护坡相当，种植后管理费用少，一旦形成篱笆后，几年内不需要维护，而且由于香根草适口性不好，不会被家畜采食。香根草对病虫害强大的抵抗力，其根内所含挥发性芳香油可驱赶鼠类及其他有害动物。香根草不会污染环境，在自然条件下一般不结实，也没有根状茎或匍伏茎，因此它不会成为农田杂草。

（2）“液压喷播植草”是将草种、木纤维、保水剂、黏合剂、肥料、染色剂等与水的混合物通过专用喷播机喷射到预定区域建植草坪的高效绿化技术。由于喷出的含有草种的黏性悬浊液，具有很强的附着力和明显的颜色，喷射时不遗漏、不重复，可以均匀地将草种喷播到目的位置。在良好的保湿条件下，草种能迅速萌芽，快速发育成为新的草坪。因此，液压喷播植草是一种高速度、高质量和现代化的绿化技术。

液压喷播植草护坡具有以下特点（见表 1–1）：

表 1–1　液压喷播植草护坡的特点

特点	内容
机械化施工程度高	对偏僻的零星边坡施工，液压喷播的优势不是很明显。技术含量高，液压喷播技术实现了草种播、着色、施肥、播种、覆盖等多种工序一次完成，最大风力 5 级也不会影响喷播的效果
施工速度快、成本低	液压喷播减少施工人员的数量和成本的投入，液压喷播植草是一项低投入、高产出的技术
成坪速度快	草坪覆盖度大主要由于草种和肥料等充分的搅拌在一起，种子和幼苗能有效地吸收养分、水分。因此，采用液压喷播植草，种子萌发和幼苗生长迅速快，成坪速度快，草坪覆盖度大
草坪成型质量高	由于液压喷播的混合液搅拌均匀，喷播的速度也一致，因此，采用喷播建植的草坪均匀度很高

（3）“喷混植生”全称阶梯式植生带绿化工法，是一种将含草种、有机质、混凝土喷在岩石坡面上的边坡绿化方法。该方法适用于开挖后的岩石坡面的植被恢复，尤其对不宜进行植被恢复的恶劣的地质环境，如砾石层、软岩、破碎岩及较硬的岩石，有比较明显的效果。

喷混植生护坡技术，其核心是在岩质坡面上营造一个既能让植物生长发育而种植基质又不被冲刷的多孔稳定结构。它利用特制喷混机械将土壤、肥料、水泥、有机质、保水材料、植物种子等混合干料加水后喷射到岩面上，由于水泥的黏结作用，上述混合物可在岩石表面形成一层具有连续空隙的硬化体。一定程度的硬化使种植基质免遭冲蚀，而空隙内填有种子、土壤、肥料、保水材料等，空隙既是种植基质的填充空间，也是植物根系的生长空间。

边坡上的植被对保护边坡大有益处，不能铲除，并禁止在边坡上割草、放牧。同时，严禁在边坡上及路堤坡脚、护坡道上挖土取料或种植农作物。目前，土工合成材料的发展为边坡防护、加固提供了新材料、新技术和新方法。常用于边坡防护、加固的土工合成材料有：土工网、土工格栅、防老化的塑料编织布、土工膜袋等。使用上述材料进行边坡防护和加固的突出优点是：施工简便、进度快、造价低、效果好。

2. 石质边坡的维修与加固

对于石质路堑边坡，应经常注意边坡坡面岩石风化发展情况，以及边坡上的危岩、浮石的变动。发现问题及时采取适当的处理措施，如抹面、喷浆、勾缝、灌浆、嵌补、锚固等，以免堵塞边沟或危及行车和行人。

3. 土质边坡的维修与加固

对于土质边坡、碎落台、护坡槽等，如经常出现缺口、冲沟、沉陷、塌落或受洪水、边沟流水冲刷及浸水时，应根据水流、土质等情况，选用种草、铺草皮、栽灌木丛、铺柴束、篱格填石、投放石笼、干砌或浆砌片石护坡等措施，进行防护和加固。边坡如发生坍塌需要修整时，不能在边坡上贴土修补，应在毁坏的地段上，从下到上先挖成台阶，再分层填土夯实。夯实后的宽度稍超出原来的坡面，以便最后切出坡面。

四、防水工程与透水路堤的维护与加固

路基防水工程，按其作用不同可分为冲刷防护工程和护岸防护工程两类。

1. 冲刷防护工程维护与加固

冲刷防护工程（堤岸防护）包括直接防护和间接防护，直接防护是为了防

止流水直接危害沿河、滨海路堤以及有关海河堤坝的堤岸边坡和坡脚，必须采用一定的防止冲刷的措施。间接防护设置结构物以改变水流方向、降低流速、减少冲刷为主要措施。

直接防护可分为植物防护、矿料防护（坡面处治）、砌石防护、石笼防护，植物防护适用于允许流速小于 1.2 ~ 1.8m/s 的季节性水流冲刷。矿料防护适用于允许流速小于 2 ~ 8m/s 的路堤边坡。干砌片石用以保护边坡免受大气降水和地面径流的侵害。浆砌片石在水流流速大、有冲击作用时采用。石笼防护是用铁丝编织成框架，内填石料，放在坡脚处，以防急流和大风浪破坏堤岸，也可用来加固河床，防止淘刷。

间接防护可分为丁坝和顺坝，丁坝设置将水挑离河岸，常设于被冲刷的岸面，称挑水坝。断面形式为梯形，最长不大于 1/4 河宽。顺坝设置与水流平行，主要作用为导流、束水，改善流态，通常作为防护河岸或导治河槽水的调治构造物。

（1）种草、铺草皮和植树等植物维护。

①灌溉。灌溉可以改善植物的生长环境，补充植物的水分，是草正常生长的保证。鉴于草生长季内，草与环境处于不断交化之中，不同地区、不同植物存在差异，水又是调节土壤湿度和改善小气候的重要环节，浇灌不能按照某个固定的模式实施，可根据以下技术要点进行：

灌水时间。生长季节，根据不同时期的降水量及不同植物适时灌水是极为重要的。一般分为 3 个时期：I. 植物返青到雨季前，这一阶段气温高，蒸发量大，需水量大，是一年中最关键的灌水时期，根据土壤保水性能的强弱及雨季来临的时期可灌水 2 ~ 4 次。Ⅱ. 雨季期。这一时期空气湿度大，蒸发量下降，而土壤含水量已提高到足以满足植物生长需要。其间可停止灌水。Ⅲ. 雨季后至草枯黄期前。这一时期降水量下降，蒸发量大，而植物仍处于生命活动较旺盛阶段，与前两个时期相比，其间需水量显著提高，如不及时灌水，则影响植物生长，还会引起植物提前进入休眠期。其间需灌水 4 ~ 5 次。另外，如果采用间歇式喷雾，一天中的灌水一般以顶着太阳灌溉最好。此法不仅能补充水分，而且能明显改善小气候，有利于植物坪的蒸发作用、气体交换和光合作用，有助于协调水、肥汽、热及根系扩展。若采用浇灌、漫灌等，早春、晚秋以中午前后为好，其他季节以早晨、傍晚为好。

灌水量。每次灌水应根据土质、生长期、植物等因素而定。一般草生长在干旱期内，每周需水量为 20 ~ 40mm；在炎热和严重干旱的情况下，草每周需水量为 50 ~ 60mm。通常情况下，应多次少灌，最大到地面刚好发生径流为止。

②施肥

草坪施肥的种类主要是氮肥，它能促进草坪叶色嫩绿、生长繁茂，同时减少开花结籽。寒季型草种的追肥时间最好是早春和秋季。第一次在返青后，第二次在仲春，天气转热后应停止施肥。秋季施肥可于 9 月、10 月进行。暖季型草种的施肥时间是晚春，生长季节一般每月或每两个月应施肥一次。

③修剪

修剪是草坪和低矮灌木养护的重点，修剪能控制其高度，去除衰弱的垫层（由衰老死亡叶片长期累积而成的软绵层），促进分聚更新，增加叶片密度，抑制杂草生长，使草坪保持美观。一般的草坪和低矮灌木一年最少修剪 4 ~ 5 次。修剪时保留的高度越低，要求修剪的次数越多，草的叶片密度与覆盖度也随修剪次数的增加而增加，应根据草的剪留高度进行有规律的修剪，当草达到规定高度的 1.5 ~ 2 倍时就要进行修剪。

④除杂草

杂草的入侵会严重影响植物的质量，使植物失去均匀、整齐的外观，同时杂草争水、争肥、争夺用光，从而使植物长势减弱，因而除杂草是植物养护的重要一环。除杂草根本的方法是合理的水肥管理，促进目标草的长势，增强与杂草的竞争能力、并通过多次修剪，抑制杂草的发生。一旦发生杂草侵害，除采用人工挑除外，也可用化学除草剂。

⑤病虫害防治

及时做好病虫害的防治工作，以预防为主，精心管养，使植物增强抗病虫能力，经常检查，早发现早治理。采用综合防治，化学防治，物理人工防治和生物防治等方法防治病虫害蔓延和对植物生长的影响。尽量采取生物防治的办法，以减少对环境的污染。用化学方法防治时，一般在晚上进行，药物、用量及对环境的影响，要符合环保的有关要求和标准。最严重的病虫危害率应控制在 5% 以下。

⑥垃圾清理

绿化养护作业人员应每天至少对草坪内飘落或撒落的纸屑、塑料袋、果皮、落叶等进行一次彻底清理，在绿化作业当天收工前应对绿化修剪物等进行清理。

（2）框格维护。

出现裂缝、断裂等病害应及时维修。局部悬空、边缘冲沟应及时填补，并根据冲刷情况完善排水设施；框格内出现的冲沟填补后，再进行绿化。

（3）抹面与捶面维护。

抹面或捶面出现裂缝、开裂或脱落后，应及时灌浆修补或清除损坏部分后重新抹面或捶面；抹面或捶面工程的周边与未防护坡面衔接处应严格封闭；抹面或捶面防护的泄水孔、伸缩缝功能应完好，如有损坏应及时维修。

（4）勾缝与灌浆维护。

清除松动填料，缝内冲洗干净；用 14 或 1d（质量比）的水泥砂浆捣插密实，有条件时可采用压浆机灌注；缝宽大且深时，宜用水泥混凝土灌注，可按体积比 1∶3∶6 或 1∶4∶5 配合比配料，灌注捣实。

（5）干砌片石、浆砌片（块）石、混凝土预制块维护。

应经常检查勾缝有无脱落。沉降缝、泄水孔功能是否完好，如有损坏应及时修复；砌石是否有风化、松动、开裂等情况，如有损坏应及时维修；坡顶如有水渗入护坡后面，应及时采用封水措施，防止护坡滑塌。

（6）丁坝与顺坝维护。

严禁在坝上游河流 200m 范围内采砂、采石，以免引起河床冲刷，造成基底悬空；定期检查坝与连接地层及其他防护设施的嵌接，如有变形、损坏应及时维修；坝体如有勾缝脱落，石块松动、撞击损坏等，应及时维修。

2. 护岸防护工程

应在洪水期前后仔细观察、检查护岸设施的作用和效果是否达到稳定完好，如发现损坏，应及时修理和加固。

传统的沿河路提边坡的防护、加固措施已在前面讲述，用土工膜袋做护岸是近几年出现的一项新技术，这里主要对其进行介绍。土工膜袋就像一个中间带有许多节点的超大型塑料编织袋，其规格可以按照工程要求加工。施工时，将膜袋平铺于岸坡上（也可按设计要求伸入水下），从袋口（可以多处同时施工）连续灌注流动性良好的混凝土，则充满混凝土的膜袋紧贴在岸坡上，形成一个稳固的、连续的大面积混凝土壁，起到护岸的作用。这项技术的特点是施工速度快，简便、经济，可以省去管养工作，尤其适用于冲刷严重的沿河路堤。

3. 透水路堤的维护与加固

受长期或季节性影响浸水的路堤、沿河路堤和桥头引道等，其路堤下部每年遭受短期或长期淹没。这些路堤称为透水路堤。当河中水位上升时，水从边坡的一侧或两侧渗入路堤内；水位降落时，水又从堤内向外渗出。故透水路堤除承受车辆荷载和自重外，还要受水的浮力和渗透动水压力的作用。当堤外水位下降时，渗透动水压力指向土体外面，此时会破坏边坡的定性，产生边坡凸起或滑坡现象。

透水路堤的边坡，应保持稳定和完好，若发现有冲塌缺陷，应选用与原来相同的材料填补加固。透水路堤伸出路基坡脚以外部分，应经常清理，保持原有的宽度，防止边坡土体坍落，淤塞石缝。压力式透水路堤上游的路基护坡，应保持高出洪水位 1m，雨季后检查如高度不足时，应采取补救加固措施。上游护底的铺砌，必须保持平顺、密实、无淤积，如发现松动变形，需及时修补。

透水路堤顶面与路基之间所铺的隔离层，是防止毛细水上升的措施，如路基出现塌软变形，证明隔离层失去作用，应进行翻修恢复。透水路堤在养护加固中，如遇不能清除淤塞阻水的情况，则应改建为桥梁或涵洞以利水流的排泄。

第三节　路基附属设施养护与维修

与路基工程有关的附属设施包括：挡土墙、排水系统、取土坑、弃土堆、护坡道、碎落台、堆料坪及错车道等。

一、支挡设施养护与维修

1. 挡土墙养护与维修

挡土墙是为防止土体坍滑而修筑的，主要承受侧向土压力的墙式建筑物。进行挡土墙的维修与加固时，首先要对其进行检查。

（1）挡土墙检查。

挡土墙除经常检查其有无损坏外，每年还应在春秋两季各进行一次定期检查，北方冰冻严重地区尤应注意，主要检查挡土墙在冰冻融化后墙身及基础的变化情况，以及冰冻前应采取的防护措施效果。另外，在反常气候、地震或重型车辆通过等特殊情况后，应及时进行检查；如发现裂缝、断裂、倾斜、鼓肚、滑动、下沉或表面风化、泄水孔堵塞、墙后积水、周围地基错台、空隙等情况，应及时查明原因，并观察其发展情况，采取相应的维护修理、加固措施，并做好工作记录，建立技术档案备查。

（2）挡土墙加固。

当挡土墙发生倾斜、局部鼓出、滑动或下沉等病害时，可采用下列方法之一进行加固：

①锚固法。适用于水泥混凝土或钢筋混凝土挡土墙。该方法采用直径在 25mm 以上的高强螺纹钢筋作锚杆，穿入预先钻好的孔内，灌入水泥砂浆，将锚杆固定，待砂浆达到一定强度后对锚杆进行张拉，并紧固锚头。必要时，在加固前，

可先在挡土墙外侧设置锚杆的断面处现浇宽 300 ~ 400mm，厚 150 ~ 250mm 的水泥混凝土条块，以供埋置锚头之用。

②套墙加固法。用钢筋混凝土在原挡土墙外侧加宽基础，加厚墙身。施工时，先挖除墙后一部分填土，减除一部分土压力，以保证安全。采用该方法时，应注意新旧基础、墙体的结合，方法是凿毛旧基础和旧墙体，必要时可设置钢筋锚增强联结。

③增建支撑墙加固法。在挡土墙外，增建支撑墙，其基础埋置深度、尺寸和间距，应通过计算确定。

④重建挡土墙法。如挡土墙损坏严重、必要时也可将损坏的部分拆除重建，但必须注意新旧墙的不均匀沉降，在新旧墙结合处应留沉降缝，并注意新旧挡土墙接头的协调，并根据公路所在地区地形及水文地质等条件，合理选择挡土墙，各类挡土墙的使用条件见表 1–2。

表 1–2　各类挡土墙的使用条件

挡墙类型	适用条件
重力式挡土墙	适用于一般地区、浸水地区和地震地区的路肩、路堤和路堑等支挡工程。墙高不宜超过 12m，干砌挡土墙的高度不宜超过 6m。高速公路、一级公路不应采用干砌挡土墙
半重力式挡土墙	适用于不宜采用重力式挡土墙的地下水位较高或较软弱的地基上，墙高不宜超过 8m
悬臂式挡土墙	宜在石料缺乏、地基承载力较低的填方路段采用，墙高不宜超过 5m
扶壁式挡土墙	宜在石料缺乏、地基承载力较低的填方路段采用，墙高不宜超过 15m
锚杆挡土墙	宜用于墙高较大的岩质路堑地段，可用作抗滑挡土墙，可采用肋柱式或板壁式单级墙或多级墙。每级墙高不宜大于 8m，多级墙的上、下级墙体之间应设置宽度不小于 2m 的平台
锚碇板挡土墙	宜使用在缺少石料地区的路肩墙或路堤式挡土墙，但不应建筑于滑坡、坍塌、软土及膨胀土地区，可采用肋柱式或板壁式，墙高不宜超过 10m。肋柱式锚碇板挡土墙可采用单级墙或双级墙，每级墙高不宜大于 6m，上、下级墙体之间应设置宽度不小于 2m 的平台。上下两级墙的肋柱宜交错布置
加筋土挡土墙	用于一般地区的路肩式挡土墙、路堤式挡土墙。但不应修建在滑坡、水流冲刷、崩塌等不良地质地段。高速公路、一级公路墙高不宜大于 12m，二级及二级以下公路不宜大于 20m。当采用多级墙时，每级墙高不宜大于 10m，上、下级墙体之间应设置宽度不小于 2m 的平台
桩板式挡土墙	用于表土及强风化层较薄的均质岩石地基、挡土墙高度可较大，也可用于地震区的路堑或路堤支挡或滑坡等特殊地段的治理

如地基处理工程复杂，可采用干砌块石或码砌石笼进行加固。挡土墙的泄水孔应保持通畅，如有堵塞应加以疏通。疏通困难时，应视墙后地下水情况或增设泄水孔或加做墙后排水设施。砖、石、混凝土或钢筋混凝土挡土墙出现碱蚀或风化时，可将风化表层凿除，露出新茬，然后用水泥砂浆抹面或喷涂。

2. 锚杆及加筋土挡墙

锚杆及加筋土挡墙在荷载作用及时间效应下，容易发生鼓胀、倾斜、开裂等失稳变形，因此其养护要点如下：

（1）应保持排水设施功能完好，对地表排水，应经常疏通排水沟渠，加强养护，使之状态完好。地下排水应注意在雨天观察出水口是否起作用，如有淤泥、杂草应及时消除。地下排水设施如淤塞不起作用时，应及时清理和翻修。

（2）加筋土挡墙面板接缝或沉降缝缝隙渗出细粒填料或泥浆，填土被掏空。在出现漏土的部位先将漏土清理干净，将面板缝隙晾干，用沥青麻布或沥青木板等弹性材料堵塞，深度可沿其周边各为 15 ~ 20cm，以防流失。如有泥浆流出，应检查排水设施是否完善，功能是否完好，路面有无渗水现象等，发现问题应及时处理。

（3）挡墙倾斜、鼓肚、变形或肋柱挡板断裂。可能由于挡土墙背面填料不实，使筋带与填料的摩擦力降低，拉力减小，面板的拉环脱落（拉出）或断裂，插销破裂或变形，应采取抽换加固措施。

（4）地基不良，挡墙沉陷，可将墙前基础挖开，加宽基础，减小地基应力，防止继续沉陷。

（5）对出露式的锚头螺母和垫板，要定期涂刷防锈漆以防锈蚀。如锚头是用砂浆或沥青麻絮包裹的，要注意是否紧密。发现脱落，应及时修补；冲刷与动水压力建筑在河、湖、海岸边的路堤加筋土工程，必须设有防止水流冲刷的措施：一是防止基础的掏空；二是防止水流渗入加筋土内部；三是要考虑动水压力冲移填土的细粒，以保证填土的完整性。

3. 浸水挡土墙

浸水挡土墙除平时经常检查其是否有损坏外，还应在洪水期前后仔细观察、检查，如有损坏应及时维修、加固。浸水挡土墙受洪水冲刷，出现基础被掏空，但未危及挡土墙本身时，可采用抛石加固或用块（片）石将掏空部分塞实再灌浆。当挡土墙本身出现损坏，如松动、下沉、倒塌、开裂等，应按原样修复。

二、排水设施养护与维修

路基排水设施为地表排水设施和地下排水设施。路基地表排水设施包括：边沟、截水沟、排水沟、跌水与急流槽、蒸发池、油水分离池、排水泵站等。路基地下排水设施包括：暗沟（管）、渗沟、渗水隧洞、渗井、仰斜式排水孔、检查疏通井等。路基排水的主要作用，是将路基周围内的土基湿度降低到一定限度以内，保持路基常年处于干燥状态，确保路面具有足够的强度和稳定性。

排水设施养护应满足以下基本要求：

（1）各种排水设施应设置合理，功能完好。

（2）在汛前应对各种排水设施进行全面检查疏通，对发现的病害及时进行维修。雨天必须上路巡视，及时排除堵塞，保持水流畅通，以防止水流集中冲坏路基。新建公路在下暴雨时，应专门对排水设施进行检查，检查进出水是否平顺、排水是否畅顺、有无冲刷、排水设施是否完善，功能能否满足要求等。

（3）暴雨后应对排水设施重点检查，如有冲刷，损坏，需及时修复加固，如有堵塞应立即清除。

（4）排水设施的进出水口应保持畅通完好。

（5）拦水带的设置应合理，保证路面雨水及时排出。出水口设置不合理或排水不畅的拦水带应及时进行改造。

（6）对各种排水设施，在春融前，特别是汛期前，应进行全面检查疏浚。雨天必须上路巡查，及时排除堵塞，保持水流畅通，防止水流集中冲坏路基。暴雨后应重点检查，如有冲刷、损坏，需及时修复加固，如有堵塞应及时清除；对暗沟应经常进行检查，如发现堵塞、淤积，应进行冲洗清除。特别是雨水季节，应保持暗沟的流水畅通。渗沟如发现洞口堵塞、长草，应及时进行冲洗和清理，如碎石层淤塞不通时，应翻修，并剔除颗粒较小的砂石，如位置不当，应根据情况另行修建；排水沟渠加固措施应结合当地地形、地质，纵坡和流速条件，因地制宜，就地取材，且应简便易行，经济实用。

1. 增设排水设施

（1）增设边沟。

边沟应按图纸规定施工，并应符合现场的地质、地形条件，边沟和涵洞接合处应与涵洞洞口建筑配合，以便水流通畅进入涵洞；平曲线处边沟施工时，沟底纵坡应与曲线前后沟底纵坡平顺衔接，不允许曲线内侧有积水或外溢现象发生。曲线外侧边沟应适当加深，其增加值等于超高值，但曲线在坡顶时可不加深边沟；边沟的尺寸应符合规定。对于土质地段，当沟底纵坡大于 3% 时，边沟必须采取加固措施，采用干砌片石对边沟进行铺砌时，应选用有平整面的片石，各砌缝要用小石子嵌紧；采用浆砌片石铺砌时，砌缝砂浆应饱满，沟身不漏水；若沟底采用抹面时，抹面应平整压光。

（2）增设截水沟。

截水沟应按规定施工。截水沟的位置，在无弃土的情况下，截水沟的边缘离开挖方路基坡顶的距离视土质而定。以不影响边坡稳定为原则，如是一般土质，至少应离开坡顶 5m。截水沟挖出的土，应及时平整夯实，使沟两侧形成平顺的斜面；路基上方有弃土堆时，截水沟应离开弃土堆坡脚 1 ~ 5m，弃土堆坡脚离开路基挖方坡顶不应小于 10m，弃土堆顶部应设 2% 倾向截水沟的横坡；山坡上路堤的截水沟距离路堤坡脚至少 2m，并用挖截水沟的土填于路堤与截水沟之间，修筑向沟倾斜坡度为 2% 的护坡道或土台，使路堤内侧地面水流入截水沟排出；截水沟长度超过 250m 时，应选择适当地点设出水口，将水引至山坡侧的自然沟中或桥涵进水口。截水沟必须有牢靠的出水口，必要时需设置排水沟、跌水或急流槽，截水沟的出水口必须与其他排水设施平顺衔接；为防止水流下渗和冲刷，截水沟应进行严密地防渗和加固处理。地质不良地段和土质松软、透水性较大或裂隙较多的岩石路段以及沟底纵坡较大的土质截水沟和截水沟的出水口等，均应采取加固措施防止渗漏和冲刷沟底及沟壁。

（3）增设排水沟。

排水沟的线形要求平顺，尽可能采用直线形，转弯处宜做成弧形，其半径不宜小于 10m。排水沟长度根据实际需要而定，通常不宜超过 500m；排水沟沿路线布设时，应离路基尽可能远一些，距路基坡脚不宜小于 3 ~ 4m；当排水沟、截水沟、边沟因纵坡过大导致水流速度大于沟底、沟壁土的容许冲刷流速时，应采用边沟表面加固措施。

（4）增设跌水与急流槽。

跌水与急流槽必须采用浆砌圬工结构。跌水的台阶高度可根据地形、地质等条件决定，多级台阶的各级高度可以不同，其高度和长度之比应与原地面坡度相适应；急流槽的纵坡应按规定进行施工，一般不宜超过 1∶1.5，同时应与天然地面坡度相配合。较长的急流槽，槽底可设几个纵坡，一般是上段较陡，向下逐渐放缓；急流槽较长时，应分段砌筑，每段不宜超过 10m，接头用防水材料填缝，密实无空隙；急流槽的砌筑应使自然水流与涵洞进出口之间形成一个过渡段，基础应嵌入地面以下，其底部应按图纸要求砌筑抗滑平台并设置端护墙。路堤边坡急流槽的修筑，应能为水流入排水沟提供一个顺畅通道，路缘石开口及流水进入路堤边坡急流槽的过渡段应连接圆顺，如采用喇叭口接入；边沟、急流槽接入涵洞进口处，应加设消力池，当急流槽水流大且流速较大时，为防止水溅上路基。宜在急流槽下部槽口上加设盖板。

2. 排水设施的维修

（1）土沟表面夯实适用范围。

①一般适用于土质边沟和排水沟，不适用于堑顶截水沟或堑顶排水沟。

②沟内平均流速不大于 0.8m/s。

施工要求：开挖水沟时，沟底及沟壁部分均少挖 0.05m；将沟底、沟壁夯拍密实，使土的干密度不小于 $1.66g/m^3$，土层厚度不小于 0.05m；沟渠开挖时应随开挖随夯实，以免土中水分消失，不易夯拍坚实；施工中如发现沟底沟壁有洞穴，应用原土补填夯实。

（2）用三合土或四合土捶面的方法加固适用范围。

一般适用于无冻害及无地下水段的水沟；沟内平均流速为 1.0 ~ 2.5m/s；在常流水的水沟加固表面，可加抹 1cm 厚的 M7.5 水泥砂浆；混合土厚 0.1 ~ 0.25m，视沟内平均流速或沟底纵坡大小而定。

材料的配合比：

①三合土。

水泥 : 砂 : 炉渣 =1 : 5 : 1.5（质量比）

无炉渣地区可试用石灰 : 黄土 : 砂石 =1 : 3.3 : 2.3（体积比）

②四合土。

水泥 : 石灰土 : 砂 : 炉渣 =1 : 3 : 6 : 2.4（质量比）

③水泥可采用低强度等级的水泥；炉渣需用高温烧化且含碳量不超过 5%，其粒径不超过 5mm。

施工要求：

施工前两周将石灰水化，使用前 1 ~ 3d 将黄土或炉渣掺入拌匀，使用前将卵（碎）石或水泥及砂，反复拌和均匀；沟渠开挖后趁土质潮湿时立即加固。如土质干燥，则宜洒水湿润后再加固；沟渠铺混合土前，应将沟底及沟壁表面夯拍平整，然后安装模板，以保证加固厚度的一致；沟渠铺混合土后，应拍打提浆，然后再抹水泥砂浆护层。稍干后，用大卵石将表面压紧磨光。最后用麻袋或草席覆盖，并洒水养生 3 ~ 5d；施工季节以春秋季为宜，不宜在冬季，以免混合土尚未干燥即发生冻胀；养护时如发现裂缝或表面剥落，应及时修补。

（3）单层干砌片石加固适用范围。

①一般用于无防渗要求的沟渠加固地段。

②一般土夹砂卵石、软石、风化严重的岩石沟渠纵坡在 5% 以上，流速在 2m/s 以上时，必须加固。对于砂土质地段，纵坡不小于 1% 以上，即须加固。

③沟内平均流速在 2.0 ～ 3.5m/s 时，干砌片石尺寸可采用 0.15 ～ 0.25m。流速在 4m/s 以上时，应采用急流槽或加设跌水。

④当沟壁沟底为细粒土时，应加设卵石、（碎）砾石垫层，其厚度按平均流速大小及土质情况，在 0.10 ~ 0.15m 范围内选用。

施工要求：

垫层石料以粒径为 5 ~ 50mm 者占 90%（质量比）以上为宜；片石间空隙应用碎石填塞紧密，片石大面应砌向表面，减少表面粗糙程度。

（4）单层浆砌卵石加固适用条件。

①一般用于无严格防渗要求，且容许流速在 2.0 ～ 2.5m/s 以内的防冲沟渠加固地段。

②所用卵石的尺寸与容许流速相适应。

③当沟壁沟底为细颗粒时，需加设砾石垫层。其厚度视容许流速及土质情况而定。

施工要求：

垫层可采用平均粒径 2 ~ 4mm 的干净砂砾，其含土量应在 5% 以下；一般应先砌沟底，后砌沟壁。砌底选用好的大卵石，坡脚两行应特别注意选料砌牢。砌筑可自下而上逐步选用较小的卵石，最上一层则用较长卵石平放封顶压牢；所有卵石均应浆砌，大头朝下，每行卵石须大小均匀，两排之间保持错缝；卵石下部及卵石之间的空隙，均应用小石子填塞紧密。

（5）浆砌片石加固适用条件。

①一般用于沟内水流速较大且防渗要求较高的地方。

②在有地下水及冻害地段，沟壁沟底外侧应加设反滤层（或垫层），并在沟壁上预留泄水孔。

施工要求：

沟渠挖后应整平夯拍，如土质干燥应洒水湿润，遇有洞穴应堵塞夯实；水泥砂浆随砌随拌，砌筑完后注意养生。

（6）混凝土预制板加固适用条件。

一般缺乏砂、石地段，用混凝土预制板施工较方便；填方地段采用混凝土预制板，比安装模板现浇混凝土更为合适；垫层可用砂砾材料，或用 8% 石灰剂量的石灰土，拍打坚实平整；混凝土预制板的板厚为 5 ~ 10cm，无冻胀破坏地区可采用 4 ~ 8cm；混凝土预制板一般采用 C15 混凝土制成。

混凝土预制板伸缩缝施工要求：

①基于温度变化会引起的混凝土板的伸缩以及基础的不均匀沉陷等原因，需设置伸缩缝，纵向缝一般设在边坡与沟底连接处；当沟底宽度超过 6 ~ 8m 时，可在渠底中部设置纵缝。

②混凝土预制板采用 M5 水泥砂浆砌缝时，横向缝间距与现浇混凝土板相同。

③采用预制板加固时，沟底与边坡的伸缩缝间距须一致。

④伸缩缝宽取决于伸缩缝间距、湿度变幅、干缩系数、线膨胀系数、填料伸缩性能、黏结力、施工要求，一般采用 1 ~ 4cm。

⑤伸缩缝填料的性能是决定衬砌效果和寿命的主要因素，要求高温不流淌，低温不冻裂、剥落。伸胀时不挤出，收缩时不裂缝，黏结力强；负温下仍能黏着不脱离，耐久性好。目前采用的填料有沥青混合物聚氯乙烯胶泥和沥青油毡板等。

防冻胀措施：

在地下水位高，天气寒冷，有冻胀影响的地区，能影响沟渠混凝土板的平整度。砂砾垫层的厚度可按最大冻深的 70% 考虑。

施工与养护中的注意事项：加固板的接缝除按照操作规程选料和施工外，在沟渠的使用中应密切注意接缝料，如有脱落或裂缝，应随时修补，修补时应将原接缝料清理干净；混凝土板损坏后，应及时更换。

第四节 特殊地区路基养护与维修

特殊路基是指用特殊土（岩）或修建在不良地质现象，特殊地形地质情况，某些特殊气候因素等不利条件下的道路路基。特殊路基有可能因自然平衡条件被打破，或者边坡过陡，或者地基承载力过低，而出现各种各样的问题。因此，除要按一般路基标准、要求进行设计外，还要针对特殊问题进行研究，做出处理。特殊路基主要分为以下几类：

（1）湿黏土路基、软土地区路基、红黏土地区路基、膨胀土地区路基、黄土地区路基、盐渍土地区路基、风积沙及沙漠地区路基；

（2）季节性冻土地区路基、多年冻土地区路基、涎流冰地区路基、雪害地区路基；

（3）滑坡地段路基、崩塌与岩堆地段路基、泥石流地区路基；

（4）岩溶地区路基、采空区路基；

（5）沿河（沿溪）地区路基、水库地区路基、滨海地区路基。

一、黄土路基养护与维修

黄土因沉积的地质年代不同而在性质上有很大差别，晚更新世以后的黄土，又因成因不同而有明显差别。原生黄土是风成沉积物，具有黄土的全部特征。黄土沉积后，经后期其他地质作用改造后再沉积的类似黄土的沉积物，称为次生黄土。工程上常把原生黄土和次生黄土（亦称黄土类土）统称为黄土。其中，湿陷性黄土的分布面积占黄土分布总面积的60%左右，而且大部分分布于黄河中游地区，其主要特征为：颜色以黄色为主，有灰黄、褐黄等色；含有大量粉粒，一般在55%以上；具有肉眼可见的大空隙，空隙比在1左右；富含碳酸钙成分及其结核；无层理，垂直节理发育；具有湿陷性和易溶蚀、易冲刷、各向异性等工程特性。上述特征和特性，导致黄土地区的路基容易产生多种特有的问题和病害。

1. 黄土路堑边坡变形及影响因素

黄土路堑边坡变形的类型有剥落、冲刷、滑塌、坍塌、泥流五种，前两种属于坡面破坏，后三种属于坡体破坏。

剥落破坏形态像片状、层状、鱼鳞状等。剥落与边坡所处的位置、土质、易溶盐含量有关。一般阳坡比阴坡剥落严重；黏粒含量多的土易剥落；易溶盐含量在0.12%以下时，边坡剥落现象较少。

冲刷破坏形态为沟状、洞穴状等，产生冲刷的原因有：

①土质。土质松散，层次明显的冲积黄土。

②降雨量。降雨量大，暴雨集中。

③微地貌。坡顶有倾向路线的斜坡，易于形成地表径流的低洼地，汇集面积在150m^2以上。

④边坡坡度。边坡坡度缓于1∶0.75时，最易引起冲刷，当缓于1∶1，则边坡冲刷又减少。

⑤边坡形式。设有台阶的边坡，其排水处理不当。

产生滑塌的原因有：

①由于不正确的开挖边坡。破坏坡面的极限平衡条件，使土体沿构造面下降。

②水文地质。降水渗入坡体，使黄土的碳酸盐及可溶岩溶失，导致强度的降低；黄土与下卧黏土层、软质岩层的接触面，经层间水浸湿，很容易产生滑塌。

③地面水。由于降水下渗，并不断往下冲蚀，使黄土裂缝加深扩大，致使边坡发生突然破坏。其破坏机理为上部沿着垂直裂缝断开，下部受到附加推力而滑动。

产生泥流的原因有：斜坡上的黄土，当土质松散且有渗水性较小的下卧层时，土体在地下水或在地下水与地面水的浸湿下，使土体饱和，形成塑性，产生流动。

2. 黄土地区的路基常见病害及养护防治方法

根据有关资料统计，黄土地区公路路基病害中，水毁占所有病害的70%以上。下面将黄土地区公路路基病害进行分类，并提出相应的防治方法。

（1）路基沉陷

这是黄土地区典型的路基水害类型。黄土湿陷性以及垂直节理发育的特点，导致雨水很容易入渗引起沉陷。在排水沟、渠、涵洞出水口，往往由于冲刷和沉陷形成落水井（洞）。在路基范围内由沉陷造成陷坑的现象比较常见。陷坑、陷穴加剧水的侵入，使路基强度降低、稳定性下降，直接危害公路安全。

防治方法：查清水的来源、水量、发展情况等，采用灌砂、灌泥浆填塞或挖开填塞孔道再回夯实，但事先应做好导水或排水措施。

（2）坡面冲刷

黄土地区干旱，植被稀少，加上自然侵蚀和人为破坏，使路基边坡屡遭降雨侵蚀破坏。破坏方式包括：坡面大量水土流失，边沟冲蚀坑，路堤坡脚冲刷，路肩冲蚀缺口。

降雨严重侵蚀使路基边坡不完整，影响边坡稳定，往往造成泥沙阻塞边沟、淤埋路基路面；边坡冲刷侵蚀以及雨水入渗往往引起边坡崩塌、滑溜、滑坡等病害。

二、膨胀土路基养护与维修

膨胀土是由强亲水矿物（蒙脱石、伊利石等）组成的具有显著湿胀干缩和反复湿胀干缩性质的特殊黏性土。膨胀土分布十分广泛，在世界五大洲中的40多个国家都有分布。我国已有20多个省区发现了膨胀土的分布，分布面积达100000km^2左右。

膨胀土的野外特征，一般呈黄、褐、棕及灰绿、灰白等色，土体发育有各种特定形态的裂隙；膨胀土分布地区，地形平缓，无明显自然陡坡，具有典型的垄岗式地貌。

膨胀土具有显著湿胀干缩和反复湿胀干缩性质的原因：一是土中含有较多的黏粒，而黏粒中又含有较多亲水性较强的蒙脱石或伊利石；二是具有特殊的膨胀结构。膨胀土不仅具有显著的湿胀干缩和反复湿胀干缩的性质，而且具有多裂隙性、超固结性及强度衰减性等特殊性质，因此，其有别于一般黏性土。膨胀土对工程建筑的危害几乎是无所不包的，而且变形破坏具有多次反复性。在膨胀土地区，房屋建筑常普遍出现开裂变形；路基边坡常出现大量塌方、滑坡，有“逢堑必滑，无堤不坍”之说；公路路面常大段出现很大幅度的、随季节变化的波浪变形。

1. **路面—土基病害**

（1）波浪变形。

设计不好的路基路面，由于路幅内土基含水率的不均匀变化，引起土体的不均匀胀缩，易产生幅度很大的横向波浪变形，这种变形随季节和年度而变化。

（2）溅浆冒泥。

雨季路面渗水，土基受水浸并软化，在行车荷载作用下，形成泥浆，挤入粒料基层，并沿路面裂缝、伸缩缝溅浆冒泥。路面溅浆冒泥多在雨季发生，如有地下水浸湿路基时，亦可在其他季节发生。

2. **路堑病害**

路堑病害的主要类型，见表 1–3。

表1–3 路堑病害的主要类型

类别	内容
剥落	剥落是路堑边坡表层受物理风化作用，使土块碎解成细粒状、鳞片状，在重力作用下沿坡面滚落的现象。剥落主要发生在旱季，旱季越长，蒸发越强烈，剥落越严重。一般强膨胀土较弱膨胀土剥落更甚，阳坡比阴坡剥落要严重。剥落物堆积于边坡坡脚或边沟内常造成边沟堵塞
冲蚀	冲蚀是坡面松散土层在降雨或地表径流的集中水流冲刷侵蚀作用下，沿坡面形成沟状冲蚀的现象。冲蚀沟深0.1 ~ 0.5m，深者可达1.0m。冲蚀的发展使边坡变得支离破碎。冲蚀主要发生在雨季，特别是大雨或暴雨季节。冲蚀既破坏坡面的完整性，也不利于植物生长
泥流	泥流是坡面松散土粒与坡脚剥落堆积物在雨季被水流搬运形成的。一般在膨胀土长大坡面、风化剥落严重且地表径流集中处最易形成。泥流常造成边沟或涵洞堵塞，严重者可冲毁路基、淹埋路面

续表

类别	内容
溜塌	边坡表层强风化层内的土体，吸水过于饱和，在重力与渗透压力作用下，沿坡面向下产生塑流状塌移的现象，称为溜塌。溜塌是膨胀土边坡表层最普遍的一种病害，常发生在雨季，与降雨稍有滞后关系，可在边坡的任何部位发生，与边坡坡度无关。溜塌上方有弧形小坎，无明显裂缝与滑面，塌体移动距离较短，且很快自行稳定于坡面。溜塌厚度受强风化层控制，大多在1.0m以内，不超过1.5m
坍滑	边坡浅层膨胀土体，在湿胀干缩效应与内部化学作用影响下，由于裂隙切割以及水的作用，土体强度衰减，丧失稳定，沿一定滑面整体滑移并伴有局部坍落的现象，称为坍滑。坍滑常发生在雨季，并较降雨稍有滞后。滑面清晰且有擦痕，滑体裂隙密布，多在坡脚或软弱的夹层处滑出，破裂面上陡下缓，滑面含水富足，明显高于滑体。坍滑若继续发展，可牵引形成滑坡。坍滑厚度一般在风化作用层内，多为1.0 ~ 3.0m
滑坡	滑坡具有弧形外貌，有明显的滑床，滑床后壁陡直，前缘比较平缓，主要受裂隙控制。滑坡多呈牵引式出现，具叠瓦状，成群发生，滑体呈纵长式，有的滑坡从坡脚可一直牵引到边坡顶部，有很大的破坏性。滑体厚度大多具有浅层性，一般为1.0 ~ 3.0m，多数小于6.0m，与大气风化作用层深度密切相关。膨胀土滑坡主要与土的类型和土体结构关系密切，与边坡高度和坡度并无明显关系。因此，试图以放缓边坡来防治滑坡几乎是徒劳的，必须采取其他有效的防护加固措施

3. **路堤病害**

（1）沉陷。

膨胀土初期结构强度较高，在施工时不易破粉碎，亦不易被压实。在路堤填筑后，由于大气物理风化作用和湿胀干缩效应，土块崩解，在上部路面、路基自重与汽车荷载的作用下，路堤产生不均匀下沉，如伴随有软化挤出则可产生很大的沉陷量。路堤越高，沉陷量越大，沉陷较普遍，尤以桥头填土的不均匀下沉更为严重。不均匀下沉导致路面的平整度下降，严重时可使路面变形破坏，甚至屡修屡坏。

（2）纵裂。

路肩部位常因机械碾压不到，使填土达不到要求的密实度，因而后期沉降相对较大。同时因路肩临空，对大气物理作用特别敏感，干湿交替频繁，肩部土体失水收缩远大于堤身，故在路肩顺路线方向常产生纵向开裂，形成长数十米甚至上百米的张开裂缝。缝宽为 2 ~ 4cm，大多距外缘 0.5 ~ 1.0m。

（3）坍肩。

路堤肩部土体压实不够，又处于两面临空部位，易受风化影响使强度衰减，当有雨水渗入时，特别是当有路肩纵向裂缝时，容易产生坍塌。塌壁高多在 1m

以内，严重者大于 1m。

（4）溜塌。

路堤溜塌与路堑边坡表层溜塌相似，但路堤边坡溜塌多与边坡表面压实不够有关。溜塌多发生在路堤的坡腰或坡脚附近。

（5）坍滑。

膨胀土路堤填筑后，边坡表层与内部填土的初期强度基本一致。但是随着通车时间的延续，路堤经受几个雨湿季节的反复收缩与膨胀作用后。表层填土风化加剧，裂隙发展，当有水渗入时，膨胀软化，强度降低，导致边坡坍滑发生。

（6）滑坡。

路堤滑坡与填筑膨胀土的类别、性质、填筑质量以及基底条件等有关。若用灰白色强膨胀土填筑堤身，则形成人为的软弱面（带）；填筑质量差，土块未按要求打碎；基底有水或淤泥未清除，处理不彻底；边坡防护工程施工不及时；边坡表层破坏未及时整治等，都有可能产生滑坡。因此，膨胀土路堤有从堤身滑动的，也有从基底滑动的。

4. 膨胀土路基的养护要点

（1）保持排水良好。

完善路基排水设施对于膨胀土路基的稳定具有特殊重要意义。如能防水保湿，则可消除膨胀土湿胀的有害影响。为此，应注意以下几点：

所有排水设施，均应精心日常养护，以使危害路基稳定的地面水、地下水能顺畅排走，防止积水浸泡路基，地下水浸入路基；所有地面排水沟渠，特别是近路沟渠，均应铺砌和加固，以防冲、防渗。对于砂浆脱落应及时进行养护；边沟应较一般地区适当加宽、加深。路堑边沟外侧应设平台，以保护坡脚免遭水侵，并防止剥落物堵塞边沟；堑顶设截水沟，以防水流冲蚀坡面和渗入坡体。堑顶截水沟应距堑缘 10 ~ 15m 以外。截水沟纵坡宜以岗脊为顶点向两侧排水；台阶式高边坡，应在每一级平台内侧设截水沟，以截排上部坡面水，并宜在截水沟与坡脚之间设一定宽度的平台，以利坡脚稳定。

（2）路面采用不透水面层。

一般公路应尽可能采用柔软的面层和较厚的粒料基层；高速公路宜采用厚层石灰土底基层。

（3）路面横坡尽可能大一些。

路肩尽可能宽一些，最少不小于 2.0 ~ 2.5m，横坡要尽可能大一些。路肩全宽用与路面基层相同的结构层铺砌，并铺较薄的不透水面层或做防渗处治。

（4）路基压实。

修筑膨胀土路基，通常是采用较高含水率，较低密度的原则，即在轻型压实标准最佳含水率或略高的含水率下压实到较低的干密度；所以，应综合考虑路基的强度要求、压缩变形、胀缩变形、施工可能等因素，压实含水率的选取以平衡含水率为基础，建议在 0.8% ~ 0.9% 或稠度为 1.1 ~ 1.3 时的含水率下进行压实，压实度应不低于轻型压实标准的 95%。

（5）土基加固。

如不得已用膨胀土填筑土基时，则应采用石灰、水泥等无机结合料对膨胀土进行改良和加固，以使土基稳固。所用剂量视改良和加固要求而定，一般以 4% ~ 6% 为宜。所需厚度视公路等级与当地气候条件而定。对一般公路可用 30 ~ 50cm；对高速公路则宜使土基处治层与路面总厚度之和接近 100 ~ 150cm。

三、沙漠路基养护与维修

在世界范围内，荒漠面积约占地球陆地总面积 15%，主要分布在南北纬 15° ~ 35° 之间，亚热带高气压控制的范围，以及温带的大陆中心。在这些沙漠地区，气候干燥，雨量稀少，年降水量在 250mm 以下，有些沙漠地区的年降水量更少，甚至在 10mm 以下。国外沙漠主要分布在澳洲、非洲和亚洲，主要有澳大利亚大沙漠和维多利亚大沙漠，非洲的撒哈拉沙漠，阿拉伯半岛的鲁卡哈利沙漠和内夫得沙漠。

我国现有沙漠（地）面积达 $128.24\times10^4km^2$，占国土路地面积的 13.4%。全国主要沙漠有：新疆塔里木盆地的塔克拉玛干沙漠和准噶尔盆地的古尔班通古特沙漠，内蒙古阿拉善高原的巴丹吉林沙漠，腾格里沙漠和库布齐沙漠，内蒙古东部高原的混善达沙地和呼伦贝尔沙地，鄂尔多斯高原的库布齐沙漠和毛乌素沙地，青海柴达木盆地的柴达木沙漠；形成一条西起塔里木盆地，东至松嫩平原西部，东西长约 4500km、南北宽约 600km 的沙漠带。

我国沙漠分布区气候干旱，降水稀少，年降水量自东向西递减，东部沙区年降水量可达 250 ~ 500mm，内蒙古中部及宁夏一带沙区在 150 ~ 250mm，阿拉善地区及新疆的沙区均在 150mm 以下，其中塔克拉玛干沙漠东部及中部更不及 25mm。沙漠地区全年日照时间一般为 2500 ~ 3000h，无霜期一般为 120 ~ 130d。气温变化很大，年均温差为 30℃ ~ 50℃，日温差变化更为显著。风速可达 5 ~ 6 级，风沙日数在 20 ~ 100d 左右，个别地区可占全年的 1/3。

沙漠地区由于气候比较干燥，雨量稀少，风沙大，地表植被均较稀疏、低矮，容易发生边坡或路肩迎风蚀，或整个路基迎风带积沙掩埋等，路基的养护往往需要大量的防护材料，因此在养护中要把备料工作做好。风沙对公路路基的危害很大，其中主要危害是沙埋和风蚀。

1. 沙埋

（1）沙埋原因。

公路沙埋主要有两种情况，其一是由于风沙流通过路基时，由于风速减弱，导致沙粒沉落，堆积，掩埋路基；其二是由于沙丘移动上路而淹埋路基。

（2）沙埋类型。

沙埋类型，见表 1–4。

表 1–4 沙埋类型

类别	内容
片状沙埋	片状沙埋的面积较大形成也较迅速，主要发生在风沙流活动的地区；初期积沙较薄。通过养护尚能维持通车，如沙源丰富。积沙日益增厚则会阻断交通
舌状沙埋	在流动沙丘地区，当路线横切沙丘走向时；或在风沙流活动地区，当路基上风侧有障碍物时，均可形成舌状沙埋。舌状沙埋形成迅速，厚度较大，一场大风即可使交通中断
堆状沙埋	主要发生在流动、半流动沙丘地区，沙丘前移上路，造成大量的沙子堆积，形成堆状沙埋。堆状沙埋的发展需要一定的时间，能够预测，可以预防，但一经形成，因积沙量大，危害严重，处理比较困难

2. 风蚀

在风沙的直接冲击下，路基上的沙粒或土颗粒被风吹走，出现路基削低、掏空和坍塌等现象，从而引起路基的宽度和高度的减小。风蚀的程度与风力、风向、路基形式、填料组成及防护措施等有关。

（1）路堤。

当主导风向与路基处于正交时，迎风侧路肩及边坡上部风蚀较严重，背风侧则较轻。当主导风向平行路基时，两侧路肩及边坡上部均易遭受风蚀。

（2）路堑。

路堑边坡的风蚀一般均较严重，风蚀程度则随路线与主导风向的交角而有所不同。当风向与路线平行时，两侧坡面多被风蚀成条沟状；当风向与路线正交时，迎风坡面的局部地方则易被掏空成犬牙状。

3. 沙漠路基病害的防治

对路基两侧原有的沙障、石笼或用黏土覆盖的植被、防沙栅栏及防沙设置的一切设施，如有被淹埋、倾倒、损坏和失效，应拔高、扶正或修理补充；对路基的砌石护坡或草格防沙设施，如有塌方破坏，应及时修理，保持完好状态；必须维护路基两侧现有植物的正常生长，并有计划地补植防沙树木和防护林；路墙边坡上出现的风蚀、空洞、坍缺应予填实并加做护坡；路肩上严禁堆置任何材料或杂物，以免造成沙丘。公路上的积沙，应及时消除并运到路基下风侧20m以外的地形宽阔处摊平顺。

4. *沙漠路基的防护措施*

（1）柴草类防护。

①层铺防护：采用麦草、稻草、芦苇、沙蒿、野麻或其他草类，将其基秆砍成30 ~ 50cm短节，从坡脚开始向上每层按5 ~ 10cm厚度层铺、灌沙、拍实。如采用沙蒿等带有根系的野生植物时，可将其根茎劈开，并使根系向外，按上述方法进行层铺。沙蒿可用10年以上，其他多为3 ~ 5年，材料用量大。

②平铺植物束成笆块：采用各种枝条，芦苇、芨芨草等。扎成直径5 ~ 10cm的束把，或编织成笆块，沿路基坡脚向上平铺，以桩钉固定，可用5 ~ 10年，但材料用量大。

③平铺或叠铺草皮：以40cm×50cm为一块挖取草皮，厚10 ~ 15cm，沿路基坡脚向上错缝平铺或叠铺。一般可用3 ~ 5年。如能成活，可起永久稳固边坡作用。

（2）土类防护。

①黏土防护：采用塑性指数大于7的黏性土，用于边坡时，厚为5 ~ 10cm；用于路肩时，厚度为10 ~ 15cm。为增加抗冲蚀强度和避免干裂，可掺10% ~ 15%的沙或20% ~ 30%的砾石（体积比）。

②盐盖防护：可将盐盖打碎为5cm的碎块并平铺（松软的盐盖可直接平铺而形成硬壳）。

（3）砾、卵石防护。

平铺砾、卵石防护：用于边坡时，厚5 ~ 10cm；用于路肩时，厚10 ~ 15cm。分平铺、整平、夯实几步进行。

格状砾、卵石防护：用于边坡时，厚5 ~ 7cm；用于路肩时，厚10 ~ 15cm，先用10cm以上的卵石在边披上做成1m×1m或2m×2m并与路肩边缘成45°角的方格，格内平铺粒径较小的砾石；路肩平铺砾石，应进行整平并夯（拍）实。

（4）化学防护。

化学防护的原理是将稀释的胶结性化学物质喷洒于松散的流沙面，将粒状沙胶结为一层保护壳，从而达到防止风蚀的目的。按照固沙物质的种类和组成，化学固沙主要包括沥青乳液固沙、沥青化学物固沙、高分子聚合物固沙等方法。

平铺沥青沙：采用 10% ~ 20% 热沥青与 80% ~ 90% 风积沙混合，直接在边坡上平铺拍实。

直接喷洒沥青或渣油：采用低标号沥青、渣油、熬热后洒在边坡上，然后撒一薄层风积沙。

高分子聚合物固沙：将高分子聚合物喷洒到边坡上，通过其渗透到沙层起到固沙效果。

（5）生物防护。

防护原理同柴草类防护，并且植物是活的沙障，随着植物的生长效果越来越好，最后达到固定沙漠的目的。植物种选择以乡土树种为主，以灌木为主，有条件时应乔、灌、草结合，灌溉方式要适宜。

（6）土工材料防护。

在沙漠地区，常用土工格室来固沙。土工格室是一种采用高强度聚乙烯片材，经超声波焊接等方法连接，展开后呈蜂窝状的三维立体网格结构材料，属于特种土工合成材料。铺土工格室时，要尽量拉紧，不得有褶皱，及时用沙填充格室压实。

实际上，在广大的沙漠地区需要将以上几种防沙固沙措施结合起来使用，特别是将植物治沙与工程治沙相结合，才能取得良好的防沙、固沙效果以及较好的经济效益。

四、软土路基养护与维修

软土是指滨海、湖沼、谷地、河滩沉积的天然含水率高、孔隙比大、压缩性高、抗剪强度低的细粒土。具有天然含水率高、天然孔隙比大、压缩性高、抗剪强度低、固结系数小、固结时间长、灵敏度高、扰动性大、透水性差、土层层状分布复杂、各层之间物理力学性质相差较大等特点。

我国公路行业规范对软土地基未作定义。日本高等级公路设计规范将其定义为：主要由黏土和粉土等细微颗粒含量多的松软土、孔隙大的有机质土、泥炭以及松散砂等土层构成。地下水位高，其上的填方及构造物稳定性差且发生沉降的地基。日本规范还对软土地基做了分类，提出了类型概略判断标准。在给出软土地基定义时指出：软土地基不能简单地只按地基条件确定，因填方形状及施工状况而异，有必要在充分研究填方及构造物的种类、形式、规模、地基特性的基础上，判断是否应按软土地基处理。

我国东北的大小兴安岭、长白山、三江平原、松辽平原等地及青藏高原和西北地区湖盆洼地、高寒山地均分布有过湿土；在内陆湖塘盆地、江河湖海沿岸和山河洼地分布有近代沉积的软土。

1. 软土地带的路基常见病害

软土地带的路基，多因地面低洼，降水充足，地下水位高，含水饱和，透水性小，压缩性大，抗剪强度低，在填土荷载和行车荷载下，容易出现沉降、冰冻膨胀、弹簧、沉陷、滑动，基底向两侧挤出淤泥等病害。

（1）剪切拉裂破坏。

该类型破坏主要是指软土路基在强烈的行车荷载及自重作用下发生的破坏。具有高触变性的软土在振动荷载或自重力的作用下，强度下降，表现出很强的流变性，导致软土层侧向滑动挤出，路基发生不均匀沉降。主要表现为临空面一侧或两侧的车道发生沉陷，道路出现隆起现象；在剪切和拉裂作用下，路面形成裂缝，裂缝不断发展，并不断贯通，最终导致公路毁坏。尤其是在公路的弯道处，路面受力极不均匀，更易发生此类破坏。

（2）浸水沉陷破坏。

在山区雨水较集中，且在地表易于汇集，因此在排水不畅的路段，水很容易浸入路基。在土体自重、行车荷载及水温变化等诸多因素作用下，路基发生不均匀沉陷变形，引起路面破损开裂，水渗入裂缝后常导致路面“翻浆”，形成常说的“橡皮路”。常表现为路面局部凹陷，行车颠簸及桥头错台跳车等现象。有些路段位于冲、洪积扇的前缘，往往是地下水溢出带，若路基处理不当，很容易被水浸入而导致公路毁坏。

（3）剥蚀坍塌破坏。

山区公路路基的坍塌破坏主要是由剥蚀作用引起，如风蚀、流水冲蚀、泥石流的剥蚀等，主要是以水的冲蚀作用为主。软土松散、抗蚀能力弱，在雨季期，洪水或泥石流不断冲刷沿河路基，严重的侧掏蚀作用常使路基边坡被掏空，导致路基边坡下滑和坍塌，毁坏临河路基。尤其是高填土路堤，在不是全防护的情况下，裸露部位更易遭到流水冲刷，造成路堤滑塌和路面损坏。

（4）推挤滑动破坏。

该类型破坏主要是指滑坡等的推挤作用对路基、路面的破坏，其结果常导致路基路面下滑、断裂、错台和沉陷。随着滑坡体与路基位置关系的不同，路基的破坏程度也有所不同。如果路基处在滑坡体上，一旦滑动，整段路基和路面都将被毁掉。

2. 路基病害处治方法与养护

对软土地带的路基产生的病害，可采取下列方法处治（见表 1–5）。

表 1–5 路基病害处治方法

方法	主要内容
置换法	对软土路基沉降等病害可采取换填土层法，即将路基一定深度范围内的湿软土层挖去，换以强度较大的砂、碎（砾）石、灰土或素土，以及其他性能稳定、无侵蚀性的土类，并予以压实，填至路基程高
反压护道	软土路基沉陷，可采取先在坡脚处修筑块、片石挡土墙或木排桩，然后填土，再恢复到路基高程，这样可以限制基底软土的挤动，从而保持基底稳定；或经在路堤两侧填筑一定宽度和高度土、石反压护道，使路基下的淤泥或泥炭向两侧隆起的趋势得到平衡，然后填土以恢复到路基高程
抛石挤淤法	当过湿土及软土厚度小于3.0m，表面无硬壳，呈流动状态，排水困难，采集石料方便时，可采用抛石挤淤。所抛片石应采用不易风化的大石块，其尺寸一般不宜小于0.3m
挤密法	在软土路基中采取冲击或振动等方法形成一定直径的钻孔，在孔中灌以砂、石、灰土或石灰等材料，捣实而成直径较大的桩体，利用横向挤紧作用，使路基土粒彼此靠紧，空隙减小，而且孔被填满和压紧形成桩体，桩体具有较高的承载能力，群桩的面积约占松散土加固面积的23%，以致桩和原土组成复合地基，达到加固的作用。例如，砂桩和生石灰桩是加固比较有效的方法
土工布法	土工布在高压下具有较大的空隙率，透水性能好，有优越的垂直、水平排水能力，很高的抗拉强度及隔水作用，能提高路基的整体强度，重新分布土基压力，增强路基稳定性
化学加固法	利用化学溶液或胶结剂采用压力灌注或搅拌混合等措施，使土颗粒胶结起来，达到对土基加固的目的，如常用的是水玻璃浆液和氯化钙浆液混合液、重铬酸盐木质素、丙烯酸胺为主的浆液
塑料排水板法	塑料排水板是一种利用塑料板排水，以达到加固软土地基和防止公路翻浆的材料。塑料排水板可以代替常用的砂井法，应用插板机将塑料排水板插入土中，然后在上面加载顶压，土中水即可沿塑料通道溢出，地基得以巩固。排水板具有一定强度和延伸度，适应地基变形的能力强；材料截面尺寸不大，插放时对路基的扰动小，并能保持排水板条竖立；施工效率高；材料质量轻，运输方便，插板的质量容易检查和控制

五、冻土路基养护与维修

冻土是指温度小于和等于 0℃，且含有冰的土（石）。在天然条件下，地面以下的冻土保持 3 年或 3 年以上者，称为多年冻土。地球上多年冻土区面积约 $35 \times 106km^2$，占陆地面积的 25%。多年冻土分布在西伯利亚、阿拉斯加和加拿大北部等广阔地区，此外南极和格陵兰的无冰川覆盖地段和冰盖边缘地下，以及南美和中亚的高山地区也有分布。我国多年冻土区面积约 $215\times10^4km^2$，位居世界第三，主要分布在东北大小兴安岭、西部高山和青藏高原等地。东北的多年冻土位于欧亚大陆高纬度多年冻土区的南缘，最南端达北纬 46.6° 。有世界屋脊之称的青藏高原是世界上中低纬度海拔最高、面积最大的多年冻土区，位于北纬 32.5° ~ 35.7° ，平均海拔超过 4000m，冻土面积 $147\times10^4km^2$。

多年冻土具有独特的工程性质。处于冻结状态的土具有很高的强度，是公路结构的良好基础。由于多年冻土的存在。影响了地表水在垂直方向的渗透，容易使地表处过湿状态。当多年冻土层层上水发育。冻结时水分转移积聚，能产生相当厚度的地下冰。在多年冻土地区，冬季由于上部季节融冻层的冻结封闭，容易使地下水受到压力而产生冰丘或冰椎的活动，由于自然营力或人为活动的破坏，可能形成热融滑塌、热融沉陷以及在多年冻土层上形成冻土沼泽等不良的工程地质和水文地质现象。

通过多年冻土地区的公路改变了其原来的水热平衡状态。表层开挖将引起多年冻土的融化和冻土上限下降、土中冰融化为水，使基底承载力大大降低而造成地表沉陷，影响建筑物的稳定；当修建沥青路面时，由于路面大量的吸热使路基下冻土地温升高会引起上限下降，造成热融沉陷变形，有的路段呈反拱状态，从而导致路面破坏；路堤填筑也可能造成冻土上限的升高，以及施工对地表破坏所引起的不良后果等。

1. 多年冻土地区路基主要病害

在多年冻土地区修筑公路，由于冻土土质、温度、水及荷载的作用引起应力场的变化和重新分布，从而导致所修筑的路基、路面翻浆、冻胀、融沉、桥涵冻胀隆起和融化下沉、墙身开裂甚至错位等病害。

（1）翻浆。

在多年冻土地区，由于在土体冻结过程中汇聚了过多的水分，且土质状态不好，到春暖化冻时水分不能及时排出，从而造成土基软弱，强度降低。在车辆荷载的作用下，路面发生弹簧、裂纹、鼓包、车辙、唧泥等现象，称为翻浆。

（2）冻胀。

高寒不良土质中所含的水分在负温下结晶，生成各种形状的冰侵入体导致土体积的增大，主要表现是土层表面不均匀的升高。冻胀土与结构物基础之间主要产生冻结力和冻胀力（分为切向冻胀力、法向冻胀力、冻胀反力）。

冻胀本身不仅引起道路破坏，还可引起桥梁、涵洞基础的冻害，特别对早期所修建的基础尤为突出，主要表现为桥梁墩、柱基础冻胀隆起，融化下沉，台身在切向冻胀力和法向冻胀力共同作用下出现裂缝，甚至墩（台）基础整体上抬或倾斜。涵洞冻害主要表现为洞身的冻胀隆起和融化下沉，端墙及八字翼墙圬工开裂及涵洞管节的错位和脱离。

（3）融沉。

在多年冻土地区，由于地下冰层埋藏较浅，在施工及运营过程中，各种因素使多年冻土局部融化，上覆土层在土体自重和外力作用下产生沉陷，从而造成路基严重变形。主要表现为路基下沉，路堤向阳侧路肩及边坡开裂、下滑，路堑边坡溜塌等。融沉病害多发生在低路堤地段。

2. 路基养护原则

（1）多年冻土地区路基养护，根据具体情况，分别采取保护多年冻土或破坏多年冻土的原则。

在饱冰冻土和含土冰层地段，应采取保护多年冻土的原则，如设置保温层、保温护道、铺筑浅色路面等措施保证公路的人为上限不低于天然上限；在富冰冻土地段当含水率较大，且公路等级较高时，宜采取保护多年冻土的原则；当含水率小，融化后不致发生过量沉陷时，也可按破坏多年冻土的原则；在少冰冻土和多冰冻土地段，允许破坏多年冻土，并按一般路基进行养护。

（2）多年冻土地区路基填土高度，应满足防治翻浆和冻胀的最小填土高度要求。在采取保护多年冻土的路段，应同时满足上限不下降的要求。

（3）尽量避免挖方、零断面和高度不够的低填方，如不能避免时要采取相应的措施。

①路堤。当路堤填土高达不到要求，或在饱冰冻土及厚层地下冰地段采用细粒土填筑路堤较低时，应进行基底处理。

②路堑。细颗粒土和多年冻土地段路堑，由于开挖引起冻土融化，黏性土呈可塑状态，砂性土呈潮湿状态，一般不影响基底稳定，可不用换填，对黏性土基底可适当加深边沟及加大其纵坡。为防止冻土融化而产生边坡滑坍，路堑边坡应适当放缓至 1∶1.5 ～ 1∶2.0，或考虑用草皮加固。对于富冰冻土地段的路堑，除放缓边坡外，基底尚应换填不小于 0.5m 厚度的渗水性土。

路堑坡顶避免设置截水沟，宜修挡水墙并与坡顶距离不小于 6.0m。

饱冰冻土及地下冰地段的路堑，为避免冻土融化产生边坡滑坍及基底松软，应采用边坡保温及基底换填措施。

边坡保温材料可就地取材用塔头草或泥炭等铺砌，一般厚 0.4 ～ 0.6m，上铺 0.2m 黏土层保护。当用夯填泥炭、草皮或夯填黏土、草皮铺砌坡面时，边坡坡度用 1∶1.5 ～ 1∶2，当用叠砌草皮，反扣塔头铺砌坡面时用 1∶1 ～ 1∶1.5。

（4）为保护多年冻土不致融化，除须满足路基填土高度的要求外，还须做好路基排水工程，并保护好路基附近的植被。在生长塔头草地段，应用反铺塔头草的方法，把路基底部塔头草之间的空隙填满，以加强保温。

3. **其他不良地质现象的处理**

（1）冻土沼泽地段的路堤。

根据水源特点及补给情况，在路堤一侧或两侧设置排水沟或挡水墙，将上游水源截断，必要时增设桥涵，排除地表积水；在塔头草沼泽地段，基底原有塔头草不挖除，并自路堤坡脚 20m 以外挖取塔头草，反铺在原有塔头草空隙间，成为基底隔温层。考虑中间沉落较两侧为大，该层中间应适当加高，并伸出坡脚外 1 ～ 2m；考虑上限以上泥炭层的沉降量，包括融化下沉和压缩下沉的总沉降量，一般可按泥炭层厚度的 40% 计算，或根据试验资料计算。

（2）冰丘的防治。

当含水层不厚，埋藏又浅，其下又为不透水层，则可于路堤的上方设置冻结沟以截断地下水，使冰丘远离路基，以免造成危害。

（3）冰椎的防治。

破坏力相当大，路线宜尽可能绕避。如果规模很小，也可在其下方通过，并采用冻结沟、防冰堤、聚冰坑、保温盲沟以及渗井等措施。

（4）热融湖（塘）地段路堤处理措施。

无论通过季节性有水或常年有水的热融湖（塘）的路堤，其水下部分必须以渗水土填筑，渗水土的填筑高程应高出最高水位 0.5m；当基底有地下冰或松软层时，路堤两侧应设护坡道加固；无论通过季节性有水或常年有水的热融湖（塘）的路堤，在预留沉落量时，必须结合热融湖（塘）的基底土质、地下冰情况、上限深度等因素，综合考虑基底的沉降量；路堤两侧的水，最好不要排入路堤所通过的热融湖（塘）中，以免增高热融湖（塘）的水位；通过热融湖（塘）的路堤，其断面形式、施工要求等，可结合多年冻土地区的特点，参照非多年冻土地区河滩路堤要求处理。

（5）热融滑坍地段路基处理措施。

热融滑坍按发展阶段和对工程的危害程度，可分为活动的热融滑坍和稳定的热融滑坍两类。稳定的热融滑坍是指那些由于自然作用或人为作用，使滑坍范围不再扩大的。活动的热融滑坍发展到厚层地下冰的边缘时，也将形成稳定的热融滑坍。

①当路基在滑坍体下方通过时，路堤、路堑均应在上侧山坡设置挡水埝及截水沟，并根据热融滑坍体上的泥流、水流的大小，适当加大挡水埝及截水沟的断面尺寸。

②当路基设在附滑坍体上时，应注意以下内容：

挖除基底下滑坍体的松软土层并予以换填；对于路基上侧的滑坍体部分，视具体情况（如路基在滑坍体断面上的位置，滑坍体下面冰层的厚度及地面坡度等）须设置支挡建筑物或坡面保温层；对于路基下侧滑坍体部分，一般可放缓边坡，如可能产生新的滑坍时，则须设置坡面保温层或支挡建筑物；当路线在滑坍体上方通过时，在滑坍体溯源处冰层暴露的外侧，应采取确保整个滑坍体稳定的保温措施；严禁在滑坍体上取土，取土坑应远离滑坍体。

4. 多年冻土地区路基施工注意事项

（1）采取保护多年冻土原则设计的路堑及做部分换填的路堤，其施工期宜安排在冻结期间。如在融期施工，则应采取分段快速施工的方法，以免冻层暴露时间过久，引起破坏。

（2）多年冻土地区地表水无法下渗，容易形成地表潮湿或积水，不但影响路基的稳定，且关系着施工质量与工效。因此，施工前必须做好排水工作。

（3）在开挖排水沟或取土坑时，必须注意防止由于冻土融化而产生的边坡坍塌及影响路基稳定的现象发生。一般不宜开挖过深，致使地下水露出，冬季形成冰椎危害路基。

（4）路基的防护与加固应考虑保温，对于需保护的冻土，其上均须及时设置足够厚度的保温层，以免在施工过程中引起多年冻土的融化；草皮护坡铺砌应上下错缝，彼此互相嵌紧，块与块之间的缝隙用土或碎草皮填塞严密（严禁用石块塞缝），使草皮连成一个整体，以利于坡面草皮成活和防止空气对流，加速保温层的稳定。

5. 冻土地区路基养护措施

针对其病害的不同情况，可以采取以下措施：

（1）防雪设施应维护原状态，对被毁残损的设施，应修理加固或补充，使其发挥防雪作用。

（2）多年冻土地区，地面水无法下渗，容易形成地表潮湿或积水，应将积水引向路基以外排出，避免危害路基。

（3）疏浚边沟、排水沟，要防止破坏冻层。若导致冻土融化将产生边坡坍塌。

养路用土或砂石材料，不宜在路堤坡脚或路堑坡顶 20m 以内采掘，防止破坏冰土影响路基稳定，采集时，应分点采集。

（4）可用下列方法治理冰冻路基：

将路基上侧的泉水、夹层、透水层的渗水，从保温暗沟导流出路外。若含水层尚有不冻结的下层含水层，可将上层水导入下层含水层中排出；提高溪旁路基的高度，使其高于涎流冰面 50cm 以上。涎流冰是指在寒冷气候条件下，地下水或地面水漫溢到地面或路面上，自下而上逐层冻结，形成涎流冰，东北地区常称为“冰湖”。因受地形或纵坡限制，不能提高路基时，可在临水一侧路外缘点，或在路侧涎流冰初结冰后，从中凿开一道沟，用树枝杂草覆盖加铺土或雪保温，使水流沿水沟流动，避免溢流上路，也可将溪流改至远离公路的地方通过；在多年冻土区，可在公路上侧远处开挖与路线相平行的深沟，以截断活动层泉流。在冬季使涎流冰聚集在公路较远处，保障公路不受涎流冰的影响；根据涎流冰的数量，在公路外侧修筑储水池，使涎流冰不上公路；多年冻土地区的路基养护，应采取“保护冻土”的原则。做到宜填不宜挖，除满足不同地区、气候、水文、土质等路基填筑的最小高度外，应另加 50cm 保护层。路基填方高度不宜小于 1m。

六、盐渍土路基养护与维修

盐渍土是指包括盐土和碱土在内的以及不同程度盐化、碱化土的统称，在公路工程中是指地表层 1m 以内易溶盐类含量平均达到 0.3% 以上的土。盐渍土面积占全国可利用土地的 4.88%，西部六省区中，盐渍土占可利用土地面积的 9.4%，占全国盐渍土面积的 69.03%。其中新疆盐渍土面积最大，占可利用土地面积 19.25%，占全国盐渍土面积的 36.8%。其含盐量通常是 5% ~ 20%，有的甚至高达 60% ~ 70%。盐渍土在干旱季节和干旱地区，因盐类的胶结和吸湿保湿作用、有利于路基稳定。但是由于盐渍土所具有的“吸湿性、松胀性、膨胀性、侵蚀性和腐蚀性”，对路基的结构和稳定破坏很大。一旦受到雨水、冰雪溶化的淋溶，含水率急增，则会出现湿化坍塌、溶陷、路基发软，致使强度降低，丧失稳定，甚至失去承受力，导致路基容易出现下列病害，如道路泥泞；加重路基翻浆及冻胀病害；受水浸时，强度显著下降，发生沉陷；硫酸盐发生盐胀作用，使土体表面呈结构破坏和疏松状，以致发生路面被拱裂及路肩、边坡被剥蚀等。

1. 盐渍土路基的主要病害

盐渍土路基病害的主要原因就是盐渍土中的盐分在土中的活动。盐分是由水溶解携带来的，包括：地下毛细水、土中含有的粒间空隙水、还有土分子固有的结合水。土中含水溶解盐，由于蒸腾作用提升水分由地表挥发，盐分保存留下来。随时间推移越聚越多，当温度下降，空气相对湿度增加，盐吸水分子而膨胀，导致道路产生盐胀、翻浆、湿（溶）陷等病害现象。

（1）湿（溶）陷。

湿（溶）陷是氮化物盐渍土地区道路的主要病害之一。它是由于道路盐渍土地基或结构层在淡水作用下，盐分溶解并被水分带走，导致土体强度逐渐丧失。在荷载或自重作用下，盐渍土地基或结构层出现沉陷、孔洞等破坏，并逐渐反映至面层；有的盐渍土地区路面由于湿陷会产生溶洞、坍塌等路基病害，给行车带来危险隐患。

（2）盐胀。

路基土盐胀的形成是土体内硫酸钠迁移聚积、结晶体膨胀和土体膨胀三个过程的综合结果。土体毛细水上升、水汽蒸发和低温作用而促使盐水向上迁聚是基本条件；盐胀的反复作用，使得路基土体的结构遭到破坏，引起路基整体强度和稳定性下降，产生不均匀沉陷。

硫酸盐渍土盐胀作用强烈，冻季土基内的盐胀，可使路面不平、鼓包、开裂，这是盐渍土地区高速公路最突出的病害；路基边坡及路肩表层，在昼夜温度变化所引起的盐胀反复作用下，会变得疏松、多孔，易遭风蚀，并易陷车。

（3）冻胀。

氯盐渍土当含盐量在一定范围内时，由于冰点降低、水分聚流时间加长，可加重冻胀；但含盐量更多时，由于冰点降低多，路基将不冻结或减少冻结，从而不产生冻胀或只产生轻冻胀。硫酸盐渍土对冻胀具有和氯盐渍土类似的作用，但冰点降低不如氯盐渍土多，因此影响不如氯盐渍土显著。硫酸盐渍土由于其透水性差，所以可减轻冻胀。

（4）翻浆。

盐渍土地区既具有一般公路翻浆的共性，又有自身的特点。在干燥状态时，盐类呈晶体，地基土有较高的强度，但盐类浸水易溶解，呈液态后土的强度快速降低，强度损失可能超过 50%，压缩性增大。含盐量越多，土的液塑限越低，则可在较小的含水率时达到液性状态，抗剪强度降低到近于零。

硫酸盐渍土春融时结晶体脱水，也会加重翻浆的作用，可见易溶盐的存在使盐渍土翻浆更容易形成。

氯盐渍土有明显的保湿性，使土长期处于潮湿、饱水状态、易产生“液化”现象。当含盐量到一定范围内时，不仅可加重冻胀，也可加重翻浆，主要因为氯盐渍土不仅聚冰多，而且液、塑限低，蒸发缓慢；当含盐量更多时，因其不冻结或减少冻结而不翻浆或减轻翻浆。

硫酸盐渍土在降低冰点方面作用与氯盐渍土类似，因此，也可加重翻浆，但不如氯盐渍土显著。春融时结晶硫酸钠脱水可起加重翻浆的作用。硫酸盐渍土由于透水性差，可减轻冻胀，也可减轻翻浆。

2. 盐渍土地区的路基养护要点

对盐渍土地区路基病害的防治主要采取完善排水、结构加固、去除盐分等方法。

（1）保持排水良好。

盐渍土受到雨水淋和冰雪溶化的影响，含水率急增，可能会出现湿化坍塌、溶陷、路基发软，强度降低等现象，以致失去承载力。因此，保持排水良好显得尤为重要，排水沟要保持 0.5% ~ 1% 的纵坡；在低矮平坦、排水困难的地段，应加宽加深边沟或在边沟外增设横向排水沟。其间距不宜大于 500m，沟底应有向外倾斜 2% ~ 3% 的横坡。

对加深加宽边沟的弃土，可堆筑在边沟外缘，形成护堤，以保护路基不被水淹。还可采用水分隔断措施，隔断毛细水的上升，防止水分和盐分进入路基上部，从而避免路基或路面遭受破坏。包括：提高路基及设置隔离层。

提高路基。有些盐渍土地基地下水位较高，路堤除了有再盐渍化的问题外，还有冻融和翻浆的危害。为了使路基不受冻害和再盐化的影响，应控制路堤高度至不再盐化的最小高度，该高度可以根据试验决定，一般为丰水期地下水位高加 0.5m。

设土工织物隔离层。采用土工布隔断毛细水和地下渗水也是行之有效的方法。土工布可以为单层，也可以为双层。选择土工布时应根据使用位置和目的，对渗透系数、坡顶系数、耐冻性和耐老性等提出具体要求。用于盐渍土地区的土工布还应具有长期对硫酸盐、氯盐等盐类的抗腐蚀性；用于隔断毛细水上升的土工布，一般设置在路基和垫层之间。双层时设置在路基和垫层之间以及路基和路面结构面层之间。此外在路基和垫层之间设置一定厚度的滤水层也是行之有效的方法。

（2）结构加固。

结构加固的方法有许多种。如强夯法、浸水预溶加强夯法、半刚性基层、挤密桩加固地基等方法。对有些地区，除了对地基进行加固外，还应对路肩和边坡进行加固。

（3）去除盐分。

盐分是导致盐渍土具有盐胀、湿陷、腐蚀和加重翻浆等特性的根源，因而，如果能去除盐分，或把有害盐分转化为无害或者危害较小的盐分，则同样可以达到处治盐渍土道路路基病害的目的。去除盐分包括：①换填法；②浸水预溶法；③化学处治；④垫层与浅层处治等。

第二章　沥青路面养护与维修

第一节　沥青路面养护内容及一般要求

一、沥青路面养护的目的

公路养护是保证汽车高速、安全、舒适行驶不可缺少的经常性工作。公路养护的基本任务是：经常保持公路及其设施的完好状态，及时修复损坏部分，保障行车安全舒适、畅通。采取正确的技术措施，提高养护工作质量，以延长公路的使用年限。防治结合，治理公路存在的病害和隐患，逐步提高公路的抗灾能力。对原有技术标准过低的路段和构造物以及沿线设施，进行分期改善和增建，逐步提高公路的使用质量和服务水平。

二、沥青路面养护的工作内容

我国《公路沥青路面养护技术规范》（JTJ073.2—2001）将沥青路面的养护工作按其工程性质、规模大小、复杂程度不同，分为日常巡视与检查、小修、中修、大修、改善和专项养护工程等，具体内容如下。

1. 日常巡视与检查

（1）路面上是否有明显的坑槽、裂缝、拥包、沉陷、松散、车辙、泛油、波浪、麻面、冻胀、翻浆等病害，其危害程度及趋势如何；

（2）路面上是否有可能损坏路面或妨碍交通的堆积物等。

2. 小修保养

小修保养可分为日常保养和小修两项工作内容。

（1）日常保养的内容

清扫路面泥土、杂物，保持路面整洁；排除路面积水、积雪、积冰、积砂、铺防滑料、灭尘剂或压实积雪维持交通；处理泛油、拥包、裂缝、松散等病害；

拦水带（路缘石）的修理和刷白；清理边沟、维修护坡道、培土等。

（2）小修的内容

修补路面坑槽、沉陷、波浪、局部龟裂、啃边等病害，桥头、涵顶跳车处的处理。

3. 中修工程

沥青路面整段罩面或封面（稀浆封层）；沥青路面局部严重病害的处理；整段更换路缘石、整段维修路肩。

4. 大修工程

大修工程的内容包括路面的翻修、补强、加宽铺装等。

5. 改建工程

提高路面等级；路面结构补强；局部改线。对不适应交通要求、不符合路线标准的路段，通过局部改线，提高公路等级，使其符合技术标准要求。

6. 专项养护工程（略）

三、沥青路面养护的一般要求

对沥青路面应进行预防性、经常性和周期性养护，加强路况巡查，掌握路面的使用状况，根据路面的实际情况制订日常小修保养和经常性、预防性、周期性养护工程计划。对于较大范围路面损坏和达到或超过设计使用年限的路面，应及时安排大、中修或改建工程。应及时掌握路面的使用状况，加强小修保养，及时修补各种破损，保持路面处于整洁、良好的技术状况。沥青路面养护工程中使用的沥青、粗集料、细集料和填料的规格、质量要求、技术指标、级配组成及大修、中修、改建工程的设计、施工、质量控制等，均应符合现行《公路沥青路面设计规范》（JTGD50—2006）和《公路沥青路面施工技术规范》（JTGF40—2004）的有关规定。

1. 沥青路面养护要求

（1）保证路面平整、横坡适度、线形顺直、清扫整洁、排水良好，见表2-1～表2-3。

表2-1　平整度、抗滑性能及破损状况的养护质量标准

序号	项目		高速公路、一级公路	其他等级公路
1	平整度	平整度仪（σ）（mm）	≤3.5	≤4.5（≤5.5或≤7.0）①
		3m直尺（h）（mm）	≤7	≤10（≤12或≤15）②
		IRI（mm/km）	≤6	≤8

续表

序号	项目		高速公路、一级公路	其他等级公路
2	抗滑性能	横向力系数SFC	≥40	≥30
		摆式仪摆值BPN	–	≥32
3	路面状况指数PCI		≥70	55

表2-2 沥青路面强度的养护质量标准

评价指数	高速公路、一级公路	其他等级公路
路面强度系数SSI	≥0.8	≥0.6

表2-3 沥青路面横坡度

路面类型	高速公路、一级公路	其他等级公路
路拱坡度	1.0 ~ 2.0	–

（2）对沥青路面进行预防性、经常性和周期性养护，加强巡路检查，掌握路面的使用情况，及时排除有损路面的各种不良因素，发现路面初期病害应及早维修。

（3）对于路面较大损坏，应根据损坏程度，及时安排大、中修或专项工程，进行维修和整治；对路面承载能力不足或不适应交通要求的，应根据不同情况进行补强、加宽或改线，以提高公路等级。

（4）应重视路面排水。及时修补沥青路面的坑槽和裂缝，防止地表水渗入基层；对已渗入基层的积水，应设纵横向盲沟排水，地下水位较高的在排水沟下面设置腹式盲沟；应加强路面排水设施的维修养护，保持良好的排水功能。

2. 养护材料要求

沥青路面的养护维修材料主要有道路石油沥青、乳化石油沥青、液体石油沥青、改性沥青等沥青材料、各种规格的粗细集料、填料等砂石材料，以及由这些材料组成的混合料。各种维修养护材料都必须进行必要的试验，不符合技术标准要求的，不得使用。

3. 养护机具配备要求

沥青路面的养护维修应根据实际要求和各地实际情况配备各种机具设备，其种类及规格，可参照公路养护每 100km 机具配备；沥青路面改建工程所需机具应遵照《公路沥青路面施工技术规范》（JTGF40—2004）的有关规定配备；养护机械应配备具有上岗证书的技术工人，并注意做好机械的保养维修工作，确保安全使用，提高机械设备的完好率和使用率；路面状况调查设备可参照表2–4执行。

表2–4　路面状况调查设备表

调查内容	调查设备	备注
路面破损状况	直尺等直观调查设备	可配备路况摄影车
路面结构强度	贝克曼梁弯沉仪及弯沉车	可配备自动弯沉仪或落锤式弯沉仪
路面平整度	路面平整度仪或3m直尺	–
路面抗滑能力	摩擦系数仪	可配备横向力系数仪
路面车辙深度	路面车辙测试仪	–

第二节　沥青路面损坏的调查评定与养护对策选择

路况调查与评价的目的是为公路管理部门编制公路养护年度计划和维修对策提供依据，同时，为方便日常养护和维修工作内容的确定也应进行路况调查和评价。相关部门应按照要求调查频率对路面状况各项评价标准进行调查，采集路况数据，通过路况数据评定路面状况并充实完善数据库；并对路面使用性能进行长期观测和调查，研究其变化规律，分析路面产生病害的原因，拟订处治方案。

公路养护管理部门在制订资金需求和资金分配计划、制订公路养护工作计划，以及确定大、中、小修及保养对策和方案决策时，宜使用路面管理系统，以提高养护工作和管理决策的科学性。

一、沥青路面损坏类型与识别

路面的使用性能分为功能和结构两大类，使用过程中路面的使用性能会随行车荷载和环境因素的作用而逐年变化。

从宏观讲，路面的损坏类型分为功能破坏和结构破坏。功能破坏是指路面不平整或太光滑，使其不再具有预期的功能，它反映了路面的服务水平或行驶质量。结构破坏是指路面在使用过程中受到行车荷载和环境等因素的影响而出现的结构不完整等各种损坏。

从微观讲，沥青路面破损可直观地分为裂缝类、松散类、变形类及其他类四大类别。按照其破碎的程度又可将沥青路面损坏分为 11 类 21 项。为了区别同一种损坏对路面路用性能的不同影响程度，对各损坏须按其影响的严重程度可划分为几个等级（一般为 2 ～ 3 个）。详见列表 2–5。

表 2–5　沥青路面破损分类分级

破损类型		分级	外观描述	分级指标	计量单位
裂缝类	龟裂	轻	初期龟裂，缝细、无散落，裂区无变形	块度：20 ～ 500m	m^2
		中	裂块明显，缝较宽，无或轻散落或轻度变形	块度：<20cm	
		重	裂块破碎，缝宽，散落重，变形明显，亟待修理	块度：<20cm	m^2
	不规则裂缝	轻	缝细，不散落或轻微散落，块度大	块度：>100cm	m^2
		重	缝宽，散落，裂块小	块度：50 ～ 100cm	
	纵裂	轻	缝壁无散落或轻微散落，无或少支缝	缝宽：≤ 5mm	m^2
		重	缝壁散落重，支缝多	缝宽：>5mm	
	横裂	轻	缝壁无散落或轻微散落，无或少支缝	缝宽：≤ 5mm	m^2
		重	缝壁散落多，支缝多	缝宽：>5mm	
松散类	坑槽	轻	坑浅，面积小（<1m^2）	坑深：≤ 25mm	m^2
		重	坑深，面积较大（>1m^2）	坑深：>25mm	
	麻面		细小嵌缝料散失，出现粗麻表面		m^2
	脱皮		路面面层层状脱落		m^2
	啃边		路面边缘破碎脱落，宽度 10cm 以上		m^2
	松散	轻	细集料散失，路面磨损，路表粗麻		m^2
		重	粗集料散失，多量微坑，表面剥落		
变形类	沉陷	轻	深度浅，行车无明显不适感	深度：≤ 25mm	m^2
		重	深度深，行车明显颠簸不适	深度：>25mm	
	车辙	轻	变形较浅	深度：≤ 25mm	m^2
		重	变形较深	深度：>25mm	
	搓板		路面产生纵向连续起伏、似搓板状的变形		m^2
	波浪	轻	波峰波谷高差小	高差：≤ 25mm	m^2
		重	波峰波谷高差大	高差：>25mm	
	拥包	轻	波峰波谷高差小	高差：≤ 25mm	m^2
		重	波峰波谷高差大	高差：>25mm	

续表

破损类型		分级	外观描述	分级指标	计量单位
其他类	泛油		路表呈现沥青膜，发亮，镜面，有轮印		m^2
	磨光		路面原有粗构造衰退或丧失，路表光滑		m^2
	修补损坏面积		因破损或病害而采取修复措施进行处治，路表外观上已修补的部分与未修补部分明显不同		m^2
	冻胀		路基下部的水分向上聚集并冻结成冰引起路面结构膨胀，造成路表拱起和开裂		m^2

1. **龟裂**

（1）特征：相互交错的裂缝将路面分割成形似龟纹的锐角多边形小块；裂缝宽3mm以上，多数缝距10cm以内，分块的尺寸小于50cm×50cm，见图3–1。

（2）成因：通常是由于路面整体强度不足，在行车荷载的重复作用下而引起的疲劳裂缝，另外基层软化，稳定性不足等原因也可能引起龟裂。

（3）程度：可分为轻度龟裂、中度龟裂、重度龟裂。

轻度龟裂为初级龟裂，裂区无变形、无散落、缝细，主要裂缝宽度在2mm以下，主要裂缝块度在0.2 ~ 0.5m之间，损坏按面积计算。中度龟裂为龟裂的发展期，龟裂状态明显，裂缝区有轻度散落或轻度变形，主要裂缝宽度在2 ~ 5mm之间，部分裂缝块度小于0.2m，损坏按面积计算。重度龟裂特征显著，裂块较小，裂缝区变形明显、散落严重，主要裂缝宽度大于5mm，大部分裂缝块度小于0.2m，损坏按面积计算。

2. **块状裂缝**

（1）特征：由面层材料的收缩和温度的周期性变化导致形成纵向、横向交错裂缝，使路面分裂成多边形大块，块裂的网格尺寸大于龟裂。

（2）成因：面层材料的收缩和温度的周期性变化导致；配制的沥青混合料性能较差；当沥青路面上出现纵向裂缝后，在某些因素的影响下继续扩展，逐渐纵、横裂缝交叉在一起，从而形成块状裂缝；沥青混合料的矿料组成级配不良与裂缝形成也有一定关系。

（3）程度：可分为轻度块状裂缝、重度块状裂缝。

轻度块状裂缝缝细、裂缝区无散落，裂缝宽度在3mm以内，大部分裂缝块度大于1.0m，损坏按面积计算。重度块状裂缝缝宽、裂缝区有散落，裂缝宽度在 3mm 以上，主要裂缝块度在 0.5 ~ 1.0m 之间，损坏按面积计算。

3. 纵向裂缝

（1）特征：与道路中线大致平行的长直裂缝，有时伴有少量支缝。

（2）成因：由于路基压实度不均匀，路面不均匀沉陷或施工接缝质量或结构承载力不足引起的不均匀沉降形成的纵缝，通常断断续续延绵很长。

（3）程度：可分为轻度纵向裂缝、重度纵向裂缝。

纵向裂缝为与行车方向基本平行的裂缝。轻度纵向裂缝缝细、裂缝壁无散落或有轻微散落，无支缝或有少量支缝，裂缝宽度在 3mm 以内，损坏按长度计算，检测结果要用影响宽度（0.2m）换算成面积。重度纵向裂缝缝宽，裂缝壁有散落、有支缝，主要裂缝宽度大于 3mm，损坏按长度计算，检测结果要用影响宽度（0.2m）换算成面积。

4. 横向裂缝

（1）特征：裂缝与路中线基本垂直，缝宽不一，缝长有贯穿整个路幅和贯穿部分路幅的。

（2）成因：施工缝未处理好，接缝不紧密，结合不足；沥青牌号未达到使用要求的质量标准或不适合本地区气候条件；半刚性基层收缩裂缝的反射缝；桥梁涵洞或通道两侧的填土产生固结或地基沉降。

（3）程度：可分为轻度横向裂缝、重度横向裂缝。

横向裂缝为与行车方向基本垂直的裂缝。轻度横向裂缝缝细、裂缝壁无散落或有轻微散落，裂缝宽度在 3mm 以内，损坏按长度计算，检测结果要用影响宽度（0.2m）换算成面积。重度横向裂缝缝宽，裂缝贯通整个路面，裂缝壁有散落并伴有少量支缝，主要裂缝宽度大于 3mm，损坏按长度计算，检测结果要用影响宽度（0.2m）换算成面积。

5. 坑槽

（1）特征：沥青路面坑槽由局部龟裂松散，在行车荷载和雨水等综合作用下导致部分混合料被带走，形成坑槽。

（2）成因：坑槽的产生可能与热拌沥青混合料的质量、施工缺陷、结构问题，以及环境条件等有关。

（3）程度：可分为轻度坑槽、重度坑槽。

轻度坑槽坑浅，有效坑槽面积在 $0.1m^2$ 以内（约 0.3m × 0.3m），损坏按面积计算。重度坑槽坑深，有效坑槽面积大于 $0.1m^2$（约 0.3m × 0.3m），损坏按面积计算。

6. 松散

（1）特征：由于路面集料失去黏结力，集料松动或散失而形成类似于坑槽的构造物，严重时产生坑槽。

（2）成因：沥青混合料低于摊铺和碾压要求温度，或碾压不及时；沥青老化，与集料黏附性差；沥青混合料受潮或冒雨摊铺；低温施工，路面成型慢，在车辆作用下，嵌缝料脱落。

（3）程度：可分为轻度松散、重度松散。

轻度松散为路面集料散失、脱皮、麻面等表面损坏，损坏按面积计算。重度松散为路面粗集料散失，脱皮、麻面、露骨、表面剥落、有小坑洞，损坏按面积计算。

7. 沉陷

（1）特征：路基路面有竖向变形，路面下凹一定深度。

（2）成因：沥青混合料在摊铺时厚度不均或粗细料不均引起的面层轻微下沉；基层局部强度薄弱，经雨水侵蚀，行车作用使其结构强度破坏，引起路面沉陷；桥涵台背填土不均匀沉降引起。

（3）程度：可分为轻度沉陷、重度沉陷。

沉陷为大于 10mm 的路面局部下沉。轻度沉陷深度在 10 ~ 25mm 之间，正常行车无明显感觉，损坏按面积计算。重度沉陷深度大于 25mm，行车有明显感觉，损坏按面积计算。

8. 车辙

（1）特征：指路面上沿行车轮迹产生的纵向带状凹槽。

（2）成因：车辙的产生受内因和外因的综合影响。内因包括沥青混合料和路面结构设计，外因包括施工、交通、气候条件。

（3）程度：可分为轻度车辙、重度车辙。

车辙为轮迹处深度大于 10mm 的纵向带状凹槽（辙槽）。轻度车辙，辙槽浅，深度在 10 ~ 15mm 之间，损坏按长度计算。重度车辙，辙槽深，深度在 15mm 以上，损坏按长度计算，检测结果要用影响宽度（0.4m）换算成面积。

9. 波浪拥包

（1）特征：路表面出现轻微、连续的，接近等距离的起伏状，形似洗衣搓板和路面出现局部隆起。

（2）成因：因泛油处理不当，路面中油料含量偏高；矿料级配不良，细料多，集料少；沥青材料的黏度和软化点低；基层湿软变形或与路面结合不好；路基、基层稳定性和平整度差；在行车荷载的作用下混合料被推拥挤压，在路面两侧或行车道范围内，形成隆起。

（3）程度：可分为轻度波浪拥包、重度波浪拥包。

轻度波浪拥包，波峰波谷高差小，高差在 10 ~ 25mm 之间，损坏按面积计算。重度波浪拥包，波峰波谷高差大，高差大于 25mm，损坏按面积计算。

10. 泛油

（1）特征：高温季节沥青被挤出，表面形成薄油层，很少或看不到集料，车辆过后有轮迹出现。

（2）成因：沥青表面处治、贯入式等施工，使用沥青牌号不当，针入度过大；矿质混合料级配不当，油量过大，集料过少；冬季施工，面层成型慢，集料失散过多。

（3）程度：路面沥青被挤出或表面被沥青膜覆盖，形成发亮薄油层，损坏按面积计算。

11. 修补

修补是指龟裂、坑槽、松散、沉陷、车辙等的修补面积或修补影响面积（裂缝修补按长度计算，影响宽度为 0.2m），众多损坏导致修补处难以与路面成为一个整体。

二、沥青路面使用性能调查与评定

路面使用性能调查是评价路面状况的基本途径，通过调查所获得的路面状况数据是路面性能的直接反映，同时也是编制道路养护与改建计划的依据。利用这些数据，可以判别路面状况是否适应目前交通量和使用要求，并确定所管辖的路网内需要采取养护和改建措施的路段，以及合适的养护处置方案。路面评价决策的恰当与否，在很大程度上取决于能否及时且真实地采集到路面状况数据。

1. 沥青路面使用性能调查指标

路面调查主要包括路面破损状况、路面结构强度、路面平整度、路面抗滑能力四项内容。根据需要还可增加对桥头、通道两侧以及涵洞的不均匀沉降观测。路面调查可采用全面调查或抽样调查的方式。路面调查最低频率应遵照表 2–6 规定。

表2-6 路面调查频率

公路等级	评价指标			
	破损	平整度	强度	抗滑
高速公路、一级公路	每年1次		1 ~ 3年1次	
二、三、四级公路	每年重点调查		必要的调查	

（1）破损调查。

路面破损的调查指标为综合破损率（DR）。高速公路和一级公路路面破损数据调查，宜采用先进快速的调查方法。其他等级公路可采用人工调查的方法。

（2）强度调查。

路面强度的调查指标为路面弯沉值（Ls）。高速公路和一级公路路面弯沉值的调查，宜采用自动弯沉仪或落锤式弯沉仪进行调查，但应建立与贝克曼梁测定结果的对应关系。其他等级公路可采用贝克曼梁弯沉仪进行调查。

（3）平整度调查。

路面平整度的调查指标为国际平整度指数（IRI）。路网的全面调查宜采用车载式检测设备快速检测；小范围的抽样调查可采用连续式平整度仪或3m直尺检测。

各种方法的测定结果应建立与国际平整度指数之间的对应关系。

（4）抗滑能力的调查。

路面抗滑能力的调查指标为横向力系数（SFC）和摆值（BPN）。调查设备可采用横向力测定车和摆式仪。高速公路和一级公路，宜采用横向力系数测定车。

2.沥青路面使用性能数据采集及评价指标

（1）路面破损数据的采集与管理。

现有路面数据采集应由地（市）级公路管理机构负责组织，由县级公路部门组成测试小组进行，也可委托专门的检测机构进行。参与数据采集人员必须严肃认真，有较丰富的养护路面实践经验，并熟悉路面病害类型区分，确保数据真实、可靠。

1）仔细查看路面上存在的损坏状况，正确区分病害类型和严重程度，丈量其损坏面积，按病害类型及其严重程度，记入沥青路面损坏情况调查表，准确至平方米，不规则形状的损坏面积计算时先按当量面积计算，然后根据破损程度乘以系数确定；评价段次按 100m 设定，每张表为一个路段的实测记录。

2）对于各种单条裂缝，其损坏面积按裂缝长度乘以 0.2m 计算。

3）车辙的损坏面积按车辙的长度乘以 0.4m 计算。对于车辙、拥包、波浪、坑槽、沉陷等类型损坏，可用 3m 直尺测其最大垂直变形，以确定其严重程度。

4）调查结果应按路段汇总，填入沥青路面损坏情况总表，每一行为一个路段的合计记录。

路段长度宜采用 1000m，以整公里桩号为起讫点，并考虑以公路交叉及行政区分界为分段点。

5）数据校核。地（市）级公路部门应组织复核小组进行抽查，抽查数量占实际调查路段的 5% ~ 10%，偏差范围在 ±10% 以内为合格，不合格时应重新进行调查。

（2）沥青路面使用性能评价指标。

沥青路面使用性能评价取决于综合指标 PQI 数值的大小，与路面损坏状况指数 PCI、路面行驶质量指数 RQI、路面抗滑性能指数 SRI、路面结构强度系数 PSSI、路面车辙深度指数 RDI 指标相关。

$$PQI -_{\omega 1} PCI +_{\omega 2} RQI +_{\omega 3} RDI +_{\omega 4} SRI +_{\omega 5} PSSI$$

式中：PQI——路面使用性能指数；

ω1、ω2、ω3、ω4、ω5——路面分项指标权重系数，建议取值见表 2–7。

表2–7　ω1、ω2、ω3、ω4、ω5权重建议值

取值 权重	建议值		
	高速公路、一级公路	二级公路	二级以下公路
ω1	0.25	0.3	0.35
ω2	0.35	0.25	0.2
ω3	0.1	0.25	0.35
ω4	0.3	0.2	0.1
ω5	0.1	-	-

按现行《公路技术状况评定标准》（JTGH20—2007）规范，沥青路面养护质量的评定等级分为优、良、中、次、差 5 个等级。公路技术状况等级按表 2–8 评定。

表 2-8 路面综合评价等级标准

等级评价指标	优	良	中	次	差
路面综合评价指标PQI	≥90	<90，≥80	<80，≥70	<70，≥60	<60

3. 沥青路面使用性能评价方法

（1）沥青路面损坏状况的评价。

路面破损状况采用路面状况指数（PCI）进行评价，路面状况指数由沥青路面破损率（DR）计算得出。

1）破损状况检测方法。

①人工检测。人工检测是指在封闭或不封闭交通的情况下，按照规定的损坏分类和识别方法，采用目测和简单工具丈量方式，人工记录各种路面损坏类型、严重程度和数量（长度和面积）。有条件的地区还可以借助便携式路况数据采集仪（RCR）进行现场记录、汇总、计算和评定。人工检测方法应用比较广，对于人力资源丰富地区和低交通量及低等级公路具有相当优势，但是在大交通量的高速公路和干线公路上使用时，将会面临实际操作上（封路、安全、速度、精度）的诸多困难，不适应大规模公路检测要求。

路面损坏人工检测人为性较大，质量控制是实施中检测方式的关键因素。为了避免人工检测标准的不统一，在进行检测之前，必须对所有检测人员进行方法和标准的培训，通过"培训—实习—培训"的方式使检测人员掌握路面损坏分类标准和测量方法，通过现场实习加深认识，使检测人员取得统一标准。

②检测车检测。路面损坏状况检测车是采用检测车通过获取路表数字图像，通过计算机软件自动识别（或部分人工干预识别），实现不同路面损坏类型的识别和统计计算。近年来，随着计算机、摄影摄像、图像处理以及 GPS 全球定位系统等技术的快速发展，为开发新型高效的多功能路面快速检测设备提供了条件。该设备可以同时采集公路路况信息、数据库一次生成，大大节省了检测时间和检测费用。

检测车在公路上正常行驶的过程中，车身配备的几个高清摄像头覆盖所在的车道，在不同角度拍摄下路面的破损情况，采集图像。在图像的采集过程中，路面的状况比较复杂，如路面上的杂物石子、沥青等，裂缝周围的污物，路面材料的大小、颗粒及路面粗糙程度的不同使路面不均匀，同时又受到光源和摄像头抖动（检测车行进中）的影响，图像中不可避免地存在大量的噪声，这为后面的检测工作带来了较大的困难。路面图像的噪声通常来自三个方面：一是外界环境的干扰，如照度的不均匀、路面上的杂物等；二是来自路面本身的影响（即由于灰度的离散性导致路面本身类似含有大量噪声的图像），如路面的不均匀性，尤其是路面材料大小、颗粒以及路面粗糙度的不同；三是采集过程中摄像头振动的影响及电子设备噪声（通常为高斯白噪声）。这些噪声的存在都会增加图像处理的难度，因此在进一步处理前需要进行图像去噪处理。进行路面图像处理的目的，就是从采集的路面图像中提取路面裂缝等破损，并对其进行评价。图像分割是数字图像处理领域中极为重要的内容之一，也是实现自动图像分析时首先要完成的操作，在图像工程中占据着重要的位置。一方面，它是目标表达的基础，对特征测量有着重要的影响；另一方面，因为图像分割及其基于分割的目标表达、特征提取和参数测量等将原始图像转化为更抽象、更紧凑的形式，使得更高层的图像分析和理解成为可能。由于分割中出现的误差会传播至更高层处理阶段，因此分割精确度是至关重要的。

2）路面破损的具体种类及严重程度描述见表 2–5。

3）路面破损权重换算系数（ω）：根据路面破损的严重程度和范围，按表 2–9 确定。

表 2–9 路面破损权重换算系数（ω）

破损类型	严重程度	换算系数（ω）	破损类型	严重程度	换算系数（ω）
龟裂	轻 中 重	0.6 0.8 1.0	松散	轻 重	0.2 0.4
不规则裂缝	轻 重	0.2 0.4	沉陷	轻 重	0.4 1.0
纵裂	轻 重	0.4 0.6	车辙	轻 重	0.4 1.0
横裂	轻 重	0.2 0.4	搓板	–	0.8
坑槽	轻 重	0.8 1.0	波浪	轻 重	0.4 0.8
麻面	–	0.1	拥包	轻 重	0.4 0.8
脱皮	–	0.6	泛油	–	0.1
啃边	–	0.8	磨光	–	0.6
修补损坏面积	–	0.1	冻胀	–	1.0
翻浆	–	1.0	–	–	–

4）路面综合破损率（DR）按下式计算：

$$DR = 100 \times \frac{\sum_{i=1}^{i_o} \omega_i A_i}{A}$$

式中：DR——路面破损率，为各种损坏的折合损坏面积之和与路面调查面积之百分比（%）；

A_i——第 i 类路面损坏的面积（m^2）；

A——调查的路面面积，即调查长度与有效路面宽度之积（m^2）；

ω_i——第 i 类路面损坏的权重，沥青路面按表 2-7 取值；

i——考虑损坏程度（轻、中、重）的第 i 项路面损坏类型；

i_o——包含损坏程度（轻、中、重）的损坏类型总数，沥青路面取 21，水泥混凝土路面取 20，砂石路面取 6。

5）沥青路面路面状况指数 PCI 的计算公式：

$$PCI = 100 - 15DR^{0.412}$$

6）路面状况评价等级。

沥青路面路面状况指数（PCI）：路面状况指数（PCI）的数值范围为 0 ~ 100。其值越大，路况越好。路面破损状况评价标准见表 2-10。

表2-10 路面破损状况评价标准

评价等级 评价指标	优	良	中	次	差
路面状况指数 PCI	≥85	<85 ~ 70	<70 ~ 55	<55 ~ 40	<40

（2）道路平整度的评价。

道路平整度描述的是道路路面纵向的高程变化情况，它从行车舒适性、安全性和车辆运营经济性等方面影响路面行驶质量和服务水平。不良的路面平整度不仅影响道路行车安全，降低行车舒适度，增大行车噪声污染，而且增加车辆的运行费用（如增加油耗、降低行车速度、增加车辆机件磨损），同时加速结构破坏，影响路面的使用年限，缩短养护周期。为此，世界各国的道路工作者都建立了相应的规范标准，研制了各种仪器设备，以便对新建道路进行质量控制，对已运行道路进行检测评定。

1）平整度检测方法。

路面平整度宜采用快速检测设备，可结合路面损坏和车辙一并检测。单独检测路面平整度时，宜采用高精度的断面类检测设备。路面平整度检测设备必须定期标定，每年至少标定一次，标定的相关系数应大于 0.95。对于条件不具备的三级、四级公路，路面平整度可采用 3m 直尺人工检测。路面平整度检测数据应以 100m（人工检测）或 20m（快速检测）为单位长期保存。

①道路平整度检测设备。

国外对道路平整度检测技术开展过大量的研究工作，提出了一系列检测方法和相应的检测设备，这些方法和设备从原理上可以分为两种类型：反应类设备和断面类设备。表 2-11 列出了国内外常用的道路平整度检测设备。

表2-11 常用道路平整度检测设备

检测方法	检测设备	检测方式	检测指标	开发国别
反应类	BPR 平整度仪	动态	位移累积值	美国
	颠簸累计仪 BI	动态		英国
	RRDAS 平整度仪	动态		澳大利亚
断面类	水准仪和水准尺	静态	路表高程	世界银行
	3m 直尺	静态	路表间隙	-
	MERLIN 梁	静态	位移偏差	英国 TRL
	连续式平整度仪	动态	唯一标准差	中国/日本
	动态	动态	车体位移车体与路面距离	美国
	惯性断面仪 GMR	动态		法国 LCPC
	纵断面分析仪 APL	动态		丹麦/瑞典/英国

②道路平整度常用检测设备应用原理。

a. 反应类道路平整度检测设备

反应类道路平整度检测设备是安装在车体上的传感装置，测量车辆以一定速度行驶经不平整路面时悬挂系统的动感反应（竖向位移、竖向加速度等），以此来间接度量路面的平整程度。设备输出的测定值通常是一个基数数值，每记一个数相应于一定的悬挂系统位移量。反应类指标表征的是路面凹凸不平引起车辆振动的颠簸情况，是驾驶员和乘客直接感受到的平整度指标，因此它实际上是舒适性指标。

反应类道路平整度检测设备的主要优点是操作简便、测量速度快，可用于大规模道路平整度检测。然而，由于这类检测方法是对道路平整度的间接度量，其检测结果同车辆的动态反应密切相关，即随车辆机械系统的振动特性和车辆行驶的速度而变化，因而存在三项主要缺点：第一，再现性差，同一台设备安装在不同车辆或不同时间测定的结果不一致；第二，转换性差，不同部门的测定结果难以进行直接对比；第三，不能反映路面的真实纵断面。

鉴于反应类道路平整度检测设备的上述缺陷，《公路技术状况评定标准》（JTGH20—2007）建议在条件允许时宜采用快速和高精度的断面类检测设备。

b. 断面类道路平整度检测设备

断面类道路平整度检测设备的工作原理是直接测量路表纵断面形状（高程），然后再通过综合性数学统计量来表征其平整度状况。

断面类的代表设备为激光平整度仪，原理为激光测量车体到路面的距离同时采用加速度传感器或惯性平台测量并计算车体振动加速度和竖向位移 s，将路面表面相对于同一参考平面的高程设为 h=d-s，按一定的采样间隔持续采样，就可以得到路面的相对纵断面。激光平整度仪一般不受路况和检测速度的影响，因而得到了广泛应用。

2）平整度的评价标准。

路面的行驶质量采用行驶质量指数（RQI）作为评价指标，行驶质量指数由国际平整度指数（IRI）计算。

①国际平整度指数 IRI。

为了客观准确高效地检测和评定路面平整度，平整度指数的设置要具有合理性。我国过去使用较多的仪器有 3m 直尺和连续式平整度仪等，这些仪器受长度和速度的限制，难以反映较高车速下路面较长波长的颠簸情况，从而把过去世界各国不同的平整度仪测试结果指标统一到 IRI 来。国际平整度指数 IRI 是世行组织召集世界各国专家学者，考虑了公路路面的长波模型、短波模型、台阶模型以及专家模型等向世界各国推荐的。所以从技术上比较全面、合理，对世界路面平整度测量是一个重大的贡献，目前 IRI 已发展成各国平整度的通用指标，包括现在最先进的采用激光技术的平整度检测设备均可直接输出 IRI 的指标数值，其计算公式如下：

$$IRI = a + b \times BI$$

式中：IRI——国际平整度指数（m/km）；

BI——平整度测试设备的测试结果；

a,b——标定系数。在使用中,各地可根据实际的标定结果确定其取值。

②行驶质量指数 RQI

国际平整度指数 IRI 可由反应类设备测定，测定结果需经试验标定。路面行驶质量指数（RQI）与国际平整度指数（IRI）的关系为：

$$RQI = 11.5 - 0.75 \times IRI$$

式中：RQI——行驶质量指数，数值范围为 0 ～ 10。如出现负值，则 RQI 值取 0；如计算结果大于 10，RQI 取值 10。

在路面管理系统的研究中，研究人员建立了道路平整度与行驶舒适性的关系，并提出了路面行驶质量指数 RQI 模型，见式：

$$RQI = \frac{100}{1 + a_o e^{a_1 IRI}}$$

式中：a_o——高速公路和一级公路采用 0.026，其他等级公路采用 0.0185；

a_1——高速公路和一级公路采用 0.65，其他等级公路采用 0.58。

3）平整度评价等级。

我国道路平整度的评价指标采用路面行驶质量指数，评价等级见表 2–12。

表 2–12 路面行驶质量评价等级标准

技术等级	优	良	中	次	差
RQI	≥90	<90，≥80	<80，≥70	<70，≥60	<60
IRI（高速公路、一级公路）（m/km）	≤2.3	≤3.5，>2.3	≤4.3，>3.5	≤5.0，>4.3	>5.0
IRI（其他等级公路）（m/km）	≤3.0	≤4.5，>3.0	≤5.4，>4.5	≤6.2，>5.4	>6.2
3m 直尺（mm）	≤10	≤12，>10	≤15，>12	≤18，>15	>18
颠簸程度	无颠簸，行车平稳	有轻微颠簸，行车尚平稳	有明显颠簸，行车不平稳	严重颠簸，行车很不平稳	非常颠簸，非常不平稳

（3）沥青路面抗滑性能的评价。

路面抗滑能力是影响道路行车安全性的重要因素，是保证公路行车安全及维持必要的允许行车速度的一项重要指标。

1）沥青路面抗滑评价指标。

路面抗滑性能直接影响公路行车的安全性。路面的抗滑性能可以用路面摩擦系数来表征，它体现了路面能否提供防止车辆轮胎滑动和减小制动距离的能力。根据测试方法不同，摩擦系数分为制动力系数和横向力系数两种。制动力系数只能表明车辆制动距离的长短，横向力系数既能体现车辆制动距离的长短，又能表征路面防止车辆侧滑的能力。《公路技术状况评定标准》（JTGH20—2007）建议采用横向力摩擦系数 SFC 作为检测指标，并通过 SFC 计算路面抗滑性能指数（SRI）。

路面抗滑性能采用抗滑系数作为评价指标，抗滑系数以横向力系数（SPC）或摆式仪的摆值（BPN）表示。

2）沥青路面抗滑性能检测方法。

西方发达国家在 20 世纪 30 年代就开始进行路面抗滑性能的研究，最初是基于物理学的概念，涉及车辆轮胎与路面材料之间的摩擦力学作用和其他影响因素的分析。目前，世界各国已经形成了多种路面抗滑性能的测试方法，根据测试方式可以划分为测定摩擦系数的直接法和测定路面微观构造与宏观构造的间接法，因而相应的测试指标也可分为直接指标和间接指标两类。

路面抗滑性能宜采用基于横向力系数的路面抗滑性能检测设备或其他具有可靠数据标定关系的自动化检测设备。检测设备必须定期标定，每年至少标定一次。路面抗滑性能检测数据（横向力系数）应以 20m 为单位长期保存。

①摆式摩擦系数测试仪。摆式摩擦系数测试仪是一种小型路面抗滑性能测试装备，在世界上广泛使用。其工作原理是根据能量守恒的规律，将摆臂的势能损失转化为路面摩擦力所做的功，进而反算出摩擦系数并通过摆式仪的摆值 BPN 读出。摆式仪价格低廉、便于携带、操作简便，但只能测试相当于较低车速下的单点的路面摩擦系数，且在宏观构造粗糙的路面上进行测试时容易产生较大偏差，测试时对交通的干扰较大。

②摩擦系数测试系统。路面摩擦系数自动化测试系统主要包括以英国 SCRIM 为代表的横向力摩擦系数系统和广泛应用于北美、欧洲和日本等国的纵向摩擦系数测定系统。路面摩擦系数自动化测试系统又分为车载式和拖挂式两种，均需在湿态路面上进行测试。

横向力摩擦系数测试系统的工作原理是设定测试轮与行车方向成一定偏角，当车辆前进时就会产生一个同测试轮平面垂直的横向摩阻力，横向力由压力传感器量测，大小与路面和轮胎之间的摩擦系数成正比，该横向力与测试轮承受垂直荷载的比值即为横向力系数SFC。为模拟实际路面上的最不利状态，利用水箱喷头在测试轮前喷洒一定量的水，使路面保持一定厚度的水膜。在实际应用中，有的装备采用的是单轮偏角的形式，有的装备采用双轮合角的形式。横向力系数是路面纵横向摩擦系数的综合反映，能够很好地表征车辆制动时路面阻止其发生侧滑的抗力。

国内使用的横向力系数检测系统主要有英式装备和国产装备两种。交通部公路科学研究院研制开发的横向力系数测试车（RiCS），它由承载车辆、横向力测试装置、供水装置和主控制系统组成。主控制系统实施对测试装置和供水装置的操作控制，同时由微机控制数据的传输、转换、存储与计算过程。RiCS为高效自动化检测装备，能够对路面进行长距离连续测试，结果可直接导入路面管理系统数据库。

纵向摩擦系数测试系统的工作原理是使测试轮与车辆的前进方向保持一致，测定完全制动或不完全制动时，测试轮上产生的纵向摩阻力和承受的竖向荷载，二者的比值即为纵向制动力摩擦系数BFC或滑移指数SN，由此可反映路面对车辆制动距离长短的影响。摩擦系数测试部件可安装在车体上，也可以拖挂。该系统能在较宽速度范围内测试路段的平均摩擦系数，测试结果符合车辆实际制动时的情况，并且不影响其他车辆的正常行驶。

③路面纹理深度检测。路面抗滑性能通常被视为路面的表面特性，包括微观构造和宏观构造两部分。微观构造是指集料表面的粗糙度，它主要提供车辆低速行驶（30 ~ 50km/h）时的抗滑性能；宏观构造（路面纹理深度）是指路表外露集料间形成的构造，可使车轮下的路表水迅速排除，避免形成水膜，主要提供高速行车时的抗滑性能。实践中常采用铺砂法测量路面纹理深度的大小，有手工铺砂法和电动铺砂法两种。可通过计算纹理深度，评价路面抗滑性能。应用激光技术测量路面纹理深度是近些年发展起来的测试方法，常用设备为激光路面纹理测试仪，有车载式和手推式两种，测试指标为路面纹理深度。

3）沥青路面抗滑性能评价方法。

路面的抗滑性能直接影响公路车辆的行车安全性。路面抗滑性能用路面抗滑性能指数（SRI）评价，其计算公式如下：

$$SRI = \frac{100 - SRI_{\min}}{1 + a_o e^{121SFC}} + SRI_{\min}$$

式中：SFC——横向力系数；

SRI_{min}——标定参数，采用 35.0；

a_o——模型参数，采用 28.6；

a_1——模型参数，采用 -0.105。

4）沥青路面抗滑性能评价等级。

沥青路面抗滑性能评价等级依据 SRI 数值大小，见表 2-13。

表2-13　路面抗滑能力评价标准

评价等级评价指标	优	良	中	次	差
横向力系数SFC	≥48	≥40，<48	≥33.5，<40	≥27.5，<33.5	<27.5
路面抗滑性能指数SRI	≥90	≥80，<90	≥70，<80	≥60，<70	<60
摆值BPN	≥42	≥37，<42	≥32，<37	≥27，<32	<27

（4）沥青路面结构强度的评价。

1）沥青路面结构强度评价指标。

路面弯沉是表示路面结构强度的一项重要指标，是路面在车辆荷载作用下发生垂直下沉变形的位移量。根据检测时施加荷载方式的不同，路面弯沉可分为静态弯沉和动态弯沉。由贝克曼梁和自动弯沉仪等静态加载试验方法得到的是静态弯沉，由落锤式弯沉仪和激光弯沉仪等动态加载试验方法得到的是动态弯沉。根据峰值数据采集方式不同，静态弯沉可分为回弹弯沉和总弯沉。我国路面设计和养护标准所使用的弯沉指标为静态回弹弯沉。《公路技术状况评定标准》（JTGH20—2007）对路面结构强度规定采用抽样检测与评定的方法，检测范围控制在养护里程的 20% 以内，应根据路面大、中修养护需求和路基的地质条件等因素，确定路面弯沉的检测范围和检测位置。

2）沥青路面弯沉的检测方法。

弯沉检测的主要目的是要测量出路面在荷载作用下的垂直位移量。路面弯沉检测及分析技术是随着机械、电子、计算机和激光技术的发展而不断进步的，其发展大致表现为初级人工测试方式、机械自动化测试方式和高速激光测试方式三个阶段。不同类型的路面弯沉检测设备，其技术原理和工作方式也不同。根据检测装置的加载特性可分为静态弯沉检测、稳态动力弯沉检测和脉冲动力弯沉检测三种方式。按照工作方式可以分为固定采样和行驶采样两种。

①贝克曼梁弯沉仪。贝克曼梁弯沉仪采用的是人工测量方式，它利用标准车对路面加载，通过百分表观测路面的回弹弯沉，属于静态检测、固定采样。

其工作原理简单、操作方便，得到了广泛的应用。但是贝克曼梁弯沉值是相对于梁支点处的变形，对于半刚性基层路面，弯沉盆范围较大，支点变形导致测试结果失实；沥青路面的弹性系数与温度和荷载作用时间密切相关，而贝克曼梁弯沉仪难以测定荷载的作用时间，弯沉精度受到影响；仅能测得单点最大弯沉值，难以测得弯沉盆的形状和大小。

②自动弯沉仪。自动弯沉仪为行驶采样、静态弯沉类检测设备，其工作原理与贝克曼梁弯沉仪相似，只是采用位移传感器代替了百分表进行自动测量，同时改变了前后测臂的长度比例。自动弯沉仪的测试结果为静态总弯沉。按照我国相关规范的要求，应与贝克曼梁弯沉仪进行对比试验，将测试结果换算为标准回弹弯沉。自动弯沉仪由测试车辆、测量机构和数据采集处理系统组成。测试车辆能以 3 ~ 7km/h 的速度稳定行驶，控制系统根据事先设定的程序并通过光电管、牵引绞盘及导向机构等部件来自动操作测量机构的行走和测试过程，数据采集系统通过位移、温度和距离等传感器连续自动采集单侧或双侧测点的静态弯沉峰值、弯沉盆及温度和距离等信号，经数据转换程序将上述信号编译成标准数据。

与贝克曼梁弯沉仪相比，自动弯沉仪采样频率及自动化程度高，检测时车辆匀速行驶，消除了作用时间不均造成的误差；可减轻操作人员的劳动强度；有良好的相关性。目前该设备已被频繁应用于高等级公路施工质量验收和养护管理过程中，可以在不封闭交通但采取必要安全措施的条件下，进行高速公路的弯沉测试作业。

③稳态动力弯沉仪。稳态动力弯沉仪利用动荷载发生器对路面施加周期性荷载（通常为固定频率的正弦动荷载），通过在路面上沿荷载轴线相隔一定间距布置的一组速度传感器量测路面表面的动弯沉盆曲线。此类弯沉仪克服了静力弯沉仪的缺陷，应用了惯性基准点，测试精度、速度都有较大的提高。但为了保证施加振动荷载时仪器不跳离路面，仪器的自重必须大于动荷载，即需要较大的静力预载，这样在试验开始前就已经影响了路面材料的应力状态；且施加的动荷载较小，不能反映实际行车荷载的作用。

④落锤式弯沉仪。落锤式弯沉仪于20世纪70年代末由丹麦和瑞典研制成功，目前被世界各国广泛应用于动态弯沉检测和结构性能评价。落锤式弯沉仪主要由液压冲击加载系统、信号采集系统和计算机操作控制系统三部分组成。

落锤式弯沉仪的优点为：较好地模拟了行车荷载的作用，可快速准确量测路面的弯沉盆，为路面结构层的模量反算提供了基础；荷载大小可调，可实测路面的荷载—弯沉关系曲线；与稳态动力弯沉仪相比，静力预载很小且不改变路面材料的受力状态；可在整体刚度较大的高等级路面及机场道路面测定弯沉。因此，落锤式弯沉仪是路面弯沉测试和结构性能评价的理想工具。

落锤式弯沉仪的缺点为：目前我国设计和养护技术规范是基于回弹弯沉值，因此在使用时落锤式弯沉仪必须与贝克曼梁弯沉仪进行对比试验；当其在高速公路进行工作时需要经常定点停车而难以保证人员和设备的安全，因此在不封闭交通高速行车路段测试具有局限性。

（3）沥青路面强度结构的评价方法。

路面弯沉是路面结构强度的函数，路面结构强度通过路面回弹弯沉用路面结构强度指数 PSSI（Pavement Structure Strength Index）来评价，其计算式如下：

$$PSSI = \frac{100}{1 + a_o e^{a1SSI}}$$

$$SSI = \frac{l_d}{l_o}$$

式中：PSSI——路面结构强度指数；

SSI——路面结构强度系数，路面设计弯沉与实测代表弯沉之比；

l_d——路面设计弯沉，mm；

l_o——实测代表弯沉，mm；

a_o——模型参数，采用 15.71；

a_1——模型参数，采用 15.19。

4）沥青路面强度结构评价等级。

沥青路面强度结构评价等级依据结构强度系数，分为优、良、中、次、差五个等级，见表 2-14。

表2-14　路面强度的评价标准

标准 公路等级 评价标准	优		良		中		次		差	
	高速公路、一级公路	其他公路、等级公路	高速公路、一级公路	其他公路、等级公路	高速公路、一级公路	其他公路、等级公路	高速公路、一级公路	其他公路、等级公路	高速公路、一级公路	其他公路、等级公路
结构强度系数SSI	≥1.0	≥0.83	<1.0，≥0.83	<0.83，≥0.66	<0.83，≥0.66	<0.66，≥0.5	<0.66，≥0.5	<0.5，≥0.3	<0.5	<0.3

（5）沥青路面车辙的评价。

1）路面车辙检测指标。

高速公路和一级公路的路面车辙检测方法，将路面车辙深度 RD 作为独立的检测指标，据此计算路面车辙深度指数 RDI。其他等级公路，由于路面车辙问题并不突出，沿用传统做法，在调查路面损坏状况时量取车辙长度，通过影响宽度（0.4m）换算成路面车辙的损坏面积。

2）路面车辙检测方法。

路面车辙检测方法，见表 2–15。

表2–15 路面车辙检测方法

方法	内容
直尺测量	直尺的长度有很多种，在美国有1.22m、1.83m和3.6m三种，其操作方法是把直尺横放在车辙位置的轮迹带上，用校正尺量测车辙深度。在车辙比较窄的时候，尺的长度对车辙深度影响较小，但是车辙较宽时，一般长尺比短尺测出的车辙深度大
水准测量	沿着车辙横断面每隔一定距离放一次塔尺，从中间向道路两侧用水准仪读数，为了消除塔尺不垂直产生的影响，可以每一点读两次数，取低值以避免人为的读数偏高
表面测深仪	表面测深仪安装了倾角计可以测量两个脚之间的高程差，两个脚之间的距离是305mm，推动其穿过车道，就可以收集到横断面信息。该仪器在车道内需要闭合测量，其累积误差要求不超过2.5mm
行走断面仪	该仪器需要操作者推着仪器行走，后台连接计算机能将测得的坡度转化为高程的变化趋势。测量时，每隔241mm测一次，得到横断面的高程变化趋势
车辙快速检测装置	该装置通过在车体上安装位移传感器来快速、连续地检测道路横断面，它主要由检测横梁、传感器和计算机系统三部分组成。绝大多数传感器都是利用光时差原理测量车体与路面之间的相对距离，当传感器数量足够多时，便可以检测出路面车辙形状。目前，国内外没有关于传感器类型、数量、间距以及测量宽度等统一的标准

我国交通部公路科学研究院开发的路况快速检测系统 CiCS 配备了 13 个激光传感器，采用非均匀布点方式，外端传感器进行斜角测量，检测宽度可以达到 3.6m，能够在车道全宽范围内进行车辙检测。

3）路面车辙评定。

我国路面车辙的评价指标现采用路面车辙深度指数 RDI，其计算公式如下：

$$RDI=\begin{cases}100-a_oRD(RD\le RD_a)\\60-a_i(RD-RD_a)(RD_a\le RD\le RD_b)\\0(RD>RD_b)\end{cases}$$

式中：RD——车辙深度，mm；

RD_a——车辙深度参数，采用20mm；

RD_b——车辙深度限值，采用35mm；

a_o——模型参数，采用2.0；

a_i——模型参数，采用4.0。

4）路面车辙评定等级。

路面车辙评定等级依据车辙深度指数，见表2-16。

表2-16 路面车辙评定等级

标准评价指标	优	良	中	次	差
车辙深度RD（mm）	≤5	>5，≤10	>10，≤15	>15，≤20	>20
车辙深度指数RDI	≥90	≥80，<90	<80，≥70	<70，≥60	<60

三、沥青路面养护对策的选择

（1）沥青路面养护对策应根据公路等级、交通量、分项路况评价结果确定。分项路况评价包括：路面破损状况、行驶质量、路面强度和抗滑性能等方面。路面综合评价指标仅适用于对路面质量的总体评价。

（2）各地公路养护管理部门应结合路面管理系统的使用，根据路面分项评价结果和养护资金的情况，统筹编制本地区公路网的资金需求计划和资金分配方案，确定公路养护的优先次序。

（3）公路养护管理部门可根据公路等级、交通量、分项路况的评价结果，结合养护资金情况，采取如下维修养护对策：

①在满足强度要求的前提下（路面的结构强度系数为中等以上时），若高速公路及一级公路的路面状况指数（PCI）评价为优、良，或者二级及二级以下公路的路面状况指数评价为优、良、中时，以日常养护为主，并对局部破损进行小修；若高速公路及一级公路的路面状况指数（PCI）评价为中及中以下，或者二级或二级以下公路的路面状况指数评价为次及次以下，应采取中修罩面措施。

②在不满足强度要求的前提下（路面的结构强度系数为中等以下时），应采取大修补强措施以提高其承载能力。

③若高速公路及一级公路的行驶质量指数（RQI）评价为优、良，或者二级及二级以下的公路的行驶质量指数评价为优、良、中时，以日常养护为主；若

高速公路及一级公路的行驶质量指数（RQI）评价为中及中以下，或者二级及二级以下公路的行驶质量指数评价为次及次以下时，应采取罩面等措施改善路面的平整度。

④高速公路及一级公路的抗滑能力不足（SFC < 40）的路段，或二级及二级以下公路抗滑能力不足（SFC < 30 或 BPN < 32）的路段，应采取加铺罩面层等措施提高路表面的抗滑能力。

⑤因路面不适应现有交通量或载重的需要，应通过提高现有路面的等级，或通过加宽等改建措施提高道路的通行能力和服务质量。

（4）大、中修及改建工程的结构类型和厚度，可根据公路等级、交通量、当地经济条件和已有经验，通过设计确定，并要求符合规范规定；对项目级的养护维修对策，可根据公路网的资金分配情况和养护工作计划安排，结合各路况分项评价结果和本地区成熟的养护经验，选择具体的养护维修措施。

第三节 沥青路面的日常养护技术

一、沥青路面日常养护要求

（1）对沥青路面应进行预防性、经常性和周期性养护，加强路况巡查，掌握路面的使用状况，根据路面的实际情况制订日常小修保养和经常性、预防性、周期性养护工程计划。对于较大范围路面损坏和达到或超过设计使用年限的路面，应及时安排大中修或改建工程。

（2）应及时掌握路面的使用状况，加强小修保养，及时修补各种破损，保持路面处于整洁、良好的技术状况。

（3）沥青路面养护工程使用的沥青、粗集料、细集料和填料的规格、质量要求、技术指标、级配组成及大修、中修、改建工程的设计、施工、质量控制，均应符合现行《公路沥青路面设计规范》（JTGD50—2006）和《公路沥青路面施工技术规范》（JTGF40—2004）的有关规定。

二、一般公路沥青路面日常养护

1. 初期养护

（1）热拌沥青混合料路面的初期养护。

①摊铺、压实后的热拌沥青混合料路面，待摊铺层自然冷却，混合料表面

温度低于 50℃后方可开放交通。

②纵横向的施工接缝是沥青路面的薄弱环节，应加强初期养护，随时用 3m 直尺查找暴露出来的轻微不平，铲高补低，经拉毛后，用混合料垫平、压实。

（2）沥青贯入式路面的初期养护。

路面竣工后，开放交通时，行驶车辆限速在 15km/h 以下，根据表面成型情况，逐步提高到 20km/h；设专人指挥交通或设置临时路标，按先两边，后中间控制车辆易辙行驶，达到全面压实；应随时将行车驱散的嵌缝料回扫、扫匀、压实，以形成平整密实的上封层。当路面泛油后，要及时补撒与施工最后一层矿料相同的嵌缝料，同时控制行车碾压。

（3）沥青表面处治路面的初期养护。

层铺法施工的沥青表面处治路面的初期养护与贯入式路面的要求基本相同；拌和法施工的沥青表面处治路面的初期养护与热拌沥青混合料的要求基本相同。

（4）乳化沥青路面的初期养护。

乳化沥青路面的初期稳定性差，压实后的路面应做好初期养护，设专人管理，按实际破乳情况，封闭交通 2 ～ 6h；在未破乳的路段上，严禁一切车辆、人、畜通过；开放交通初期，应控制车速不超过 20km/h，并不得制动和掉头。当有损坏时应及时修补。

2. 沥青路面日常养护

（1）加强路况巡查，及时发现病害，研究分析病害产生的原因，并有针对性及时对病害进行维修处理。

（2）路面清扫应按如下规定进行。

巡查过程中，发现路面上有杂物，要及时清扫，保持路面清洁；沥青路面的日常清扫，应根据实际情况，采用机械或人工的方法进行清扫；沥青路面的清扫作业频率应根据路面污染程度、交通量的大小及其组成、气候及环境条件等因素而定；长大隧道内、桥梁上沥青路面的清扫频率应适当增加；为了防止清扫路面时产生扬尘而污染环境，危及行车安全，机械清扫时宜配备洒水装置，并根据路面的扬尘程度，确定适当的洒水量。

（3）严禁履带车和铁轮车在沥青路面上直接行驶，如必须行驶，应采取相应措施。

（4）雨后路面有积水的地方要及时排除。

（5）排水设施的养护。

在春融期，特别是汛前，应对排水设施进行全面检查并疏通。雨天必须上路巡查，及时排除堵塞并疏通。防止水流直接冲刷路基、路面及路肩。暴雨过后应重点检查，如有冲刷、损坏，应及时修补。

（6）除雪防滑。

当降雪影响正常通行时，应组织人员与机械清除路面积雪，对重要道路要争取地方政府组织沿线人员、设备除雪；在冬季降雪或下雨后，路面出现结冰时，应在桥面、陡坡、急弯、桥头引道撒铺一层防滑料。在环保允许情况下，也可撒铺融雪材料（如氯化钙、氯化钠等）。

（7）路肩养护。

路肩上应保持适当的横坡，坡度应平整顺适，硬路肩横坡可与路面横坡相同或略大，植草路肩应比路面横坡度大 1% ~ 2%。当路肩的横坡过大或过小时，应及时整修；堆料台应设置在路肩以外，堆料应距离适当、排列规整；路肩应经常保持平整坚实，对出现的坑槽、车辙、缺口应及时修补；对雨天积水、淤泥应及时排除和清理，铲除的淤泥土石及杂物，不得堆放在边沟内或边坡上；宜结合 GBM 工程，用块石、水泥混凝土预制块铺砌路肩外侧边缘带。对边缘带应加强养护，由于路表水冲刷及车辆碾压造成的松动、破损应及时修复或更换；可在路肩上种植（或保留）草皮，并要经常修整，草高不宜超过 15cm，并以不影响路面排水为原则，保护路肩不被冲刷。

（8）边坡养护。

①路基边坡的坡面应保持平顺、坚实无冲沟，其坡度应符合设计规定。应经常检查路堑，特别是深路堑边坡的稳定情况。如发现有危岩、浮石等，应及时清除，避免坍落危及行车、行人安全和堵塞边沟。当土路堑边坡出现冲沟时，应及时用黏土填塞捣实；如出现潜流涌水，可开集水沟，将水引向路基以外。

②填土路堤边坡因雨水冲刷，易出现冲沟和缺口，应及时用黏结性良好的土修补拍实。对较大的冲沟和缺口，修理时应将原边坡开挖成台阶形，然后分层填筑夯实，并注意与原坡面衔接平顺，并增加植被防护。

③边坡、碎落台、护坡道、沿河路堤等，受水流冲刷及浸淹，出现缺口、冲沟、沉陷、塌落滑坡时，应根据水流、地质、边坡坡度等情况，选用种草、铺草皮、栽灌木丛、投放石笼、干砌或浆砌片石护坡等防治措施。

三、高速公路沥青路面日常养护

对高速公路沥青路面应进行经常性和预防性的日常养护，以保证路面经常处于良好的技术状态。

1. 高速公路路面日常养护的工作程序要求

（1）建立完善的巡视检查制度和技术检测系统，建立完善的信息网络。及时、准确地掌握路面状况及相关信息，科学地、客观地评定路面使用品质，有依据、有计划、有针对性地安排养护项目。

（2）树立高度的交通服务意识和安全意识，在路面养护作业中，应满足正常行车的需要，尽量避免完全封闭交通。

（3）严格按照有关技术规范和标准进行养护作业，宜采取机械化养护作业方式，迅速、优质、高效地处理各类路面损害和障碍，确保运行质量。

（4）不断探索和应用新材料、新设备、新技术、新工艺，提高养护作业的时效性、机动性、安全性和可靠性。

（5）对于高速公路沥青路面上出现的各类病害，必须及时、快速处理。当发现直接危及正常交通和行车安全的病害，应立即修复或采取临时过渡措施后，再按照规范有关要求进行修复。

（6）路面的日常养护，应根据实际需要配置适用的机具设备，建立适当的材料储备，并组织可靠的养护材料供应网络，以确保路面养护作业正常进行；在高速公路上进行路面养护作业的人员，必须事前接受专门的安全教育和养护作业规程的培训。

2. 高速公路路面日常养护具体要求

（1）巡查和检测。

1）高速公路沥青路面的日常养护，应坚持巡视检查制度，及时发现路面及其附属设施的损坏情况和可能影响交通的路障，以便养护部门及时、合理地安排维修和清理，尽快恢复路面正常使用状态。

巡视检查分为日常巡查、定期巡查、特殊巡查和专项巡查，各类巡查的内容、频率、方法、装备应提前制订计划并核查结果；巡查作业中，巡查人员应强化自身保护意识，按规定穿着安全标志服。巡查车速一般控制在 40 ~ 50km/h，并按规定开启示警灯。如遇到需要停车检查的情况，应停在紧急停车带上。如必须停在行车道上时，应开启巡查车的危险报警闪光灯，并采取必要的安全措施，巡查人员应在巡查车的前方迅速完成检查或测量作业；巡查作业中应由专人记录巡查情况，巡查结束后应尽快整理、汇总巡查记录，并通知有关部门采取相应的养护措施。

2）路面的日常养护中，应注意采集、利用气象信息和交通信息等相关信息。

应每天记录当地的天气预报和实际天气情况。在多风、多雨、多雾、多雪、多冰冻季节，应随时注意天气的变化，必要时应与当地的气象台、站取得并保持联系，随时获取最新气象信息，以便及时采取相应措施；应按规定进行交通量调查。

3）高速公路沥青路面应进行路面破损、强度、平整度和抗滑性能检测，以及必要的专项技术检测。

4）各项巡视检查、专项调查和技术检测的结果，均应及时进行整理和初步分析，并输入公路路面管理系统，由该系统每年一次对路面的技术状况和使用品质进行综合评价，作为制订下一年度养护工作计划的依据。当在各类巡查或专项检测中发现路面某一方面的技术状况和使用品质明显下降时，应及时通过该系统作出阶段性评价，以及时采取相应的养护对策。

5）对修建于软土地基的高速公路沥青路面应定期进行路面高程测量。当桥头引道的不均匀沉降出现下列情况，应及时予以修复：

与桥台的连接部位沿桥台靠背产生错台，且最大高差达 2cm 以上；台后接近桥台部位的纵向坡度差超过 5%。

（2）清扫和排水。

1）对尘土、落叶、杂物等造成的路面污染，应进行日常清扫，保持高速公路良好的运行环境。

日常清扫应以机械作业为主，机械清扫沿路面右侧或左侧进行，并应尽量避免在中间行车道进行清扫作业及变换车道进行清扫作业。对清扫机械无法扫及的路面死角，应进行人工辅助清扫；日常清扫的作业频率应根据路面污染程度而定，一般为每日一次全程清扫，清扫时间应尽量避开流量高峰时段；清扫机械必须配备洒水装置，机械清扫作业时应根据路面的扬尘程度确定适当的洒水量；路面清扫后的垃圾不得随意倾倒，应运至指定地点或垃圾场妥善处理；桥面、隧道内沥青路面及收费广场的日常清扫作业按以上要求进行，但应适当加大隧道内沥青路面及收费广场的清扫频率。

2）除了定期的日常清扫作业外，还应根据路面污染的特殊情况，及时进行不定期的特殊清扫保洁作业。

当发现路面上有妨碍正常交通的杂物时，应立即清除；当意外事件、事故等因素造成路面污染时，应及时清扫；当沥青路面被油类物质或化学物品污染时，应先撒砂、撒木屑或用化学中和剂处理，然后进行清扫，必要时再用水冲洗干净。

3）高速公路沥青路面应保持排水畅通，路面无积水。

①对中央分隔带集水井、横向排水管、路侧拦水缘石及泄水槽、桥面泄水孔等路面排水系统应经常进行清理和疏通，发现损坏部位应及时修复。

②应经常检查沥青路面的排水情况，检查时间一般以在雨间或雨后 1 ~ 2h 为宜。发现路面明显积水的部位，应分析原因，分别采取下列不同措施。

对虽未破损，但造成雨后明显积水的行车道路面局部沉陷部位，应及时清扫并整平；对设置有路侧拦水带及泄水槽的路段，如因拦水带开口及泄水通道的位置不妥而造成路面积水时，应及时调整；对因横坡不适而造成积水的路段，应采取临时措施，尽量减少行车道部位的积水，并在罩面及翻修工程中彻底调整解决。

③在雨季到来之前，应对全部路面排水系统及路堤边沟、涵管、泵站、集水井、沉淀池等所有排水设施进行全面检查和疏通，修复损坏部位，处理水毁隐患，清除路肩和边坡高草，确保雨季排水畅通。应加强雨季排水，及时处理路面水毁部位，减轻水害损失。

（3）排障和清理。

1）为了及时处理并尽量减轻因不可抗拒因素和突发事件所造成的损害，高速公路管理机构应建立完善的应急抢险机制，全天候不间断的值班，随时掌握、分析各类有关信息，做好各种应急抢险准备工作，一旦发生险情，快速作出反应，指挥应急抢险工作。

2）应根据实际需要配置必要的排障、抢险、救援设备和可靠的通信指挥设施，对排障、抢险、救援人员进行专门的业务培训，并预先制定排障、抢险、救援作业程序。一旦出现妨碍正常交通、危及行车安全的路面险情和障碍物，应急抢险指挥中心应立即组织人员、设备，按程序进行排障、抢险、救援工作，迅速排除路障和路面险情，恢复正常交通。必要时可请求当地政府和当地驻军支援。

3）路障作业结束后，应按本节有关规定，尽快清理现场，发现路面及附属设施受到损害的，应尽快按本节规定予以修复。

（4）除雪和防冻。

1）严寒地区的除雪和防冻是路面冬季养护的重点，应根据当地历年气象记录资料、气象预测资料、路面结构、沿线条件等，事先制订切合实际情况的除雪和防冻工作计划，制定适用于各种不同的气温、降雪量和积雪深度条件下的除雪和防冻作业规程，落实相应的除雪、防冻作业人员和机具设备，并按实际需要储备防冻、防滑材料。在严寒降雪季节到来后，应随时监测气象变化情况，一旦降温、降雪，立即按计划部署相应的除雪和防冻作业，特别注意桥面、坡道、弯道、匝道、收费广场等重点区段，尽量减轻积雪和冰冻对行车安全造成的危害，缩短影响正常交通的时间。

2）路面除雪应以机械作业为主，人工作业为辅。在降雪过程中，当路面积雪厚度超过 1cm 时，即可开始除雪作业。一般以铲为主，除雪机械的作业方向宜与正常行车方向相同，行驶速度为 30 ~ 50km/h。从路面左侧向右侧依次进行。当降雪量较大，难以在降雪过程中清除全部积雪时，应在雪停后及时清除路面全部积雪。

3）当路面上的压实雪、融化的雪水、未及时排除的雨水可能形成冰冻层时，应及时采取防冻防滑措施。当气温低于 0℃时，在大、中型桥面、桥头引道纵坡大于2.5%的路段或平面曲线半径小于500m的匝道范围内，应撒（洒）布盐、盐水、盐砂混合料或其他融雪剂等防冻防滑材料。撒（洒）布的时间和频率宜与除雪作业同步。待雪停后，应将残留在路面上的防冻防滑材料与积雪一并清除干净；除雪和防冻作业应不分昼夜快速进行，作业现场必须实行统一指挥，并落实与作业形式相适应的安全作业措施和交通控制措施。

第四节 沥青路面常见病害维修

一、路面常见病害维修一般要求

（1）对各种路面病害应分析其产生的原因，并根据路面的结构类型，设计使用年限，维修季节、气温等实际情况，及时采取相应维修处治措施，防止病害扩大，并应符合沥青路面养护标准。

（2）高速公路和一级公路路面病害的维修应采用机械作业，所使用的沥青混合料宜集中厂拌，并采取保温措施，其他等级的公路应逐步提高维修作业的机械化水平。

（3）对病害的维修事先应有周密的计划，做好材料准备，保证工序之间的衔接，对坑槽、沉陷、车辙等需将原路面面层挖除后进行机械修补作业的病害，宜当日开挖当日修补，并设置警示标志保障行车安全；修补面积应大于病害的实际面积，修补范围的轮廓线应与路面中心线平行或垂直，并在病害面积范围以外 100 ~ 150mm。应采取措施使修补部分与原路面联结紧密。

（4）在病害的处治中，凡需重新做面层的，其技术要求应符合现行《公路沥青路面施工技术规范》（JTGF40—2004）的规定；凡需重新做基层的，其技术要求应符合现行《公路路面基层施工技术规范》（JTJ034—2000）的规定。

二、裂缝的维修

1. 裂缝维修的作用

裂缝是路面最常见且不可避免的病害，使得路用性能降低。维修裂缝的作用有：减缓裂缝扩展、降低混合料受到侵蚀和减少水对基层材料的影响，并保护相邻路面；恢复路面应有的表面功能，改善行车的平顺性和舒适性；加强裂缝两侧路面材料间的黏结强度，恢复裂缝处路面材料间传递力功能，恢复路面局部强度和承载能力；通过对裂缝处松散、破损材料清除后进行填封修补，弥补原有沥青路面材料的强度不足；对旧路面裂缝的填封修补，可防止上面的沥青加铺层出现反射裂缝。

2. 裂缝维修时机的选择

在选择材料和施工工序时应充分考虑气候条件。高温气候条件下不用考虑较软的材料或者抗裂的材料，可以选择较硬材料；而在低温气候条件下，应该选择具有良好弹性的材料。

裂缝处理施工时间最好在温度大于零度，路面水分最少，裂缝张开至一半宽的时候。春季路面水分太多，夏季气温较高、裂缝宽度太小，冬天气温变化大、水分多、裂缝太宽，这些季节都不是裂缝维修的最佳时机。而秋天天气适宜、雨水最少、裂缝宽度适中，是最适宜裂缝维修的季节。

3. 裂缝维修的方法

针对不同种类及不同程度的裂缝，选择合理正确的维修方法会使得维修的裂缝寿命得到极大提高。目前养护部门较常用的两种方法是填缝和灌缝，其采用的基本依据是裂缝的宽度和间距。可参考表 2–17 选择维修方法。

表2–17　裂缝维修方法选择

裂缝特征	裂缝处理方法	
	填缝	灌缝
宽度（mm）	5 ~ 19	5 ~ 25
缝边损坏程度 （如破碎、二次开裂）	很小或者没有 （<裂缝长度的25%）	中等或者没有 （≤裂缝长度的50%）
年水平位移（mm）	≥2.5	<2.5
裂缝类型	横向温度裂缝纵、横向反射裂缝纵向连接带裂缝	纵向反射裂缝纵向连接带裂缝纵向边缘裂缝不规则的块状裂缝

（1）填缝。

填缝是一种局部处理方式，主要用于具有较窄裂缝的新铺路面。其主要目的是减少或防止水和硬质杂质杂物侵入路面结构内部破坏基层，同时还可以防止路面膨胀和收缩。填缝使用的高性能改性聚合物材料价格较高，但性能非常好，需要洁净干燥的裂缝表面，因此能很好的附着于裂缝缝壁。填缝可以通过三种途径实现：清理并填缝、锯槽并填缝、开槽并填缝。

1）清理并填缝。

裂缝处理前清理缝内杂物并吹干缝内水分，再使用填缝料填缝。这种方法适用于基层具有良好的横断面和侧向支撑，路表损坏且伴随无或少量微裂缝的纵向、横向开裂，或表面无松散的裂缝。通常在裂缝较小时修补比较经济。

填缝材料在硬化前需要控制或封闭交通，如果裂缝密封后要求尽快开放交通，应使用细砂或纸张覆盖在填缝材料表面，以避免填缝材料产生剥落现象。填缝材料用量应合理控制，用量过多会降低路面的抗滑性能。若填缝合理，所修复的路面至少可以使用 3 年才会发生填缝材料剥落的现象。

2）锯槽并填缝。

使用路面锯缝机沿新铺路面以一定间距锯出横缝，然后用填缝材料密封。一般用于新铺的沥青路面在 48h 之后使用。施工时将填缝材料喷洒于路表，整平后在裂缝边缘额外预留些填缝材料，使填缝材料能更好的黏附于路表或锯缝边缘，注意用量过多会降低路面的抗滑性能，同时考虑非机动车的行驶。需要注意在弯道处密封纵向裂缝，会使车轮经过缝边的填缝材料时打滑，从而造成危险，因此在弯道处应谨慎使用。裂缝维修施工中需更改或封闭交通，直到填缝材料完全结合。如果裂缝密封后要求尽快开放交通，应使用细砂或纸张覆盖在密封剂表面，以免密封剂被车轮带起。新铺沥青路面采用密封后寿命可持续 7 ~ 10 年，同时可减少新铺路面的随机开裂现象。对裂缝修复后的路面在裂缝超过使用寿命后还可重复使用这种方法进行修复。

3）开槽并填缝。

利用切割机或凿缝机在现有裂缝中央开槽，然后使用填缝材料填缝。该方法适用于横向和纵向裂缝，气温适度降温时（如春季和秋季）使用最适宜，另外在路面使用前期采用这种技术效果最好。适用于基层具有良好的横断面和侧向支撑，路表损坏且伴随无或少量的微裂缝的纵向、横向裂缝，或表面无松散的裂缝。如果裂缝损坏严重且较宽，则不能采用填缝的方法。需考虑非机动车的行驶。要注意在弯道处密封纵向裂缝，会使车轮经过缝边的填缝材料时打滑，从而造成危险，因此在弯道处应谨慎使用。裂缝维修施工中需更改或封闭交通，直到填缝材料完全结合。如果裂缝密封后要求尽快开放交通，应使用细砂或纸张覆盖在密封剂表面，以免密封剂被车轮带起。注意用量过多会降低路面的抗滑性能，同时在修补施工时应确保裂缝处是干燥的，因为水分会影响填缝材料与裂缝缝壁的黏结。

如果维修时机选择合适，那么修复的裂缝至少使用 3 年才会发生密封剂从裂缝边缘剥落的现象。填缝材料不能长期防止水和硬质杂物侵入路面结构层内，但能减少水分渗透，延长路面使用寿命。运用开槽填缝的方法，平均寿命为 5 年。对裂缝修复后的路面在裂缝超过使用寿命后还可重复使用这种方法进行修复。

（2）灌缝。

对于路面破损严重，裂缝较宽的旧路，选择灌缝更好。灌缝准备工作简单，利用压缩气体吹走缝内松动杂物。特殊情况下，灌缝前需使用热风枪清理并干燥裂缝。灌缝使用材料较填缝便宜，可以使用橡胶粉、乳化沥青，也可以使用微表处材料和稀浆灌缝。但是，由于灌缝准备工作简单，裂缝边缘粗糙，因此灌缝材料在这种情况下性能差。橡胶粉材料黏性好，对裂缝清洁度敏感度低，能很好地黏附于裂缝壁上。但在低温条件下，它比聚合物密封剂脆性大，当路面收缩时不能足够伸展。灌缝时可以考虑耐久性较好的材料，从而减少重复灌缝次数。灌缝可以在一年之内任何时间施工，但比较好的灌缝季节是偏凉的季节。灌缝后依据材料不同，如乳化沥青的使用寿命在几个月至 1 年；橡胶填缝使用寿命在 2 ~ 3 年；微表处材料使用寿命会更长些。

（3）全深 / 部分深裂缝维修。

这种方法是在路面过度磨损以致不能使用填缝和灌缝时的一种处理工艺，适用于路表裂缝比较严重的情况。但当面层以下部分状况较好时，可以考虑采用宽且浅（部分深度）的修复措施。当路表性能衰减极为严重，裂缝处的沥青混合料出现明显剥落并且路面病害延伸至沥青层底部时；或者修复伴有二次开裂的裂缝，需要重建基层或路面材料时，应采用窄且深的全深式修补技术。

该处置方法需沿裂缝槽内先铣刨，然后用热拌沥青混合料填缝并压实至目标压实度。修补后的裂缝随时都可能出现新裂缝，因此当再次出现裂缝时应及时处理，以免耽误了最佳处理时机而造成基层材料支撑能力降低和再次发生裂缝。当路面状况较好时，铣刨深度为 13 ~ 25mm；当路面性能退化较为严重时，一般采用全深式铣刨，铣刨灌浆是唯一可行的裂缝处治方法。铣刨的深度通常为 6 ~ 13mm。在确定铣刨区域形状时，必须确保开挖面积足够宽，以保证良好的压实度，但在全深式裂缝修复的开挖区域则难以达到设计的压实度。应注意所铣刨处理的裂缝必须是干燥的，另外，如果要在原有路面上铺筑新的沥青混合料面层，则需要在铺筑新面层前，将原有沥青混合料面层铣刨。

这种工艺对施工季节的限制与热拌沥青混合料的限制要求相同，混合料压实后方可开放交通。采用铣刨灌缝技术修补裂缝的使用寿命主要取决于压实后的密度。若密度不足，则路面会在交通荷载作用下发生推移，降低使用寿命；若混合料设计不良，路面潮湿同样会缩短其使用寿命。如果设计合理施工规范，则使用寿命可高达 5 年以上。

4. 裂缝维修过程

（1）轻微裂缝。

在高温季节全部或大部分可愈合的轻微裂缝，可不加处理。在高温季节不能愈合的轻微裂缝，可采用以下两种方法进行处治：

1）有裂缝的路段清扫干净并均匀喷洒少量沥青（在低温、潮湿季节宜喷洒乳化沥青），再匀撒一层 2 ~ 5mm 的干燥、洁净石屑或粗砂，最后用轻型压路机将矿料碾压。

2）沿裂缝涂刷少量稠度较低的沥青。

（2）纵向、横向裂缝

对于路面的纵向或横向的裂缝，应按裂缝的宽度按以下步骤分别予以处治。

1）缝宽在 5mm 以内。

清除缝中杂物及尘土；将稠度较低的热沥青（缝内潮湿时应采用乳化沥青）灌入缝内，灌入深度约为缝深的 2/3；填入干净石屑或粗砂，并捣实；将溢出缝外的沥青及石屑、砂清除。

2）缝宽在 5mm 以上。

除去已松动的裂缝边缘；用热拌沥青混合料填入缝中，捣实。缝内潮湿时应采用乳化沥青混合料。

（3）大面积裂缝。

因沥青性能不好或路面设计使用年限较长、油层老化等原因出现的大面积裂缝（包括网裂），此时如基层强度尚好时，通过技术经济比较，可选用下列维修方法：

乳化沥青稀浆封层，封层厚度宜为 3 ~ 6mm；加铺沥青混合料上封层，或先铺设土工合成材料后，再在其上加铺沥青混合料上封层；改性沥青薄层罩面；单层沥青表处。

（4）路基病害引起的裂缝。

由于土基、基层强度不足或路基翻浆等引起的严重龟裂，应先处治好基层再重做面层。

三、拥包的维修

（1）属于施工时操作不慎将沥青漏洒在路面上形成的拥包，将拥包除去即可。

（2）已趋于稳定的轻微拥包，应将拥包用机械刨削或人工挖除。如果除去拥包后，路表不够平整，应予以处治。

（3）因面层沥青用量过多或细料集中而产生较严重拥包，或路面连续多次出现拥包且面积较大，但路面基层仍属稳定，则应用机械或人工将拥包全部除去，并低于路表面约 10mm。扫尽碎屑、杂物及粉尘后用热沥青混合料重做面层。

（4）因基层局部含水率过大，使面层与基层间结合不良而被推移变形造成的拥包，应把拥包连同面层挖除，将水分晾晒干，或用水稳定性较好的材料更换已变形的基层，再重做面层；由于基层局部强度不足或水稳性不好，使基层松软而导致的拥包，应将面层和基层完全挖除。如土基中含有淤泥，还应将淤泥彻底挖除，换填新料并夯实。在地下水位较高的潮湿路段，应采取措施引出地下水并在基层下面加铺一层水稳性好的材料，最后重做面层。

四、沉陷的维修

（1）因路基不均匀沉降而引起的局部路面沉陷，若土基和基层已经密实稳定，不再继续下沉，可只修补面层，并根据路面的破损状况分别采取下列处治措施。

①路面略有下沉，无破损或仅有少量轻微裂缝，可在沉陷处喷洒或涂刷黏层沥青；再用沥青混合料将沉陷部分填补，并压实平整。.

②路基沉陷导致路面破损严重，矿料已松动、脱落形成坑槽的，应按坑槽的维修方法处治。

（2）因土基或基层结构遭到破坏而引起路面沉陷，应按要求处治好基层后再重做面层。

（3）桥涵台背因填土不实出现不均匀沉降的，可视情况选择以下处理方法。

挖除沥青面层，在沉陷的部分加铺基层后重做面层；对台背填土密实度不够的，应重新做压实处理；台背死角处的压实宜采用夯实机械；对含水率和孔隙比均较大的软基或含有有机物质的黏性土层，宜采取换土处理。换土深度应视软层厚度而定。换填材料首先应选择强度高、透水性好的材料，如碎石土、卵砾土、中粗砂及强度较高的工业废渣，且要求级配合理；用注浆加固处理。

五、车辙的维修

（1）车道表面因车辆行驶推移而产生的车辙，应将出现车辙的面层切削或铣刨清除，然后重铺沥青面层。在高速公路及一级公路上可采用沥青玛蹄脂碎石混合料（SMA）、SBS 改性沥青混合料或聚乙烯改性沥青混合料来修补车辙。

（2）路面受横向推挤形成的横向波形车辙，如果已经稳定，可将凸出的部分削除，在波谷部分喷洒或涂刷黏结沥青并填补沥青混合料并找平、压实。

（3）因面层与基层间有不稳定的夹层而形成的车辙，应将面层挖除，清除夹层后，重做面层；由于基层强度不足、水稳定性能不好，使基层局部下沉而造成车辙，应先处治基层。

六、波浪和搓板的维修

（1）属于面层原因形成的波浪或搓板可按下述方法进行维修：

路面仅有轻微波浪或搓板，可在波谷部分喷洒沥青，并匀撒适当粒径的矿料，找平后压实；波浪（搓板）的波峰与波谷高差起伏较大时，应顺行车方向将凸出部分铣刨削平，并低于路表面约 10mm。削除部分喷洒热沥青，再匀撒一层粒径不大于 10mm 的矿料，扫匀，找平并压实；严重的、大面积波浪或搓板，应将面层全部挖除，然后重铺面层。

（2）若面层与基层之间存在不稳定的夹层，面层在行车荷载的作用下推移变形而形成波浪（搓板），应挖除面层，清除不稳定的夹层后，喷洒黏结沥青，重铺面层；因基层局部强度不足，或稳定性差等原因造成的波浪（搓板），应先对基层进行处治，再重做面层。

七、冻胀和翻浆的维修

（1）因路基冻胀使路面局部或大面积隆起影响行车时，应将胀起的沥青路面刨平，待春融后按翻浆处理的方法予以处治。

（2）因冬季基层中的水结冰引起冻胀，春融季节化冻而引起的翻浆应根据情况采用以下方法之一予以处治：

砂砾换填；发生翻浆的路段，可采用打石灰梅花桩或水泥砂砾桩的办法改善；边沟，可在翻浆路段两侧路肩上交错开挖宽为 30 ~ 40cm 的横沟，间距为 3 ~ 5m，沟底纵坡不小于 3%，沟深应根据解冻情况，逐渐加深，直至路面基层以下。横沟的外口应高于边沟的沟底。如路面翻浆严重，除挖横沟外，还应顺路面边缘设置纵向小盲沟。交通量较小的路段也可挖成明沟。但翻浆停止后，应将明沟填平恢复原状。

（3）因基层水稳定性不良或含水率过大造成的翻浆，应挖去面层及基层全部松软的部分，将基层材料晾晒干，并适当增加新的硬粒料（有条件时应换填透水性良好的砂砾或工业废渣等），分层（每层不超过 15cm）填补并压实，最后恢复面层。

（4）低温季节施工的石灰稳定类基层，在板体强度未形成时雨水渗入，其上层发生翻浆的，应将翻浆部分挖除，重做石灰稳定基层或换用其他材料填补，然后重做面层。

八、坑槽的维修

路面基层完好，仅面层有坑槽时的维修：

（1）“圆洞方补、斜洞正补”的原则，画出所需修补坑槽的轮廓线。

（2）画轮廓线开凿至坑底稳定部分，其深度不得小于原坑槽的最大深度。

（3）清除底、槽壁的松动部分及粉尘、杂物，并涂刷黏层沥青。

（4）填入混合料（在潮湿或低温季节，宜采用乳化沥青拌制的混合料）并整平。

（5）用轻型压实机具或铁制手夯将填补好的部分伍（夯）实。新填补的部分应略高于原路面。如果坑槽较深（7cm 以上），应将沥青混合料分两次或三次摊铺和压实。

（6）热补法修补。采用热修补养护车，将加热板加热坑槽处路面，翻松被加热软化铺装层，喷洒乳化沥青，加入新的沥青混合料，然后搅拌摊铺，压路机压实成型。

对交通量较小的路段在低温寒冷或阴雨连绵的季节，无法采用常规方法，也无条件采用合适的材料修补坑槽时，为防止坑槽面积的扩大，可采取临时性的措施对坑槽予以处治，待天气好转后再按规范要求重新修补。若因基层局部强度不足等原因使基层破坏而形成坑槽，要求先处治基层，再修复面层。

九、麻面和松散的维修

（1）因嵌缝料散失出现轻微麻面，在沥青面层不贫油时，可在高温季节撒适当的嵌缝料，并用扫帚扫匀，使嵌缝料填充到石料的空隙中。

（2）大面积麻面应喷洒稠度较高的沥青，并撒适当粒径的嵌缝料，应使麻面部分中部的嵌缝料稍厚，周围与原路面接口要稍薄，定型要整齐，并碾压成型。

（3）因沥青用量偏少或因低气温施工造成的沥青面层松散，应采用以下方法处治：

将路面上已松动了的矿料收集起来；待气温升至15℃以上时，按0.8 ~ 1.0kg/m^2的用量喷洒沥青，再均匀撒上3 ~ 6mm的石屑或粗砂（5 ~ 8m^3/1000m^2）；轻型压路机压实。

（4）采用稀浆封层处治时，应对松散路面处理后再做稀浆封层。

（5）对于因油温过高，沥青老化失去黏结性而造成的松散，应将松散部分全部挖除后，重做面层；因沥青与酸性石料间的黏附性不良而造成路面松散。应将松散部分全部挖除后，重做面层。重做面层的矿料不应再使用酸性石料。在缺乏碱性石料的地区，应在沥青中掺入抗剥离剂、增黏剂或使用干燥的生石灰、消石灰、水泥等表面活性物质作为填料的一部分，或采用石灰浆处理粗集料等抗剥离措施，以提高沥青与矿料的黏附力，并增加混合料的水稳性；由于基层或土基软化变形而造成的路面松散，应先处理好基层后，再重做面层。

十、泛油的维修

（1）只有轻微泛油的路段，可撒上3 ~ 5mm粒径的石屑或粗砂，并用压路机或控制行车碾压。

（2）泛油较重的路段，可先撒5 ~ 10mm粒径的碎石，用压路机碾压。待稳定后，再撒3 ~ 5mm粒径的石屑或粗砂，并用压路机或控制行车碾压。

（3）面层含油量高，且已形成软层的严重泛油路段，可视情况采用下述方法之一进行处治：

一层10 ~ 15mm粒径（或更大的）碎石，用压路机将其强行压入路面，待基本稳定后，再分次撒上5 ~ 10mm粒径的碎石，并碾压成型；将油量过高的软层铣刨清除后，重做面层。

（4）处治泛油应注意以下事项：

时间应选择在泛油路段已出现全面泛油的高温季节；应顺行车方向撒料，先粗后细；做到少撒、薄撒、匀撒，无堆积、无空白；使用含有粉粒的细料；

应采用压路机或引导行车碾压，使所撒石料均匀压入路面；若采用行车碾压，应及时将飞散的粒料扫回，待泛油稳定后，将多余浮动的石料清扫并回收。

十一、脱皮的维修

（1）由于沥青面层与上封层之间黏结不好，或初期养护不良引起的脱皮，应清除已脱落和已松动的部分，再重新做上封层，所做封层的沥青用量及矿料粒径规格应视封层的厚度而定。

（2）如沥青面层层间产生脱皮，应将脱落及松动部分清除，在下层沥青面上涂刷黏结沥青，并重做沥青层；面层与基层之间因黏结不良而产生的脱皮，应先清除掉脱落、松动的面层，分析黏结不良的原因。若面层与基层间所含水分较多，应晾晒或烘干；若面层与基层之间夹有泥层，则应将泥沙清除干净，喷洒透基层沥青后，重做面层。

十二、啃边的维修

（1）因路面边缘沥青面层破损而形成啃边，应将破损的沥青面层挖除，在接茬处涂刷适量的黏结沥青，用沥青混合料进行填补，再整平压实。修补啃边后的路面边缘应与原路面边缘齐顺。

（2）因基层松软、沉陷而形成的啃边，应先对路面边缘基层局部加强后再恢复面层。

（3）应加强路肩的养护工作，保持路肩稳定；随时注意填补路肩上的车辙、坑洼或沟槽；经常保持路肩与路面衔接平顺，并保持路肩应有的横坡，以利于排水。

（4）为防止路面出现啃边，宜采取以下措施：

石、碎砖（瓦）、工业废渣等改善、加固路肩或设硬路肩，使路肩平整、坚实；路面边缘增设路缘石，或将路面基层加宽到其面层宽度外 20 ~ 25cm 处；交道口或曲线半径较小的路面内侧，可适当加宽路面。

十三、磨光的维修

（1）高速公路、一级公路抗滑能力降低已磨光的沥青面层，可用路面铣刨机直接恢复其表面的粗糙度。

（2）路面石料棱角被磨掉，路面光滑，抗滑性能低于要求值时，应加铺抗滑层。

（3）对表面过于光滑，抗滑性能特别差的路段，应做罩面处理。

采用拌和法或层铺法施工的单层表面处治，也可以采用乳化沥青稀浆封层；罩面前，应先处治好原路面上的各种病害，若原路表有沥青含量过多的薄层，应将其刮除掉后洒黏层油。罩面及封层的技术要求应符合现行《公路沥青路面施工技术规范》（JTGF40—2004）的规定。

十四、桥面沥青铺装的养护与维修

（1）经常保持桥面的清洁，及时清除各种污物、积水、积雪和冰块，疏通桥面泄水孔。冬季必要时应撒铺防冻、防滑材料。

（2）桥面沥青铺装出现的各种病害，经检查确定不是由桥梁结构破坏而引起的沥青面层损坏，应按上述有关病害的处治方法进行；当沥青铺装中的防水层被破坏时，宜采用与原防水层相同材料与结构予以修复。

第三章　沥青路面预防性养护技术

第一节　沥青路面预防性养护评价

一、沥青路面预防性养护评价指标与标准

1. 路面结构强度指标与标准

由于路面预防性养护措施对路面的结构性能几乎没有改进，所以预防性养护只能在结构性能良好的路面上进行。路面强度指标一般采用强度系数SSI来表示，主要用于评价现有路面的承载能力，即用路面允许弯沉值与路段代表弯沉值的比值来表示。《公路养护技术规范》（JTGH10—2009）规定高速公路和一级公路的路面强度系数应>0.83，其他等级公路的路面强度系数应≥0.66。因此进行预防性养护的高速公路及一级公路沥青路面的强度系数必须在0.83之上，二级及二级以下公路的路面强度系数应在0.66以上。当然，沥青路面强度系数究竟为多大才适合预防性养护，这与采取的预防性养护措施及其期望寿命和预防性养护措施采取前后路面结构性能的变化率有关。对于预防性养护来说，首先应保证路面的结构性能良好，这是进行预防性养护的前提。

2. 路面破损状况指标与标准

路面破损状况是路面养护决策的重要指标。在道路使用初期，路面破损最主要的就是裂缝，尤其是微裂缝，是路面破损和路面病害的最开始表现，单条裂缝从无到有，裂缝宽度从小到大，裂缝深度从浅到深，以及裂缝在路面的分布从少到多，从疏到密，随着裂缝的深入与展开，各种病害如水损坏、坑槽等随之而来，最终导致路面使用性能的下降。因此，把裂缝作为评价路面使用性能的一个重要指标。

随着社会经济的发展，客货运量迅速增加，道路交通流量增大，特别是重

型车辆的增多和高压轮胎的使用，交通流的渠化，过早的车辙已成为沥青路面的主要病害之一。近几年在沥青路面上所出现的车辙，既存在压密型车辙，也有失稳型车辙。车辙不仅使路面变形，破坏路面的平整度，影响行车的舒适性，而且车辙将会严重危害行车的安全，因为车辙达到一定深度后，车辙内的积水不容易排出，辙槽中的积水会引起水漂，降低路面的抗滑性能，增加行车的不安全性，同时车辙加深，使方向盘加重，容易引发交通事故。另外，积水向下渗入路面，如果不能及时排除，在行车荷载和冻融循环的作用下，极易引发其他病害发生。

对于预防性养护，路面破损除了裂缝和车辙外，其余破损占的比重较少。

（1）裂缝。

沥青路面开裂以后，其危害在于，一方面，破坏了结构的整体性和连续性，影响了路面的使用品质和路面美观。另一方面，外界的水可以不断的由裂缝处渗入，并积存于路面内部，由于半刚性基层是一个致密材料层，水不可能由基层下渗排走，在交通荷载作用下，积存于面层和基层的水就在强大的水压力下对基层顶面进行冲刷，促使面层基层脱离，转为不连续状态。此外，水比油更容易浸润基层，即使没有交通荷载的作用，水也能进入面基界面，置换出沥青面与基层结合，使层间脱离。面基层一旦由连续状态变为不连续状态，沥青面层地面的拉应力，顶面的剪应力就会大幅度增长，路面破坏的速度就会加剧，雨雪水沿路面裂缝渗入路面基层土基，经过冻融反复的作用，降低路基路面的稳定性和强度，造成局部变形。这些都会导致路面出现大面积的网裂、推挤、松散、坑洞、唧浆等大变形破坏。因此，需要及时的对裂缝进行预防性养护，以便减缓路面破坏，延长路面使用寿命。

①裂缝率。对路面裂缝状况评价以裂缝率（CR）为指标。对于块状或网状裂缝直接量测其面积（m^2），按平行于道路中线的外接矩形面积计算；对于单根裂缝，测量实际长度（m）后取其计算宽度为 0.2m 折算成面积：

$$CR = (C_A + L \times 0.2) / A$$

式中：CR——沥青路面裂缝率（m^2）；

C_A——龟裂及块裂的总面积（m^2）；

L——单根裂缝的总长度（m）；

A——评价路段路面面积（m^2）。

裂缝率间接地反映了路面的破损趋势，对于我国已建成的高速公路沥青路面，都是采用较薄的沥青面层，无法防止开裂，也就无法防止水顺着裂缝快速地流入基层，而基层又都为半刚性基层，聚积在面层和基层的水不能迅速地通过基层排出。在行车荷载和水的共同作用下，沥青路面也就会很容易在短时间内发生严重的损坏，并且导致基层破坏。这种情况在南方多雨潮湿地区尤其显得突出。

对于我国公路沥青路面结构，防治裂缝是很困难的，路面不出现裂缝几乎是不可能的。问题是出现裂缝之后应如何处理。现今我国还没有出现裂缝就进行沥青封缝的习惯，必须转变这种观念，只要发现裂缝就应该立即进行灌缝处理。所以在高速公路路面使用性能评价中增加裂缝率这个评价指标是很有必要的，它会督促养护人员及时地对裂缝进行处理。实际上，在《公路养护技术规范》（JTJ073—85）中，裂缝率早就作为一项单独的评价指标，然而之后的《公路养护技术规范》（JTJ073—96）和《公路沥青路面养护技术规范》（JTJ073.2—2001）却把这个指标给取消了。

建立沥青路面预防性养护裂缝状况的评价标准可以从经验角度出发，以裂缝率 CR 为指标制定沥青路面的裂缝评价标准如表 3–1 所示。

表 3–1　裂缝状况评价标准

评价指标	优	良	中	次	差
裂缝率（%）	≥3	（3，5）	（5，15）	（15，30）	<30

由于裂缝的产生对沥青路面的使用性能有很大影响，虽然小于 3% 的裂缝率处于优的范围，但是裂缝应尽早处治。日本道路养护技术规范中 PSI 模型中当 PSI=4 时，对应的路面现时服务能力为优，此时计算得出的 CR=0.285%，结合我国高速公路的实际情况，裂缝病害严重，认为当裂缝率大于 1% 就需进行预防性养护。当裂缝率由“良”变为“中”时就适宜进行预防性养护。沥青路面的裂缝率大于 1% 应进行预防性养护，大于 5% 不适宜进行预防性养护。

②裂缝宽度。对于预防性养护来说，裂缝的宽度指的是裂缝的表面宽度。沥青路面内部裂缝的宽度、裂缝向下发展的深度与裂缝的严重程度有关。

现行的《公路沥青路面养护技术规范》（JTJ073.2—2001）和《高速公路养护质量检评方法》（试行）中，都把裂缝宽度 5mm 作为裂缝程度轻重的分界。宽度＞ 5mm 的裂缝一般需要进行及时灌缝。因此，把裂缝宽度≤ 5mm 作为预防性养护的评价标准。将裂缝宽度和其渗水系数之间关系进行试验研究，发现裂缝宽度在 3mm 以下时渗水系数变化速率缓慢，裂缝宽度 >3mm 时渗水系数变化速率增大。因此将裂缝宽度在 3mm 以下的裂缝不做处理，当裂缝宽在 3mm 以上时就应该采取预防性养护措施进行处理。

（2）车辙。

由于经济发展所带来的交通量迅速增长，汽车轴载增加，车辆大型化，超载严重，以及行车渠道化等，已使公路的现状越来越不能适应需要。车辙已成为高等级道路最严重的破坏形式。车辙的产生降低了路面的使用质量，缩短了其使用寿命，造成重大的经济损失，因此，对于车辙的研究已迫在眉睫。

我国的高等级公路，一般都采用半刚性路面，即采用水泥或石灰粉煤灰稳定粒料做基层，也常采用上述结合料稳定土等半刚性材料做底基层，这些材料的强度和刚度都相当高。行车荷载通过后经由半刚性材料层作用在土基顶面的应力相当小。这些因素的综合影响，使得我国高等级公路上沥青路面的车辙主要取决于沥青面层的混合料的性质和面层的厚度。根据分析，由面层产生的车辙深度约占总车辙深度的 90%。

车辙也就是行车道的轮迹带上产生的永久变形。车辙影响行车的方向操作性，同时雨天车辙积水影响交通安全。因此很有必要将车辙作为预防性养护评价的指标之一。作为预防性养护措施来处理的车辙有一定的深度限制。当超过这个界限时，就不宜用预防性养护措施来处理车辙了。因此，对车辙病害进行预防性养护的关键是找出适合于控制和处理发展深度以及发展速度的养护方法。

我国沥青路面容许车辙深度的确定见《公路沥青路面养护技术规范》（JTJ073.2—2001），结合国外对车辙标准的规定情况和我国的实际情况，将高速公路和一级公路的车辙容许深度定为 15mm，其他等级公路不做要求。《高速公路养护质量评定手册》中，将车辙深度 25mm 作为车辙轻重的分界。

确定容许车辙深度应根据处于临界状态的路面由行驶质量及行车安全调查等由统计分析论证确定，同济大学采用德尔菲法，向全国道路工程与汽车工程界的有关专家进行咨询，请他们根据自己的经验以及我国道路与车辆的具体特点，推荐容许车辙深度。容许车辙深度（RD）是指道路使用过程中允许出现最大车辙深度，当路面车辙达到容许车辙深度时，该路段即需要维修。容许车辙深度建议值如表 3-2 所示。

表 3-2　容许车辙深度（RD）建议

道路等级	高速公路	其他等级道路	
		非交叉口路段	交叉口路段
（RD）（mm）	10 ~ 15	15 ~ 20	25 ~ 30

从安全角度考虑，为避免车辙内的积水使行驶在路面的车轮打滑，产生水漂现象，可以计算车辙内不致积水的车辙深度。根据《公路工程技术标准》（JTGB01—2003），高速公路和一级公路的路拱横坡为 1.0% ~ 2.0%。通过对大量高速公路的车辙进行分析，结果表明我国车辙宽度为 800 ~ 1500mm。进行计算时，近似的将军辙宽度取值为 1200mm，假设车辙形状为三角形，通过几何关系计算分析，得出使车辙内不致积水的车辙深度为 9mm。对于预防性养护，主要就是防止路面发生进一步的破坏，因此，将车辙标准接近不致积水的车辙深度，定为 10mm。通过以上分析，得出车辙深度 10mm 以下不需做处理，大于 10mm 需要进行预防性养护，大于 25mm 的路面不适宜进行预防性养护。

（3）路面状况指数。

由于路面状况指数（PCI）已在世界各国得到广泛应用，并且它可以综合反映路面的损坏类型、严重程度和损坏密度，被认为是行之有效的路面损坏综合指标，我国也将 PCI 指标纳入了规范。如果说 PCI 能反映路面的路况质量，则 PCI 的变化率能反映路面性能的发展情况，这对路面养护和维修都是相当重要的。

由于预防性养护是对路面进行的早期预防性养护，因此，高速公路及一级公路的路面破损状况 PCI 标准应该控制在 85 ~ 95 之间，二级及二级以下公路应该控制在 70 ~ 95 之间。我国《公路养护技术规范》（JTGH10—2009）中规定：在满足强度要求的前提下（SSI 为中等以上时），高速公路以及一级公路 PCI 为中及中以下（二级或二级以下公路为次及次以下），应采取中修罩面。所以，高速公路及一级公路 PCI<85 时应进行预防性养护，<70 时不适宜进行预防性养护；二级及二级以下公路 PCI<85 时应进行预防性养护，<55 时不适宜进行预防性养护。

3. 路面抗滑性能指标与标准

路面的一个重要功能就是保证使用者的安全，因此路面需具有一定的抗滑性能。经验表明，当路面的抗滑性能低于某一限度时，可通过经济有效的预防性养护措施（微表处等）来恢复路面的抗滑性能。因此，有必要将路面的抗滑性能作为预防性养护评价的一个指标。

在以上分析的基础上，当路面由“优”变为“良”时，沥青路面就可以进行预防性养护，所以沥青路面 SFC<50 时就可以采取预防性养护措施。我国《公路养护技术规范》（JTGH10—2009）中规定：在满足强度要求的前提下（SSI 为中等以上时），高速公路以及一级公路 SFC<40（二级及二级以下公路 SFC<33.5），需加铺罩面等提高抗滑能力。认为当高速公路及一级公路的 SFC<40，二级及二级以下公路 <33.5 就不适宜采取预防性养护。

4. 路面行驶质量指标与标准

（1）平整度。

随着高等级公路的大量建成和投入运营，车辆行驶速度越来越快，从而使得路面的功能性设计越来越引起人们的重视。车速的提高，必须以保证行车舒适性和安全性为前提。然而，路面平整度不好，会引起汽车的强烈振动与颠簸，使运载的精密类仪器受损，更使乘客产生不舒适感，甚至恶心、呕吐等，严重时会影响乘客的身心健康。因此，世界各国对路面平整性能研究都非常重视。沥青路面平整度指标养护标准如表 3–3 所示。

表3–3 沥青路面平整度指标养护标准（单位：mm）

量度指标	需要维修的标准	要求达到的标准
均方差 σ（mm）	6	≤ 1.2
IRI（m/km）	10	≤ 2.0

沥青路面的平整度超过要求达到的标准，即当路面平整度大于 2.0，就可以采取预防性养护措施，对路面进行处理，以保证路面的长期使用性能，延长路面使用寿命。

（2）路面行驶质量指数。

路面平整度可以定义为路面表面诱使行驶车辆出现振动的高程变化。由于路面不平整引起的车辆振动，它便对车辆磨损、燃油消耗、行驶舒适、路面损坏和交通安全等产生直接的影响。因此，平整度成为度量路面使用性能的一项重要指标。

我国《公路养护技术规范》（JTGH10—2009）中规定：在满足强度要求的前提下（SSI 为中等以上时），高速公路以及一级公路 RQI 为中及中以下（二级或二级以下公路为次及次以下），应采取罩面等措施提高平整度；为保证路面良好，建议高速公路及一级公路的 RQI 标准应该控制在 7.0 以上，二级及二级以下公路应该控制在 5.5 以上。当高速公路及一级公路 RQI<9.6（即 IRI>2.5），二级及二级以下公路 RQI<8.9（即 IRI>3.42，大量文献认为 IRI 在 3.42 以下不需要进行预防性养护）时就可以进行预防性养护。

5. 路面渗水与老化指标

（1）沥青路面渗水。

路面渗水是造成沥青路面损坏断缝的重要原因，由于渗水，使得路面磨耗层下面石料上的沥青膜在石料表面脱落，引起石料与石料之间的相互摩擦，从而出现了白色粉状“唧浆”，造成路面结构的破坏，引起沥青路面大面积的损坏。

尽管沥青路面的渗水与沥青混合料的空隙率有关，但除个别公路，主要干线公路绝大多数都是沥青混凝土面层。导致沥青混凝土路面渗水严重的主要原因是路面出现的裂纹和裂缝，以及路面施工中产生的不良接缝。鉴于渗水指标较难测定，而且渗水与裂缝有很大关系，故将渗水与裂缝结合起来考虑。

（2）沥青路面老化。

道路一旦建成，路面的老化就开始了。然而，大多数老化在路面使用的头 2 ~ 4 年内发生速度较快，导致路表 1cm 左右的沥青变脆，从而引起路表的早期裂缝、松散等破坏。沥青路面的使用性能与沥青的老化在某种程度上有着直接的联系，因此可以认为路面的老化与路面的破坏有着某种联系。如果用某种指标来表征沥青的老化，从沥青老化与沥青的路用性能即沥青路面正常破坏的角度（非施工、设计和超载因素引起的破坏）对沥青路面的预防性养护老化标准进行研究，建立一定环境下沥青老化和路面破坏的关系，这就是预防性养护时机，研究中要建立的基于预防性养护的沥青路面老化指标。

对于路面沥青的老化研究，需采用 PAV 法模拟沥青路面表面老化，该项试验需要专门的试验设备，试验比较复杂，一般养护部门没有此试验仪器。实际工程中难以推广应用。

由于预防性养护主要针对路面裂缝（防止水分进入基层进一步引起强度问题）、松散、脱落等损坏以及恢复路表功能、延缓路面内部沥青的老化等问题。面层沥青老化往往会加速裂缝等路面损坏的发生，路面的破坏状况（裂缝、松散等）在一定程度上是沥青老化的外在表现形式。所以，认为老化在裂缝、路面破损中已经考虑了。

6. 预防性养护评价指标标准

沥青路面可以进行预防性养护的使用性能指标范围见下表 3-4。

表 3–4 沥青路面进行预防性养护的使用性能指标标准范围

指标	进行预防性养护的范围	
	高速公路及一级公路	二级及二级以下公路
路面结构强度系数SSI	（0.83，1.5）	（0.66，1.5）
裂缝率CR	（1%，5%）	（1%，5%）
车辙深度RD	（10，25）	（10，25）
路面破损状况（除裂缝和车辙外）PCT	（70，85）	（55，85）
横向力系数SFC	（40，50）	（33.5，50）
行驶质量指数RQI	（7.0，9.6）	（5.5，8.9）

沥青路面预防性养护的路况评定在表 3–4 的范围内，应进行预防性养护。评定结果低于下限要求的，不适宜进行预防性养护，高于上限要求的可不进行预防性养护，路段进行预防性养护后，各项指标的检测结果应高于上限。

高速公路及一级公路和大交通量的沥青路面，可参照表 3–4 中高速公路及一级公路的标准执行；二级及二级以下公路和中小交通量的沥青路面可参照表 3–4 中二级及二级以下公路的标准执行；山区路段和陡坡路段抗滑性能要求可做相应提高。

鉴于目前养护规范中把裂缝率指标取消了，裂缝和车辙都包含路面破损状况中，大多数公路养护管理单位尚无这些指标的详细信息，尤其是二级及二级以下公路。裂缝是路面破损和路面病害的最初表现，各种病害如水损坏、坑槽等随之而来，最终导致路面使用性能的下降。车辙不仅使路面变形，破坏路面的平整度，影响行车的舒适性，而且车辙将会严重危害行车的安全。所以，对于预防性养护而言，建议管养单位以后采集裂缝率和车辙深度指标。而且裂缝率的计算非常简单，需要的路况资料都包含在路况检测中，车辙深度亦如此。

二、预防性养护后评价方法

进行沥青路面预防性养护项目评价前应收集相关数据资料，主要内容如下：

预防性养护项目实施情况。预防性养护是一种有计划的事前主动控制行为，强调超前性与计划性。实际实施预防性养护可能与计划不同，反映在预防性养护采用的措施、实施的时间、工程量、预处理措施等方面与计划有差异。

预防性养护项目交工验收检验情况。具体的预防性养护措施有明确的交工验收时间、检验指标和质量要求。例如：对微表处和稀浆封层，要求在完工后

1 ~ 2 个月内将施工全线以 1 ~ 3km 作为一个评价路段进行质量检查和验收，而雾封层的质量验收时间为施工后 1 个月。

实施路段历年的日常养护费用、交通流量、车辆组成等。根据上述预防性养护项目后评价方法的制定原则，高速公路沥青路面预防性养护项目后评价的内容应包括预防性养护工程技术评价、预防性养护管理技术评价、经济评价、环境影响及社会影响评价、经验与教训等。

1. 预防性养护工程技术评价

工程技术评价是预防性养护项目后评价的重点。它通过跟踪对比预防性养护实施前后路面的宏观指标和微观表现来评价预防性养护的工程技术效果。宏观指标包括 PCI、PSSI、RQI、SRI 以及 PQI；微观方面是指路面的外观表现，包括路面的裂缝、松散、车辙、泛油、磨损、渗水等方面。预防性养护实施前后路面使用性能检测评价应与高速公路技术状况检测评价结合。在预防性养护措施交工验收后即可按新颁布的《公路技术状况评定标准》（JTGH20—2007）要求的频率、规则及方法执行，其中预防性养护项目实施后检测评价的时间应持续到下一次预防性养护或大、中修为止。

2. 预防性养护管理技术评价

高速公路沥青路面预防性养护管理技术评价主要指决策评价，重在考查预防性养护措施是否合理、时机是否恰当、针对的路面是否合适。客观上讲，评价这三者应设计典型对比路面在不同的时间、采用不同的预防性养护措施，通过直接对比进行评价，条件允许时可做路段对比试验。实际工程中可通过不同路段对比、不同预防性养护措施对比、不同时间实施预防性养护对比、行车道与超车道对比等，通过长期跟踪检测综合评判。

此外，对预防性养护措施还可以根据确定预防性养护措施时的评价准则对比实施方案与替代方案。所谓替代方案是指：在预防性养护项目实施前进行措施优选时的落选方案。在预防性养护项目实施后，通过对已实施预防性养护项目的技术、经济、工程、处治效果等方面进行重新计算和分析，将这些分析数据与原来替代方案进行比较和评价。这个评价过程对于修订优选预防性养护措施的有关参数，改进和优化决策方法非常有意义，是改进和优选预防性养护项目的一个重要依据，有利于总结经验和改进、完善预防性养护方案，并有利于提高实施方案的管理水平和效益。

3. 预防性养护经济评价

预防性养护项目最直接的经济效益是缩短运输时间，减少燃油消耗，降低机械磨耗，延长车辆使用寿命，有效减少交通事故，大大降低运输成本。除非采用的预防性养护措施特别昂贵，对预防性养护项目后评价一般不需要作全面深入的经济评价。原因是预防性养护措施造价一般比较低廉，与常规养护相比能节约大量的养护资金。例如，在美国，微表处的成本仅为热拌和沥青的30%左右；在我国，与常规的铣刨加铺（如厚3cm）方法相比，微表处可降低一半左右的成本。因此，对预防性养护而言，只要工程技术效果好，经济效益一般比较好。

此外，评价预防性的经济效益难度较大，如因为路况改善而缩短行驶时间、减轻轮胎及元件磨损、减少交通事故的发生率等，很难定量评价。因此，从预防性养护特点和抓主要矛盾的角度考虑，对预防性养护项目后评价可不作深入的经济评价。

4. 环境影响评价及社会影响评价

国内对此类问题研究很少。国内预防性养护在原材料加工、混合料制备以及施工等方面与欧美等发达国家有差距，但在对环境的影响方面大同小异。BASF公司为国际稀浆罩面协会ISSA2001年会所作报告中的分析评估结果表明，就CO2、NO2的排放量以及对臭氧层的潜在影响而言，微表处比常规养护（热拌沥青和改性热拌沥青）小很多，表明预防性养护比常规养护更环保。因此，除采用的预防性养护措施对环境有较大的影响或者导致环境敏感问题外，对预防性养护项目后评价一般不需要作全面深入的环境影响评价。

社会影响方面，预防性养护施工相对工程量较小、工期短，一般很快就能开放交通，对交通影响小，社会效益明显。预防性养护项目完工运营后，若工程技术效果差，则社会影响不佳，甚至反响强烈。所以，预防性养护项目的社会影响主要取决于其工程技术效果。因此，对预防性养护项目评价中的经济评价、环境影响评价及社会影响评价等作基本评价即可。

第二节 沥青路面预防性养护方法及适用性

在预防性养护中使用的材料，其性能好坏直接关系到养护寿命的长短与资金投入的多少。因此，预防性养护材料是预防性养护技术的切入点，材料必须借助于一定的施工技术手段去实施。预防性养护效果受多种因素影响，每种预防性养护方法都有其适用性。在选择预防性养护措施时，有必要了解各种预防性养护措施的适用性，并根据路况、交通量等选择适宜的预防性养护措施。

目前国内外应用的预防性养护技术概括起来主要有裂缝填封、表面封层、薄层罩面三种类型。

裂缝填封针对于原路面的局部裂缝，如果没有伴随出现较大范围的轻微网裂，只有少数几条可以比较明显区分的裂缝，为尽可能保持沥青路面良好状况，防止因水的渗透使路面裂缝扩大，从而造成更加严重的唧浆、坑槽等病害，裂缝填封是常用的养护措施。

在已有路面上铺设一层防护层来保护原有路面的方法是预防性养护采取的主要手段，根据路况的破损情况、要求恢复的表面功能，可以将铺设的保护层分为表面封层类和薄层罩面类两种。铺设保护层应该是在原路面上大面积实施，表面封层和薄层罩面可以同时处治路面的多种病害，达到综合治愈的目的。

一、裂缝填封类预防性养护方法

裂缝是沥青路面常见的一种病害，从养护工艺的角度来看，裂缝可按其缝宽分为微裂缝或发裂（3mm 以下）、微小裂缝（3 ~ 5mm）、小裂缝（5 ~ 12.7mm）、中裂缝（12.7 ~ 25mm）、大裂缝（>25mm），其中 5mm 以内的裂缝属于预防性养护的范围。裂缝填封是道路养护最经济的方法之一，为避免水的渗透对道路造成的损坏，填封裂缝是绝对必要的，使用恰当的技术能确保裂缝填封的有效性，从而大大延长道路的使用寿命。目前主要有以下几种裂缝填封方法。

1. 普通热沥青或改性热沥青灌缝

沥青具有黏弹特性，可以保证封堵裂缝，防止水分的侵入，灌缝的沥青通常采用重交通 AH-90 号基质沥青，有时为保证较好的封堵效果，也可采用软化点较高、黏附性较好、温感性较好的改性沥青，如 SBS 改性沥青。具体做法为，将沥青加热（150℃ ~ 160℃）后直接灌入裂缝中，待沥青温度降至常温后即可开放交通。此种方法操作简单，投入的设备和人员较少，修补费用较低，速度较快。但存在以下缺点：①由于裂缝未清扫，裂缝面两侧黏结不牢固，通常第二年需重新灌缝，造成投入养护的累计费用增加；②夏季高温时，沥青体积膨胀溢出路面被行车带走，既污染路面，影响路面美观，又使得封缝材料容易流失；③冬季低温时，沥青容易发生脆断而失去封缝作用；④未经过开槽处理，不能保证沥青的灌入深度；⑤施工作业面广、离散且作业时间长，增加作业的危险性。

总体来看，这类灌缝材料易发生老化而失去黏弹性质，养护效果不佳。

2. 溶剂型常温改性沥青材料灌缝

溶剂型改性沥青，就是在普通沥青中加入 SBR 等改性剂改性而成的，常温下具有流动性（施工时不需加热），具有良好的低温稳定性和渗透性，这种方法的优点是设备比较简单，每套设备每天可完成 800 ~ 1000m 灌缝，灌缝效果较好，使用寿命一般在 3 ~ 5 年。缺点是材料较贵，为 8000 ~ 10000 元 /t，折合 10 元 /m 左右。具体方法是将溶剂型改性沥青盛入改装过的煤气罐（不超过其体积的 2/3）中，气泵加压至 4MPa，向裂缝中灌入，一般灌缝 2 ~ 3 遍，撒细砂抹平，即可开放交通。

3. 灌缝胶处理裂缝

灌缝胶（又称密封胶）绝大多数是从国外引进的，根据材料组成和性质可将灌缝胶分为两类：一类为沥青改性类；另一类为化工胶类。在选择材料时，应根据产品特点及所在地区的气候条件、养护道路的情况等综合考虑选定，以获得最佳的使用效果。比较常用的灌缝胶选用多种高分子聚合物等成分加工而成的沥青橡胶类灌缝胶，具有黏结能力强、弹性好、拉伸量大、不溶于水、不渗水、高温时不流淌、低温时不脆断和耐久性好等性能。

灌缝胶处理裂缝方法的工艺概括为：半幅封闭交通→施工放样→裂缝开槽清槽→加热灌缝胶→灌缝→贴封→失黏→养护修缮→清理现场→开放交通。由于增加了开槽清槽步骤，使得缝面更加规整，增加了与灌缝材料的黏结性能，灌缝胶处理裂缝效果好，因而应用很广。

4. 抗裂贴处理裂缝

抗裂贴为 1.3mm 厚的聚合防水膜涂在 0.3mm 厚的抗皱重载型聚丙烯机织物上，两种材料经严格工艺碾压制成宽度 97.8mm 的卷材。抗裂贴适于裂缝病害已发展，面层边部一定范围内混合料已发生松动，但结构层尚好，单纯灌缝处理不能较好解决水分浸入的情况。该方法是将病害处切槽清出，灌缝后进行抗裂贴处理，加铺新面层，其施工工艺可以概括为：切槽→清缝→清槽→灌密胶→涂底层油→铺抗裂贴 + 加铺新面层。聚合防水膜涂层、底层油处置以及灌缝处理有效地防止了水分的浸入，聚合防水膜涂层与下部结构层的有效联结，以及其较小的厚度，保证上面层不会发生荷载疲劳破坏，相当宽度上的聚合防水膜涂层的存在，一定程度上分散了裂缝发展可能产生的应力集中。聚丙烯机织物有效地分散了由于聚合防水膜涂层（厚度较小）的存在，加铺层下缘可能出现的拉应力。

5. 压缝带处理裂缝

压缝带是一种以沥青、改性剂为主要成分的宽度不等的带状产品，其上有一层塑料薄膜保护压缝带的上表面不受污染，可分为自黏型和热黏型两种。自黏型压缝带黏度较大，黏结力强，在常温下就可以使用；热黏型压缝带使用前要用液化气喷枪烧烤缝面，并用余温烧烤压缝带使其软化后方可使用。

压缝带处理裂缝施工简便，将标准宽度为 12cm 的压缝带，根据路面裂缝的实际宽度，裁剪成需要宽度，采用液化气灌和一支喷枪安装，用工具轻压撒砂，可即时开放交通，如果经长期观测，试验耐久性良好可以很好的推广使用。

二、表面涂刷（喷洒）型预防性养护方法

雾封层和还原剂封层从施工角度来看，主要是采用喷洒（涂刷）的施工方法，在沥青路表面增加一个薄薄的养护层来达到防水、封缝、抗老化等预防性养护的目的。这里将采用这种工艺的材料统称为表面涂刷（喷洒）型预防性养护材料，相应的技术方法就称为表面涂刷（喷洒）封层技术。这类技术具有抗老化、防渗水、耐油污性能和抗滑耐磨耗性能。

表面涂刷（喷洒）型预防性养护材料使用方便，所用施工机械也可以适当降低要求，施工机械条件不受限制时最好采用机械喷洒的方法，这样可以保证所喷洒材料的均匀性，在施工条件受到限制时也可以采用人工用橡胶滚刷涂刷的方法，但是这种方式没有采用机械喷洒的效果好，这是因为在喷洒过程中，要想使材料从喷嘴里喷出必须有一定的初始压力，这样尚保持有初始压力的材料喷出后在惯性作用下到达路表面，在重力作用下能够渗透到路表面一定深度内，典型表面涂刷型材料介绍如下。

1. 雾封层

简单地说，雾封层就是利用专用雾封层洒布车在沥青面层上喷洒一层薄薄的、高渗透性乳化沥青或改性乳化沥青，以形成一层严密的防水层将路面封闭，起到隔水、防渗、保护路面功能的作用，能够最大限度地减少路面水损坏造成的不利影响，加大沥青路面集料间的黏结力，由此达到延长路面使用寿命和节约养护资金的目的。雾封层采用沥青洒布车一次性施工，为超薄喷洒层，要求喷洒层与下面层接触紧密、均匀，并具有良好的抗磨耗能力。雾封层一般用于轻度至中度细料损失或松散的道路，对于开级配混合料出现松散时，雾封层可有效解决，无论低交通量道路还是高交通量道路均可使用雾封层。

雾封层技术主要用来处理沥青路面的渗水问题，沥青路面的绝大多数病害

都是由于水的原因造成的，有效的预防路面进水是非常必须的，而路面雾封层技术是一种很直接、有效和经济的预防性养护措施。当沥青路面产生较密集的细微裂纹时，可选用 G21 型或 G22 型乳液喷洒，使乳液填充裂纹缝隙，以增强路面的防水性。经雾封层处理后，由于所用材料流动性比较大，可通过空隙或者裂缝渗入混合料中去，对路面进行“输血”，从而恢复路表沥青黏附力，填补微小裂缝和空隙，防止路表水下渗，更新和保护旧氧化沥青路面，使低温下的路面免受损害，加深沥青路面的颜色，加大沥青路面与标线的对比度，防止开级配路面的松散。将路面性能维持 2 ~ 3 年时间，推迟造价更高的养护工程，提高了道路的经济效益。

2. 还原剂封层

还原剂封层就是将专门研制的还原剂或再生剂通过一定的技术手段喷洒在已经老化的沥路面上，其目的是更新和还原表面已经发生老化的沥青膏体，同时保护尚未被老化的沥青，使其维持原有性能，减缓老化的时间。通常应用在沥青路面老化严重的路段上。

还原剂封层主要有以下几种：

（1）TL—2000 聚合路面强化剂

TL—2000 聚合路面强化剂是一种黑色液态单一成分的微沥青聚合物，TL—2000 聚合路面强化剂中的活性气体成分能够渗入沥青混凝土中 4cm 的深处，并与沥青发生化合作用，形成具有一定弹性和塑性的共聚沥青聚合物，有效阻止水进入沥青路面，抑制水损坏的发生，能很好的保护沥青路面，且对老化的沥青路面有还原再生的作用，防止紫外线对沥青路面的辐射，延长沥青路面的使用寿命。TL—2000 聚合路面强化剂在常温下可以施工，固化后形成一层高强度的具有防水作用、耐紫外线作用和耐酸碱及耐油作用的反应膜，1 ~ 2 小时就可以开放交通，使用方便，TL—2000 聚合路面强化剂单位用量在 0.8 ~ 1.3kg/m^2，根据路面的类型和破坏状况不同有所调整，可应用于将要产生或已经出现水损害征兆的沥青路面以及有一定使用年限、沥青层已经老化的沥青路面和桥面铺装的表面层的防水等。

（2）沥再生 Rejuva Seal™

沥再生 Rejuva Seal™ 是由美国首先研究开发应用的，最初用在军用机场后来军用转民用，并逐步推广到加拿大、巴西等发达国家。它是一种新型的高效渗透性的沥青再生密封剂，呈黑色油状，是由多种成分按一定比例合成的，其中煤沥青 35% ~ 50%，石油蒸馏液 32% ~ 42%，转生剂 15% ~ 40%，比重大于 1.04g/m³，它能在沥青路表面形成密封层，抵御水、阳光、化学物品等对沥青路面的侵蚀，将其涂刷于路面表层后，一个月后沥再生渗透到路面中，可起到再生作用，从而缓解了路面的硬化脆裂程度，恢复了路面的弹性和柔韧性和黏结力。同时，沥再生具有较强的温度适用性和抗腐蚀能力，耐久性且基本上不影响路面的抗滑性能，是一种充满活性的，能渗透沥青表层并将沥青激活的结合剂，应用沥再生使路面长期处于较佳的工作状态。

（3）魁道沥青复原剂（CAP）

魁道沥青复原剂（CAP）（又名沥青再生王）是一种含活化物的冷混合沥青还原剂，具有双组分，可根据路况来决定两种组分的掺配比例，CAP 对老化的沥青路面、桥面进行渗透和黏结，激活老化沥青胶质和恢复其原有活性、黏结性和弹性，使老化沥青路面或桥面形成新的保护层，从而提高了沥青路面的抗疲劳性能，改善沥青路面的使用功能，延长路面或桥面的使用寿命。

CAP 的用量一般为 0.25 ~ 0.50kg/m²，对于沥青路面老化、水损坏、微裂缝等病害有比较明显的实施效果，无论是开级配还是密级配的路面类型，都可以处理，对于开级配，由于沥青层的结构是很开放的，CAP 能完全渗透进入耐磨层。对密级配沥青层，CAP 的渗透是有限度的但微细裂缝能得到充填和愈合，暴露的石料重新黏结在一起，形成紧密的结构。

（4）ERA—C 型沥青再生剂

ERA—C 型沥青再生剂（以下简称 ERA—C）是碳氢树脂，妥尔油树脂及精心挑选的石化沥青经特殊配方的混合乳化液。ERA—C 作为沥青路面养护材料，在美国已经使用有三十余年，是由化学专家约翰·布伦特在多年实践中数次完善、改进研制成的专用产品，ERA—C 是通过与沥青的化学反应来改善老化沥青的性能，使老化沥青再生来延长整个沥青混合料的耐久性。ERA—C 具有高强的黏结性、良好的流动性、高度的渗透性以及密致的防水性，可以在材料重力作用下深入路面一定深度的范围内，有效期长，只要温度高于 0℃就可以施工，适应性强。用量根据路况而定，ERA—C 的稀释比例一般在 1.5 份（原液）：1 份（60℃热水），每平方米用量在 0.5L（稀释液）左右，并在路面干燥、干净、气温 15℃以上施工。

（5）STAR—SEAL Supreme 封涂层

STAR—SEAL Supreme 是一种以精制煤焦油沥青乳液为主，添加有橡胶类高分子聚合物和表面活性剂的混合物，其混合料又称为“美国 1 号配方”。将此种乳液与细的石英砂（粒径 0.212mm ~ 0.425mm）搅拌混合后喷洒、涂刷在沥青路面上 2 ~ 3 遍可形成一层极薄的、坚韧的、耐用的、富有弹性的精炼煤焦油沥青乳胶保护层，这层保护层可以使得沥青路面抵抗阳光、空气对沥青黏结剂的老化，阻止水分侵入沥青路面而导致的水损害，保护路面沥青不受泄漏的汽油、柴油、机油等轻质油分的软化作用，防止冬天防冻盐、融雪剂或其他化学品对沥青路面的侵蚀。

STAR—SEAL Supreme 封涂层的优点可归纳如下：①具有优良的韧性和耐久性；②硬化速度快，短时间内干燥至深碳黑色；③优良的耐燃料、耐汽油、耐柴油和耐化学制品腐蚀性能；④填充微小的空间，同时提供一层耐磨耗的表面防止路面品质下降；⑤保留路面中沥青同时美化了沥青路面。

雾封层和还原剂封层都有一些共同的特点：施工后需要经历一定时间才能开放交通；必须严格掌握单位面积的喷洒量，过多的喷洒量会在路表面形成一层薄膜而使路面丧失摩擦阻力，必要时需用铺砂的方法来改善其抗滑阻力。撒砂虽然可以提高抗滑阻力，但它与路面的黏结力较差，即便经过碾压，在高速行驶的车轮作用下仍会被带出，因而导致抗滑能力的快速衰减。为了改进雾封层和还原剂封层的上述缺点，公路工作者所作的努力一直在沿着两个方向取得进展，一方面是从材料上采用黏附性更高的黏结料，另一方面是从工艺上改善黏结剂与砂粒之间的裹覆性能。例如，将砂粒与黏结剂事先拌和后再喷洒至路面。又如，砂型沥再生、美国 STAR-SEAL 公司的“Supreme”封涂层等产品就是很好的例子。

三、表面封层类预防性养护方法

石屑封层、同步碎石封层、稀浆封层、微表处等作为表面封层类，从施工方法上讲区别于前面所述的表面涂刷型预防性养护材料，是将预先设计好的配合比，通过专门的拌和摊铺等机械将砂石、黏结材料组成的混合料铺设在原沥青路面上，形成一层沥青磨耗层，一般摊铺厚度不大，主要起到增加沥青路面的抗滑耐磨耗性能、提高平整度、提高路面防渗水性能等作用。这里将石屑封层、同步碎石封层、稀浆封层、微表处封层归纳在一起，统称为封层型预防性养护措施。

1. 石屑封层

单层的石屑封层是最早出现的预防性养护技术，其施工方法是在路面上喷洒一层沥青材料（热沥青、轻质沥青、乳化沥青等），紧接着撒布砂、单粒径或适当级配的集料，并紧跟着进行碾压。石屑封层是一种敷设简单易行、价格低廉的养护方法）。它的缺点是要有较长的初期养护时间，高速行驶时噪声过大，路面上的松散集料还会被高速行驶的车轮带出而撞击，黏附在车身和挡风玻璃上，集料的损失还会导致抗滑能力的衰减，所以一般很少用于大交通流量和高速行驶的道路。石屑封层的新发展是围绕着减缓抗滑性能的衰减速率所做的努力。这种努力同样表现在从材料和工艺两方面对黏结剂和集料之间黏附性能所取得的改善上。相料方面的改善，主要是更多地采用改性沥青和改性乳化沥青，以及改善它们与集料之间的相容性。在工艺改善方面，同步碎石封层的出现就是一个典型的例子。

2. 同步碎石封层

同步碎石封层技术作为一种路面养护新技术，已在欧美各国被广泛采用。该技术于20世纪80年代起源于法国，90年代传播到整个欧洲各国及美国。所谓同步碎石封层，就是用专用设备即同步碎石封层车将碎石及黏结材料（改性沥青或改性乳化沥青）同步铺洒在路面上，通过自然行车碾压形成单层沥青碎石磨耗层，主要作为路面表处层使用。同步碎石封层术的最大优点是同步铺洒黏结材料和石料，实现喷洒到路面上的高温黏结料在不降温的条件下，即时与碎石结合的效果，它将黏结剂的喷洒和集料撒布两道工序集中在一台车辆上同时进行。这样做的好处是促使碎石颗粒立即与刚喷洒的黏结剂相接触，由于热沥青或乳化沥青的流动性较好而使石屑能更深地埋入黏结剂内，并更好地渗入路面的裂缝中。

同步碎石封层的主要特点如下：

同步碎石封层实质是靠一定厚度的沥青膜（1 ~ 2mm）黏结的超薄沥青碎石表面处治层，其整体力学特征是柔性的，能增加路面抗裂性能、治愈路面龟网裂、减少路面反射裂缝、提高路面防渗水性能，用于道路养护可延长路面使用寿命10年以上，若使用聚合物改性黏结料效果更佳；同步碎石封层粗糙表面大大提高了原路面的摩擦系数即防滑性能，并能使路面平整度得到一定程度的恢复；通过采用局部多层摊铺不同粒径石料的施工方法，同步碎石封层能有效治愈深达10cm以上的车辙、沉陷等病害，这一点是其他养护方法无法比拟的；同步碎石封层作为低等级公路过渡路面，以缓解公路建设资金严重不足的矛盾；同步碎石封层工序简单、施工速度快、可即时限速开放交通；无论用于道路养护还是作为过渡型路面，同步碎石封层的性能（使用年限）价格比明显优于其他表处方法，可以大大降低道路的维修养护成本。

3. 乳化沥青稀浆封层

乳化沥青稀浆封层，是以乳化沥青为结合料，加粉料（水泥、石灰、粉煤灰、矿粉等）、添加剂和水按一定的配合比拌和而成的流动状态的沥青混合料，均匀摊铺在路面上而形成的沥青表面处治薄层。我国习惯上将稀浆封层分为普通稀浆封层和慢裂快凝稀浆封层。稀浆封层在水分蒸发干燥硬化成型后，其外观与细粒式沥青混凝土相似，可以使磨损、老化、裂缝、光滑、松散等病害，迅速得到修复，具有耐磨、抗滑、防水、平整、施工快、造价低、用途广、能耗省等优点。

稀浆封层技术 20 世纪 40 年代后期兴起于德国。在美国，稀浆封层的应用占全国黑色路面的 60%，其使用范围得到了拓展，对新旧路面的老化、裂缝、光滑、松散、坑槽等病害起到了预防和维修的作用，使路面的防水、抗滑、平整、耐磨性迅速提高。

稀浆封层的寿命取决于原路面的状况、现有的交通荷载，当地的自然气候条件、稀浆封层决策阶段计划投入的资金等因素。施工完成后，由于车辆的作用，当稀浆封层完全磨损后，原路面上的空隙和裂缝已经被乳化沥青稀浆封层混合料所填补。因此，稀浆封层被完全磨损后，其作用还能继续一段时间。

4. 微表处封层

微表处封层可以有效防止路表水的下渗，提高路面的抗磨耗性能和抗滑性能并同时完成对车辙的修复，微表处施工后可在 1 ~ 2h 内开放交通，最大限度地减少施工对交通的影响。改性乳化沥青稀浆封层在国外亦称为聚合物改性稀浆精细表面处治，简称 PSM，在法国和美国的工程中应用广泛。我国有时也称为微表处封层，它是在乳化沥青稀浆封层的基础上发展起来的，由慢裂快凝的高分子聚合物改性乳化沥青、100% 破碎的集料、矿粉、水和添加剂组成的稀浆混合物。微表处封层厚度可达 10 ~ 15mm，抗滑阻力和抗耐久性也比普通的稀浆封层要好并具有某些修复性功能，可用于修补车辙、轻度松散、泛油等病害的校正等。

微表处的主要功能如下（见表 3–5）。

表 3–5 微表处的主要功能

功能	主要内容
封水	采用微表处处置措施后，具有非常好的路面封水效果
抗滑	微表处的厚度仅为 10mm 左右，集料的最大粒径在微表处层内“顶天立地”，没有空过压路机碾压的粗集料突出到微表处表面，使得微表处层具有很大的构造深度和摩擦系数同时由于使用了改性的乳化沥青，使得沥青与集料间的黏结牢固，粗集料不会在行车作用下飞散，从而保证了微表处的抗滑性能不会随使用期的延长而迅速衰减

续表

功能	主要内容
延缓路面材料老化	微表处隔绝了紫外线与沥青混合料之间的直接接触，对沥青路面起到了一个保护层的作用
改善路表外观	微表处为行车提供了耐磨的抗滑表层，使得沥青路面表面平整，路表外观大为改善
修复路面车辙	这是微表处与稀浆封层在处置病害上的最大区别，但是处治的车辙深度有限制，如果车辙太深，可以分几层微表处来处理
修复路面其他轻微病害	由于微表处是增加一个薄层，相当于路面有了一个新的磨耗表面，可以同时处治老化、轻微泛油、裂缝等多种病害

四、薄层罩面类预防性养护方法

薄层罩面作为一项预防性养护技术，给原沥青路面提供一个崭新的表面，使原沥青路面的平整度大大增加，减小了行车的振动，减少了行车对路面的激振破坏并增加行车的舒适性；恢复了表面粗糙度，使抗滑能力提高，增加了行车的安全性；使路面原有的许多表面破坏（如坑洞、裂缝、辙槽等）都得到了一定程度的治理，并延长了路面使用寿命。

薄层罩面在国外发达国家早已进行了研究与应用，法国是国际上采用薄层沥青混凝土路面的代表性国家。在法国，薄沥青混凝土面层（BBM）的定义为：用纯沥青或改性沥青，集料及可能的添加剂（矿质的或有机的）制成的混合料，摊铺厚度在 30 ~ 40mm。在美国，一般认为薄层沥青混凝土的厚度应为 15 ~ 30mm。在我国养护规范中，薄层罩面适用于路面平整度较差、辙槽深度小于 10mm、路面无结构性破坏的道路，是提高路面表面层服务功能的养护维修措施，也适用于新建公路的磨耗层。

薄层罩面的代表厚度是 15 ~ 30mm，一般为 20mm 左右，在局部面积上可以铺得较厚。混合料宜选用间断级配集料、改性沥青或其他添加剂，以提高罩面层的水稳性。罩面层的厚度应根据路面的等级、交通量的大小、道路等级、道路的功能要求等综合确定。用于重点解决路面的轻微网裂、透水时可选用较薄的罩面层；对路面破损、平整度、抗滑三项性能需要改善时，应采用较厚的罩面层；各类型的罩面厚度不应小于最小施工结构层厚度；主要解决抗滑问题时高等级公路的罩面层不得小于 25mm 薄层罩面。

薄层罩面用于沥青路面的预防性养护，主要优点是：

①服务寿命延长；

②能承受重载交通和高剪应力；

③表面平整性能好；

④可被铺成需要的厚度、纵坡度和横坡度；

⑤中断交通时间短。按照所采取的施工方法不同，可以分为冷薄层罩面、热薄层罩面和温拌沥青混合料罩面三种。

1. 冷薄层罩面

冷薄层罩面就是将乳化沥青或者改性乳化沥青和砂石材料在常温下拌和均匀、摊铺、压实的一种工艺。它具有以下优点：①节约能量；②延长施工季节。在潮湿的雨季和阴冷的秋冬季节，沥青路面常易出现病害，可以在发现病害后及时处理，不必等到夏季高温季节再进行处置，从而争取了施工时间，带来了长远收益；③节省沥青用量。阳离子乳化沥青与石料有良好的黏附性，沥青用量可以减少 10% ~ 20%；④减少污染，保护环境。乳化沥青混合料拌和、生产在常温下进行，因而没有烟气和粉尘排放，对环境不会造成危害。

2. 热薄层罩面

热薄层罩面是一种很早采用的传统预防性养护方法，它是在原有路面上加铺一层厚度不超过 2.5cm 的热拌沥青混合料。热薄层罩面可以有效地防止品质正在下降的路面继续恶化，改善路面平整度、恢复路表面的抗滑阻力，校正路面的轮廓，对路面也有一定的补强作用。按热薄沥青混凝土面层的厚度，可将其分为三种，即薄沥青混凝土面层 25 ~ 30mm，很薄沥青混凝土面层 20 ~ 25mm，超薄沥青混凝土面层 15 ~ 20mm。

热薄层罩面具有以下几个特点：①服务寿命长；②使用性能好，能承受重载交通；③具有平整的、抗滑性能好的表面；④铺筑厚度、纵坡度和横坡度可以根据需要随时调整并压实成平整、耐久的表面层；⑤改善了原路面的外观。热薄层沥青混凝土罩面技术是一种经济适用的沥青路面修补技术，同时也可用于新建的沥青路面表面的抗滑磨耗层，广泛应用在沥青路面的预防性养护或中修养护中。

目前，热薄层罩面技术中主要是热拌密实型沥青混合料 AC 加铺层、沥青玛蹄脂碎石结合料 SMA，多碎石沥青混凝土 SAC、橡胶沥青混合料罩面等。在进行材料选择时，沥青混合料的热稳定性和不透水性成为薄层罩面选型考虑的焦点。比较各种沥青混合料的技术性能、各自特点及适用性确定混合料类型，设计时要注意对级配进行必要的调整，以保证将来的施工质量，石料的选材可根据混合料类型来确定，如果是 SMA 应采用玄武岩，如果采用其他混合料类型也可以使用优质石灰岩。

对于有特殊要求的路段，不宜采用 AC 罩面，应该按照使用功能要求分段设计。以松散、坑槽等水损病害为主，应选择密级配 AC—16 型沥青混合料。等级高、交通量大、重载车辆多且使用条件恶劣的公路中通常采用 SMA 进行罩面，以延缓路面的使用寿命，改善路面的使用性能。若使用改性沥青作为胶结料，则 SMA 改性沥青混合料适用的病害种类很多，但是其造价较高，通常应用于病害较严重的地段。采用公称最大粒径 4.75mm 或 9.5mm 的集料设计 SMA，将具有更薄的厚度，按照摊铺厚度和公称最大粒径 3∶1 的规则摊铺，公称最大粒径为 4.75mm 的 SMA 可以摊铺小于 16mm 的厚度，公称最大粒径为 9.5mm 的 SMA 可以摊铺小于 0mm 的厚度，经过这样设计的 SMA，能够适用于薄层罩面的厚度要求。解决以磨光、泛油等影响路面抗滑性能的病害为主，则罩面沥青混合料应选择多碎石 SAC—16 型；以车辙、波浪拥包等变形类病害为主，应选择改良的多碎石 SAC—16 型。

3. 温拌沥青混合料罩面

所谓温拌沥青混合料就是一种拌和温度介于热拌（150℃ ~ 180℃）沥青混合料和冷拌（常温 10℃ ~ 40℃）沥青混合料之间，性能达到或接近于热拌沥青混合料的新型混合料。有研究表明：温拌沥青混合料与热拌沥青混合料相比，减少燃料消耗，节省能源 30% 左右，减少沥青烟的排放降低施工中的环境污染和对施工人员的健康损害，减轻热拌过程中的沥青老化，延长沥青路面的使用寿命。近年来，北京、上海等地的路面维修罩面工程中铺筑了 4 条温拌沥青混合形式验路，取得了较好的社会效益与经济效益。

五、预防性养护措施适用性分析

实际工程应用中，预防性养护措施的应用受多种因素，如路面状况、施工环境、材料性能以及施工工艺的影响。因此本节在分析各种预防性养护措施的材料、施工设备的基础上，介绍了现有的预防性养护措施的适用性，以便更好地指导预防性养护工作。

1. 裂缝填封类预防性养护措施适用性

（1）概况。

裂缝填封类预防性养护方法的材料、施工设备、使用寿命、单位费用等如表 3–6 所示。

表 3-6 裂缝填封类预防性养护概况

裂缝填封类	材料	施工设备	技术指标	单位费用	使用寿命
普通（改性）沥青灌缝	普通（改性）热沥青	吹风枪；铁壶或专用容器	沥青温度>150℃	3元/m	1 ~ 2年
溶剂型常温型沥青灌缝	溶剂型常温改性沥青；细砂	煤气灌；气泵	气泵压力4MPa	10元/m	3 ~ 5年
灌缝胶（密封胶）灌缝	温带灌缝胶或鞍山森远改进型热带灌缝胶	清缝：吹风枪；森林灭火器；开槽机灌缝；压力灌缝机	25℃针入度65（0.1mm）；软化点>63 ℃；5 ℃延度（低温）22cm；黏着张力（ASTMD5329）>500%；施工加热温度188℃	18 ~ 22元/m	5 ~ 8年
抗裂贴处理	1.3mm厚的聚合防水膜涂在0.3mm厚的聚丙烯机织物上，通过碾制而成	开槽机	裂缝自愈性	–	2 ~ 3年
压缝带处理	以沥青改性剂为主要成分的宽度不等的带状品	液化气罐；喷枪	1.软化点>100；2.抗冷性；3.弯曲度	200/m^{3}魁道cap	2 ~ 3年

（2）适用性

填（灌）缝，指的是将密封材料灌入特定的裂缝里，这种裂缝通常指温缩裂缝或宽度较大（常大于5mm）的裂缝。这种缝在冬季路面温缩时宽度较大，而在夏季因材料膨胀裂缝宽度较小，而且夏季多雨，所以填（灌）缝的最佳时机应在气温较低的干燥季节。

封缝，指的是路面出现一定数量的微小裂缝（其宽度常小于5mm），为了减少水分通过裂缝渗入路面内部引起结构性破坏而在路面进行的封层。如雾封层、稀浆封层、微表处、薄层罩面等。

填（灌）缝、封缝应用的最佳时机应在路面很少或者没有出现结构性裂缝之前进行。路面裂缝范围较小，程度较轻时应用才经济有效。如果路面出现大量的疲劳裂缝，填（灌）缝不再是一种经济有效的预防性养护措施了。

以上这五种裂缝填封类预防性养护措施的使用性能和适用对象见表3-7。

表 3-7 裂缝填封类预防性养护措施适用性

裂缝填封类	特点或使用性能	适用对象
普通（改性）热沥青灌缝	操作简单，费用低，灌缝效果不能得到很好的保证	沥青路面的横缝、纵缝
溶剂型常温改性沥青灌缝	无须加热，具有良好的低温稳定性和渗透性	较冷地区的灌缝
灌缝胶（密封胶）灌缝	黏结能力强、弹性好、不渗水、高温不流淌、低温不脆断和耐久性好	裂缝不规则且较大，交通量较大路段
抗裂贴处理	有效防止水分的侵入，保障涂层与下层结构的可靠黏结	结构层尚好，单纯灌缝处理不能较好解决水分浸入时
压缝带处理	施工方便快捷，防水性强，外观好	结构物两端裂缝预防性养护

2. 表面涂刷（喷洒）型预防性养护措施适用概况

雾封层和还原剂封层都属于表面涂刷（喷洒）型预防性养护措施。

雾封层的施工机械主要是沥青喷洒车，使用时调整好沥青喷洒车的喷嘴高度和角度，按既定的喷洒量在路面上均匀地喷洒稀释乳化沥青。为了快速开放交通，可以在其上撒一层细砂，撒布量大约 1kg/m^2；如果局部喷洒量过大，也可撒一层细砂。主要机械是清扫设备、洒布机（配备加热设备）、其他设备。其中河南高远公司的路面红外检测 LTC+ 雾封层技术出色地解决了路面的透水性问题，其施工质量的高要求和施工作业的高效性，可大大节约封闭交通的时间。

雾封层在工程中应用得比较多，国内预防性养护状况调查中，采用了雾封层技术进行预防性养护的道路有河（源）惠（州）高速公路、渝武高速公路重庆至合川 K15+000 ~ K16+000 段、广东某高速公路。

还原剂封层，如 TL—2000 聚合路面强化剂在京秦高速公路宝山至山海关（K273+100 ~ K279+100）、海南西线高速公路洋浦至九所段、339 省道昆山段 3 条公路上进行了应用。

沥再生 RejuvaSeal™ 在京秦高速公路宝山上行（K252+190 ~ K253+010）进行了应用。

魁道沥青复原剂 CAP 在京秦高速公路（K204+900 ~ K204+600）、河惠高速、广惠高速公路 3 条道路上进行了应用。

ERA—C 型再生剂在沪宁高速常州段、京秦高速沈阳方向（K142+950 ~ K143+450）等两条公路上进行了应用。STAR—SEAL SUPRE ME 封涂层在京秦高速唐山段（沈阳方向 K142−500 ~ K142+950）中进行了应用。

以上几种表面涂刷（喷洒）类预防性养护措施的材料、施工设备、使用寿命、单位费用情况见表 3–8。

表 3–8　表面涂刷（喷洒）类预防性养护概况

表面涂刷（喷洒类）	材料	施工设备	技术指标	单位用量	单位费用	使用寿命
雾封层	乳化沥青、改性乳化沥青或沥青路面养护剂；水；乳胶；成剂膜；添加剂	配备精确自动计量和喷洒雾化系统的洒布车	路面构造深度；抗滑摆值；渗水系数；耐磨耗	0.23 ~ 0.451 L/m²	5 ~ 10 元/m²	1 ~ 2 年
TL–2000 聚合路面强化剂	黑色液态中单一成分的微沥青聚合物	人工涂刷或喷洒机	涂刷后要求：抗滑摆值不低于45；或者横向力系数不低于54；或构造深度不小于0.65mm；渗水系数不超过30mL/min	0.8 ~ 1.3kg/m²，可根据路况有所调整，一般控制在 1.1 ~ 1.4kg/m²，最小0.71km/m² 25.5元/m²		6 ~ 8 年
沥再生 Reju–vaSeal™	新型的具有高效渗透性，有沥青再生密封剂	人工涂刷或喷洒机		–	–	–
魁道沥青复原剂（CAP	含活化物的冷混合沥青还原剂	人工涂刷或喷洒机		0.25 ~ 0.50 kg/m²	8.5 ~ 12 元/m²	–
ERA–C 型沥青再生剂	由天然碳氢树脂高油沥青和原油乳化制成	人工涂刷或喷洒机		量依路况而定，稀释比例一般在1.5份（原液）：1份（60℃热水），每平方米用量在0.5L（稀释液）左右	6元/m²	3 ~ 5 年
STAR–SLALSupreme 封涂层	精制煤焦油沥青乳液和细石英砂	人工涂刷或喷洒机		–	26.03元/m²	–

（2）适用性。

表面涂刷（喷洒）类预防性养护措施中雾封层用的比较多，重点对雾封层的适用性进行分析。

雾封层是直接将乳化沥青（无集料）喷洒在路面的一种预防性养护措施。雾封层主要用于封住路面，同时防止路面因过于老化引起的路面松散，但雾封层后通常会在一定程度上降低原路面的抗滑性能。雾封层一般期望寿命2～4年。雾封层是一种成本较低的道路预防性养护方法，能有效地延缓病害出现，其施工工艺简单，开放交通迅速（2～3h就可以开放交通）。它的主要作用是防水、封闭微裂缝、补充沥青黏结料、稳定松散的集料，尤其适用于老化的沥青路面、开级配沥青路面和碎石封层路面。

简单地说，就是利用专用雾封层洒布车在沥青面层上喷洒一层薄薄的、高渗透性改性乳化沥青，以形成一层严密的防水层将路面封闭，起到隔水防渗、保护路面功能的原理，最大限度地减少路面的水破坏，加大路面集料间的黏结力，由此延长其使用寿命，从而节约养护资金。表面（涂刷）喷洒类预防性养护措施的适用性见表3-9。

表3-9 表面（涂刷）喷洒类预防性养护措施的适用性

表面涂刷（喷洒）类	特点或使用性能	适用对象
雾封层	填补微小裂缝空隙，防止路表水下渗	处理沥青路面的渗水问题。适用于中等程度纵、横向裂缝的路面；松散的路面；沥青老化、硬化严重的路面。 不适用于有明显疲劳裂缝的路面；泛油路面；温缩裂缝比较严重的路面；抗滑性能差的路面
TL—2000聚合路面强化剂	具有一定弹性和塑性的共聚沥青聚合物，对老化的沥青路面有还原再生的作用，防止紫外线对沥青路面辐射	适用于将要产生或已经出现水损害征兆的沥青路面以及有一定使用年限、沥青层已经老化的沥青路面表面的防水等
沥再生RejuvaSeal™	在沥青路表面形成密封层，抵御水、阳光、化学物品等对沥青路面的侵蚀	适用于老化严重，缺乏黏结力且使用过一定时间的沥青面层或有水损害征兆的面层
魁道沥青复原剂（CAP）	激活老化沥青胶质和恢复其原有活性、黏结性和弹性，使老化沥青路面形成新的保护层	适用于沥青路面老化、水损坏、微裂缝等病害有比较明显的实施效果
ERA—C型沥青再生剂	具有高强的黏结性、良好的流动性、高度的渗透性、密实的防水性	适用于微裂缝较多，有轻微网裂，水损害较严重
STAR—SEALSupreme封涂层	防水性能好，抗油污污染等的侵蚀能力较强，抗滑性能和耐久性都有所提高	适用于摩擦系数不够，需要提高耐磨擦性能，同时有防水要求和耐油污要求的沥青路面

3. 表面封层类预防性养护措施适用性

（1）概况。

表面封层类预防性养护措施是预防性养护中应用最广的措施，尤其是同步碎石封层、稀浆封层和微表处。

1）同步沥青碎石封层。

同步沥青碎石封层所用的材料有：①黏结料。可以使用不同的沥青结合料，如软化纯沥青、聚合物改性沥青、乳化沥青、聚合物改性乳化沥青、稀释沥青等，热沥青主要用于大规模封层。②石料。碎石要求经过反击破碎或锤式破碎得到的碎石，针片状石料严格控制在 15% 以内，几何尺寸要好，不含杂质和石粉，压碎值较小，对石料酸碱性无特殊要求，并严格经过水洗风干。

同步沥青碎石封层的施工机械主要有：①同步碎石封层车；② 50t 型以上装载机石料加工清洗设备；③ 12 ~ 16t 胶轮压路机；④ 25 ~ 40t 热沥青加（保）温车；⑤ 8t 以上水车路面除尘设备；⑥小型铣刨设备；⑦沥青运输车。

2）乳化沥青稀浆封层。

乳化沥青稀浆封层所用的材料有：矿料、乳化沥青、填料、水、添加剂。乳化沥青稀浆封层的施工机械有：①稀浆封层机；②装载机；③沥青运输车；④ 8 ~ 20t 轮胎压路机；⑤吊车；⑥洒水车；⑦ 10t 自卸汽车；⑧ 2 ~ 3t 自卸汽车；⑨路面清扫车；⑩空气压缩机。目前国内常用的稀浆封层机有很多种，见表 4-15。

3）微表处。

沥青路面微表处所用的材料有：改性乳化沥青（通常采用 SBR 改性乳化沥青）、碎石、水、填料（广粉、水泥、石灰、粉煤灰）和外加剂（促凝剂、缓凝剂）等。沥青路面微表处所用的施工机械：①微表处施工车；②装载机；③乳化沥青罐车；④轮胎压路机；⑤吊车；⑥洒水车；⑦ 10t 自卸汽车；⑧ 2-3t 自卸汽车；⑨路面清扫车；⑩空气压缩机。目前国内常用的同步碎石封层扒主要有 6 种，部分稀浆封层机也可用于微表处的施工。

（2）适用性。

1）石屑封层。

石屑封层是一种用于建立或者恢复道路表面功能的薄层施工技术。其施工方法是先通过专用的设备把一定量的沥青结合料均匀地涂撒在道路表面，然后再在其上撒布粒径相对均匀的碎石，再经过碾压使大约碎石粒径的五分之三嵌入油层。随着沥青黏结料的不断改良以及施工机械和工艺的不断进步，石屑封层的技术优势也越来越突出，它主要用于防止水的渗入，改善路面抗滑性和耐磨性，改善路面使用性能。石屑封层已经成为一种良好的抗滑、抗裂、耐磨的道路养护措施。

2）同步碎石封层。

同步碎石封层实质是靠一定厚度的沥青膜黏结的超薄沥青碎石表面处治层，它缩短了黏结剂喷洒与集料撒布之间的间隔，增加了集料颗粒与黏结剂的裹覆面积，更易保证它们之间稳定的比例关系，提高了作业效率，减少了设备配置，降低了施工成本，可以应用于各种等级的沥青路面上。

同步碎石封层能增加路面抗裂性能、治愈路面龟网裂、减少路面反射裂缝、提高路面防渗水性能，用于道路养护可延长路面使用寿命；同步碎石封层可以大大提高原路面的摩擦系数，即增加路面防滑性能，并使路面平整度得到一定程度的恢复；通过采用局部多层摊铺不同粒径石料的施工方法，同步碎石封层能有效治愈深达 10cm 以上的车辙、沉陷等病害。主要用于道路的预防性养护和修复性养护中。

3）稀浆封层。

按照国际稀浆封层协会稀浆封层技术指南（ISSAA105）的定义，稀浆封层是一种将乳化沥青、集料、水和特殊添加剂按合理配比拌和并均匀摊铺到路面上的一种预防性养护措施，其厚度为 1 ~ 1.25 倍的最大集料粒径，一般不超过 10mm。稀浆封层可有效的封住路面的轻度裂缝，防止水分渗入路面内，提高路面的抗滑性能。

稀浆封层是目前在高速公路及各等级公路中广泛应用的一种预防性养护施工方法。它是将连续级配的坚硬、耐磨石料与乳化沥青或者改性乳化沥青按一定比例混合，并根据需要掺加一定量的填料和添加剂，并按要求的厚度和宽度摊铺在路面上，形成的一种冷态施工的沥青混凝土薄层，它是与原路面接合牢固、具有抗磨表面结构的均匀养护层。

它可用于基层与沥青层、水泥混凝土层与沥青层以及各沥青层之间，主要起防水的作用，也可以使磨损、老化、裂缝、光滑、松散等病害迅速得到修复，起到防水、防滑、平整、耐磨等作用。

稀浆封层具有使用效果良好、施工环境优良、环保、施工方便、开放交通迅速等优点。稀浆封层具有良好的经济效益，研究结果表明：用稀浆封层作为计划预防性养护路面的费用，比不保养使用 20 年再重建的费用要低 63%，比每 10 年加铺一次的费用要低 55%，而且路面性能要好得多。稀浆封层可以用于任何气候条件下，但是在比较暖而且温差较小的地方服务性能最好，稀浆封层不能提高路面的结构能力，其抗剪性能受交通量的影响比较大。

4）微表处。

微表处是将聚合物改性乳化沥青、集料、矿粉、水和添加剂按一定比例拌和后迅速摊铺到路面上的一种预防性养护措施。微表处主要用于防止路面松散、延缓路面老化、提高路面抗滑性、弥补路面微小的缺陷，微表处还有一个特殊的功能就是可用于车辙填补（深达 40mm）。各种表面封层类预防性养护措施的使用性能和适用性见表 3-10。

表3-10　表面封层类预防性养护措施适用性

表面封层类	特点或使用性能	适宜	不适宜
石屑封层	敷设简单、易行，价格低廉，效果不能保证	轻度纵、横向裂缝；磨耗及松散的路面；轻度或中度泛油的路面；轻度不平整的路面；缺乏摩擦系数的路面；渗水的路面	结构损坏，如严重的疲劳裂缝和车辙较深；大量的温度裂缝；路面损坏严重、剩余寿命短
同步碎石封层	增加路面抗裂性能、减少路面反射裂缝、提高路面防渗水性能，提高原路面的摩擦系数，并使路面平整度得到一定程度的恢复	能有效治愈深达10cm以上的车辙、沉陷等病害；路面存在龟网裂、摩擦系数较低，平整度差，路面渗水	—
乳化沥青稀浆封层	耐磨、抗滑、延缓沥青路面老化、改善路面外观、修复车辙、提高平整度	轻度纵、横向裂缝和块裂；路面磨耗严重或松散；老化路面；缺乏摩擦系数的路面；渗水的路面；车辙发展已稳定且车辙不严重的路面	路面出现明显的疲劳裂缝或车辙较深；温度裂缝严重；炎热地区的泛油路面；温度太低时（如零下，指施工前后一定时间内）
微表处	封水、抗滑、延缓沥青路面老化、改善路面外观、修复车辙、提高平整度	轻度纵、横向裂缝；疲劳裂缝轻微的路面；磨耗及松散的路面；轻度或中度泛油的路面；轻度不平整的路面；缺乏摩擦系数的路面；渗水的路面；车辙稳定的路面	疲劳裂缝严重的路面；路面损坏严重、剩余寿命短的路面；温度裂缝严重的路面；炎热地区的泛油路面

4. 薄层罩面类预防性养护措施适用性

（1）概况。

薄层罩面按照所采取的施工方法不同，可以分为冷薄层罩面、热薄层罩面和温薄层罩面三种。目前，超薄磨耗层在预防性养护中应用的也比较多，故对其适用性进行分析。

国内预防性养护状况调查中只有两条道路采用了薄层罩面，两条道路采用了超薄磨耗层进行预防性养护。薄层罩面类预防性养护方法的材料、施工设备、使用寿命、单位费用等见表 3-11。

表 3-11 薄层罩面类预防性养护概况

薄层罩面类	材料	技术指标	单位费用	使用寿命
冷薄层罩面	改性乳化沥青、砂石	10℃ ~ 40℃	–	3 ~ 5年
热薄层罩面	改性乳化沥青、石料（玄武岩或优质石灰岩）	150℃ ~ 180℃	55 ~ 60元/m^2	5 ~ 10年
温薄层罩面	改性乳化沥青、砂石	40℃ ~ 150℃	–	3 ~ 5年
超薄磨耗层	改性乳化沥青、机制砂，矿粉	冲击值；磨耗值；压碎值；构造深度；摩擦系数；渗水系数	39 ~ 48元/m^2	5 ~ 8年

（2）适用性。

工程使用中，热沥青混合料薄层罩面和超薄磨耗层应用较多，故对这两种措施的适用性进行重点分析。

1）热沥青混合料薄层罩面。

热沥青混合料薄层罩面是将厂拌热沥青混凝土摊铺到路面上形成一层厚 19 ~ 38mm 的薄沥青混凝土面层。薄层罩面可用密级配、开级配或 SMA 沥青混合料。其适用性见表 3-12。

表 3-12 热沥青混合料薄层罩面适用性

薄层罩面	适宜	不适宜
路面状况	轻度纵、横向裂缝；磨耗及松散的路面；轻度泛油的路面；不平整的路面；缺乏摩擦系数的路面；轻度块裂的路面；车辙稳定的路面	路面出现结构损坏（疲劳裂缝）；路面损坏严重、剩余寿命短；温度裂缝严重

2）超薄磨耗层。

超薄磨耗层是一种较新的技术，先在路面洒布一层高含量的聚合物改性乳化沥青，然后再摊铺由间断级配和聚合物改性沥青组成的热沥青混合料面层，磨耗层厚 10 ~ 20mm。超薄磨耗层除了纠正较小的路面损坏外，还可以给路面提供良好的抗滑性能。

超薄磨耗层主要应用于高等级沥青或水泥路面的预防性养护和轻微病害的矫正预养护，也可以作为新建道路的表面磨耗层，是一种超长耐久的表面层，具有抗滑、抗车辙、抗磨耗的优良性能。使用专用设备进行施工。特种改性乳化沥青黏结层喷洒与改性热沥青混合料摊铺同时进行，经压路机压实以后一次成型。其适用性见表 3-13。

表 3-13 超薄磨耗层适用性

超薄磨耗层	适宜	不适宜
路面状况	纵、横向裂缝和轻度块裂；磨耗及松散的路面；抗滑性能严重不足的路面；轻度不平整的路面；轻度泛油的路面	车辙较深的路面； 有明显疲劳裂缝的路面；路面损坏严重、剩余寿命短；大量的温度裂缝

超薄磨耗层虽然对路面结构有一定的增强作用，但其仅仅用于结构强度良好的路面，对于局部路段存在结构强度问题，应先进行铣刨处理。总结归纳薄层罩面类预防性养护措施的使用性能和适用对象，见表 3-14。

表 3-14 薄层罩面类预防性养护措施适用性

薄层罩面类	特点或使用性能	适用对象
冷薄层罩面	节约能量、节省沥青用量、延长施工季节、减少污染、保护环境	对工期有特别要求，交通量不太大的低等级公路，路面病害较多，分不清主导病害需综合处治时
热薄层罩面	有效地防止品质正在下降的路面继续恶化，改善路面平整度，恢复路表面的抗滑阻力，校正路面的轮廓，对路面也有一定的补强作用	重载交通对抗滑性能、平整度有要求，路表轮廓欠佳，整体强度较低、服务功能较差，需提高多方面性能
温薄层罩面	既满足环保能耗要求又具备良好的使用性能	对环境有特殊要求，不能影响路面使用性能的高级公路

第三节 沥青路面预防性养护方法选择

沥青路面预防性养护是根据路况性能预测的结果并考虑未来交通量的增长所采取的路面养护措施，其目的是维持或提高道路的使用性能。在选择预防性养护措施时，应综合考虑其影响因素以及选取原则，从而能针对不同病害选取适宜的预防性养护措施。

一、预防性养护措施选择影响因素

一般的养护措施强调的是路面的结构性能，影响一般养护维修措施选择的主要因素是路面损坏状况和承载能力。而预防性养护的特点决定了反映路面服务能力的功能性指标在对预防护养护措施选择中占主导地位，因而对于预防性养护而言，除了路面损坏状况外，路面抗滑性能、平整度和车辙在很大程度上影响对策的制定。

在制定预防性养护措施时，通常需要考虑以下因素：

（1）路面破损状况：路面破损状况包括两部分——路面状况指数（PCI）和主导损坏类型。PCI 大小决定是否需要罩面及罩面层的厚度，路面主导损坏类型决定采取措施前需要采取何种的处理措施。即使 PCI 相同时，若路面主导损坏类型不同，所采用的对策也可能不同。

（2）路面行驶质量：路面平整度反映了路面行驶质量。在决定罩面厚度时，应考虑路面的平整度。平整度越差，罩面应该越厚。

（3）路面抗滑：抗滑能力的大小决定路面是否需要加铺抗滑表层。

（4）路面车辙深度：作为平整度的参考因素，当车辙评价较低时，可以认为路面行使质量较差。

（5）交通等级：交通量是路面所受的最主要荷载，交通量越大，罩面或补强的厚度应越大。

（6）行政因素：行政干预、政策因素也会影响到路面预防性养护措施的选择。

二、预防性养护措施选取原则

为了保证预防性养护措施的实施效果和技术优势，实现治愈不同病害的目标，在预防性养护对策选择方法的确定和预防性养护对策的选择过程中，需要遵循以下原则：技术上是满足要求的；经济上是比较节约的；性能上是符合工程特点的。

具本养护措施的选择应遵循以下原则：

（1）预防性养护措施不是由措施的种类决定的，而是根据措施应用的目的和措施的效果决定的各预防性养护措施的效果见表 3-15。

表 3-15 预防性养护措施的效果

措施	平整度	抗滑	降噪	延长使用寿命	防水
封层				×	√
雾封层				×	√
稀浆封层	√	√	√	√	×
微表处	√	√	√	√	×
超薄抗滑表层	√	√	√	√	√
薄层罩面	√	√	√	√	√

（2）预防性养护措施的选择主要考虑路面状况和平整度，将抗滑指标单独处理。这是因为从物理机理来分析，路面抗滑性能只与路表浅层结构有关，与路面状况和路面行使质量的相关性不大。另外，国外在进行各指标的评价和指导养护时，往往也是将路面抗滑作单项处理。

（3）沥青路面预防性养护应加强水损坏的防范。在水损坏频繁的路段宜考虑对排水系统、防水层进行合理有效布置。对面层空隙率过大引起水损坏的路段，宜尽早采取罩面等措施。

（4）路面预防性养护应重视新材料、新工艺的开发研究与推广。如采用改性沥青稀浆封层、SMA 薄层罩面等，全面改善沥青老化、松散、剥落和裂缝等路况，但在封层、罩面前应对路面破损进行有效预处理；路面预防性养护方案的决策是一个非常复杂的过程，对各种养护方案以及实施时机、实施顺序的确定，需要建立路面预防性养护效果—费用模型对各方案在生命周期内的效果、费用进行分析。

三、基于目标的预防性养护措施选择方法

为解决预防性养护路段的确定和预防性养护措施的选择问题，实现治愈不同病害的目标，利用前面确立的路面预防性评价体系，结合形成的基于目标的预防性养护对策库，进行路面预防性养护决策。

（1）路面强度评价。检测路面强度，只有强度指标达到要求的路面才考虑进行预防性养护。

（2）初级阶段预防性养护技术措施决策：路面强度满足要求的路面，根据路面路况进行必要的局部缺陷修补、裂缝填封以及车辙修复。这些养护措施的决策过程体现在日常养护行为中。裂缝填封和局部缺陷修补属于不确定性实施

措施。

（3）路面单项评价指标值的分析：对路面进行全面评价形成单项评价指标，这些评价指标是进行预防性养护的基础。实际上每个单项指标都应该存在一个阈值，以便用来进行预防性养护决策。

（4）中、高级阶段预防性养护技术决策：在对各单项指标的评价值进行分析之后，根据交通量确定相应的封层或薄层罩面等预防性养护措施。表面封层和薄层罩面属于确定性实施措施。

针对不同的单项评价指标定义两种阈值。

第一种阈值为控制性阈值：即当评价指标值达到设定值之前都可以采取预防性养护措施；而一旦超过此值则不再适合预防性养护，此类阈值适用于路面破损指标——裂缝率和路面破损状况（除裂缝和车辙外）。

第二种阈值为极限阈值：即当评价指标值到达设定值时必须采取一定的养护措施，此类阈值适用于路面舒适性和安全性指标的评价。

根据相应的评价标准，然后结合主客观判断给出各单项指标阈值的推荐值，见表 3–16。在确定评价指标的阈值时，需要结合气候分区深入研究路面性能的衰变过程，因此为使决策更加合理，此研究必须深化。

表 3–16　各单项指标预防性养护决策阈值表

<table>
<tr><td rowspan="3">评价指标</td><td colspan="3">控制性阈值</td><td colspan="4">极限阈值</td><td colspan="2">控制指标</td></tr>
<tr><td rowspan="2">裂缝率（%）</td><td colspan="2">路面破损状况（除裂缝和车辙外）</td><td colspan="2">抗滑系数（SFC）</td><td colspan="2">路面行驶质量（RQI）</td><td colspan="2">强度指数（SSI）</td></tr>
<tr><td>高速及一级公路</td><td>二级及二级以下公路</td><td>高速及一级公路</td><td>二级及二级以下公路</td><td>高速及一级公路</td><td>二级及二级以下公路</td><td>高速及一级公路</td><td>二级及二级以下公路</td></tr>
<tr><td>阈值</td><td>5</td><td>70</td><td>55</td><td>40</td><td>33.5</td><td>7.0</td><td>5.5</td><td>0.83</td><td>0.66</td></tr>
</table>

第四章　水泥混凝土路面养护与维修

第一节　水泥混凝土路面养护内容及一般要求

一、水泥混凝土路面养护目的

通过日常保养，及时发现和修复损坏部分，使路面及其附属设施的各部分均保持完好、整洁、美观；保持路况良好，使路面具有良好的使用性能，路面各项性能指标均符合要求，以保障路面行车安全、舒适、畅通；及时采取合理的技术措施，通过周期性养护，提高路面的使用质量，延长路面使用寿命。

二、水泥混凝土路面养护工作内容

水泥混凝土路面养护是通过对路面各部分的日常检查、雨季前后检查、恶劣气候、灾害情况下的应急检查和定期检查，发现路面存在的病害及可能引起路面出现病害的因素，采取正确有效的预防、抢修、维修及加固措施，保证路面处于良好的技术状态及使用状态。水泥混凝土路面养护工作内容包括：

（1）经常清扫行车道和硬路肩上的泥土和杂物，当设有中间带、变速车道、爬坡车道、应急停车带时，其上的泥土和杂物亦应清扫干净。

（2）路面各种接缝料出现缺损和溢出时及时填补和清除，并防止泥土、砂石及其他杂物挤压进入接缝内，影响混凝土路面板的正常伸缩。

（3）经常检查和疏通路基路面排水设施，防止积水，以保护路面不受地面水和地下水的损害。

（4）及时清洗和恢复路面各种标线、导向箭头和文字标记，保持各种标线、标记完整无缺、清晰醒目。保持辅助和加强标线作用的突起路标无损坏、松动或缺失，保持其反射性能。

（5）及时浇灌、剪修路肩外和中央分隔带内种植的乔木、绿篱和花草，以保持路容美观、整齐，如有空缺或老化，及时补植或更新。及时防治病虫害，对影响视距和路面稳定的绿化栽植，应予以处理。

（6）对路面、路肩和路缘石等的局部损坏应查清原因，采用合适的材料并采取相应的措施进行修复，以保持路面具有各级公路所要求的使用状态和服务水平。

（7）对路面的较大损坏，根据路面检查评定结果确定的养护对策，安排大、中修和专项工程进行维修和整治，局部路段路面损坏严重的应予以翻修，以达到设计标准，整个路段平整度、抗滑能力不足的，可采取罩面、铺筑加铺层，以恢复其表面功能；整个路段路面接缝填缝料失效的，应予以全面更换；对承载能力不足和不适应交通发展要求的路面，可根据不同情况进行加铺、加宽，以提高承载能力和通行能力。

三、水泥混凝土路面养护的一般要求

（1）水泥混凝土路面的特点是在养护良好的条件下，使用年限比其他路面长，但一旦发生破坏，破损会迅速发展。因此，必须加强预防性、经常性养护，养护工作必须贯彻“预防为主、防治结合”的方针。根据路面实际情况和具体条件，以及水文、地质、气候、交通和公路等级等情况，采取预防性、经常性的保养和相应修补，对于较大范围的路面修理，应安排大、中修或专项工程，使路面处于良好的技术状态。

（2）应保持对路面的经常性巡视和观察，及早发现缺陷，查清原因，不失时机地采取适当的措施，以保持路面状况的完好。

（3）水泥混凝土路面在使用过程中，必须对其使用质量进行定期的检查和评定，有计划地进行修理和改善，以保持良好的服务状况。

（4）水泥混凝土路面养护应以机械养护为主，并积极采用新技术、新材料、新工艺；水泥混凝土路面养护必须贯彻安全生产的方针，其安全技术、劳动保护等必须符合有关规定。做到安全生产，文明施工，保护环境。

第二节　水泥混凝土路面病害类型和分级

一、水泥混凝土面层断裂类病害

1. 破碎板

轻板块被裂缝分为 3 块以上，破碎板未发生松动和沉陷，损坏按板块面积

计算。

重板块被裂缝分为 3 块以上，破碎板有松动、沉陷和唧泥现象，损坏按板块面积计算。

2. 裂缝

混凝土路面板块上只有一条裂缝，裂缝类型包括横向、纵向和不规则的斜裂缝等。可分为下列 3 个轻重程度。

轻裂缝窄、裂缝处未剥落，缝宽小于 3mm，一般为未贯通裂缝，损坏按长度计算，检测结果要用影响宽度（1.0m）换算成面积。

中边缘有碎裂，裂缝宽度在 3 ~ 10mm 之间，损坏按长度计算，检测结果要用影响宽度（1.3m）换算成面积。

重缝宽、边缘有碎裂并伴有错台出现，缝宽大于 10mm，损坏按长度计算，检测结果要用影响宽度（1.0m）换算成面积。

3. 板角断裂

裂缝与纵横接缝相交，且交点距板角小于或等于板边长度一半的损坏。

轻：裂缝宽度小于 3mm，损坏按断裂板角的面积计算。

中：裂缝宽度在 3 ~ 10mm 之间，损坏按断裂板角的面积计算。

重：裂缝宽度大于 10mm，断角有松动，损坏按断裂板角的面积计算。

二、水泥混凝土面层接缝类病害

1. 错台

接缝两边出现的高差大于 5mm 的损坏。

轻：高差小于 10mm，损坏按长度计算，检测结果要用影响宽度（1.0m）换算成面积。

重：高差 10mm 以上，损坏按长度计算，检测结果要用影响宽度（1.0m）换算成面积。

2. 边角剥落

沿接缝方向的板边碎裂和脱落，裂缝面与板面成一定角度。

轻：浅层剥落，损坏按长度计算，检测结果要用影响宽度（1.0m）换算成面积。

中：中深层剥落，接缝附近水泥混凝土有开裂，损坏按长度计算，检测结果要用影响宽度（1.0m）换算成面积。

重：深层剥落，接缝附近水泥混凝土多处开裂，深度超过接缝槽底部，损坏按长度计算，检测结果要用影响宽度（1.0m）换算成面积。

3. 接逢料损坏

由于接缝的填缝料老化、剥落等原因，接缝内已无填料，接缝被砂、石、土等填塞。

轻：填料老化，不密水，但尚未剥落脱空，未被砂、石、泥土等填塞，损坏按长度计算，检测结果要用影响宽度（1.0m）换算成面积。

重：1/3 以上接缝出现空缝或被砂、石、土填塞，损坏按长度计算，检测结果要用影响宽度（1.0m）换算成面积。

4. 拱起

横缝两侧的板体发生明显抬高，高度大于 10mm，损坏按拱起所涉及的板块面积计算。

三、水泥混凝土面层表层类病害

水泥混凝土面层表层类病害，见表 4–1。

表4–1 水泥混凝土面层表层类病害

项目	内容
坑洞	板面出现有效直径大于30mm、深度大于10mm的局部坑洞，损坏按坑洞或坑洞群所涉及的面积计算
露骨	板块表面细集料散失、粗集料暴露或表层松疏剥落，损坏按面积计算
修补	裂缝、板角断裂、边角剥落、坑洞和层状剥落的修补面积或修补影响面积（裂缝修补按长度计算，影响宽度为0.2m）

第三节 水泥混凝土路面损坏的调查评定与养护对策选择

一、路面使用性能质量评价

为了解路面现状，选择相应的养护措施，制订养护方案，规划养护工程项目，编制养护计划，进行路面改建设计，都应进行路面状况调查和评定。

路面状况调查和评定包含以下 7 个方面：

（1）路面破损状况。采用路面状况指数（PCI）和断板率（DBI）两项指标来评定，如表 4–2 所示。

表 4-2 路面破损状况等级评定标准

评定等级	优	良	中	次	差
路面状况指数（PCI）	≥85	84 ~ 70	69 ~ 55	54 ~ 40	<40
断板率（DBI）（%）	≤1	2 ~ 5	6 ~ 10	11 ~ 20	>20

$$RCI = 100 - \sum_{i=1}^{n}\sum_{j=1}^{mi} DP_{ij}W_{ij}$$

$$DP_{ij} = A_{ij}D_{ij}B_{ij}$$

式中：i，j——病害种类和轻重程度；

n——病害种类总数；

mi——i 种病害的轻重程度等级数；

DP_{ij}——i 种病害和 j 种病害轻重程度的单项扣分值，它是破损密度 Dij 的函数；

D_{ij}——i 种病害和 j 种病害轻重程度的板块数占总调查路段板块总数的比例；

$A_{ij}B_{ij}$——系数；

V_{ij}——同时出现多种破损时，i 种病害和 j 种轻重程度的单项扣分值的修正系数；

R_{ij}——各单项扣分值占总扣分值的比值。

（2）结构承载能力。按《公路水泥混凝土路面设计规范》（JTGD40—2011）中规定的方法进行。

（3）行驶质量。采用行驶质量指数（RQI）来评定，以 10 分制表示，见表 4-3。

表4-3 行驶质量评定标准

评定等级	优	良	中	次	差
行驶质量指数（RQI）	≥8.5	8.4 ~ 7.0	6.9 ~ 4.5	4.4 ~ 2.0	<2.0

（4）抗滑能力。采用侧向力系数（SFC）或抗滑值（SRV）及构造深度评定，见表 4-4。

表 4–4 路面抗滑能力等级评定标准

评定等级	优	良	中	次	差
构造深度（mm）	≥0.8	0.8 ~ 0.6	0.6 ~ 0.4	0.4 ~ 0.2	<0.2
抗滑值（SRV）	≥65	64 ~ 55	54 ~ 45	44 ~ 35	<35
侧肉力系数（SFC）	≥0.55	0.54 ~ 0.45	0.44 ~ 0.38	0.37 ~ 0.30	<0.30

（5）交通状况（车辆组成和轴载）。

（6）路基和路面排水状况；路面修建和养护历史。

水泥混凝土路面状况调查主要有人工调查和路面综合检测车调查两种方法。人工调查方法速度慢，病害调查精度差，劳动强度大。由于在路面上作业，往往不能中断交通，存在交通安全隐患，优点是调查费用较低。

随着科学技术的不断发展和经济水平的不断提升，路面状况的自动检测是发展的必然趋势。路面综合检测车系统，通过获取路面表面数字图像，利用自动识别或者部分人工识别计算机识别软件实现不同路面损坏类型的识别和统计计算。

二、水泥混凝土路面养护对策

（1）水泥混凝土路面养护对策应根据公路等级、交通量及分项路况评价结果及自然灾害等情况的需要确定，分项路况评价指标包括路面破损状况，路面结构承载能力、路面行驶质量和路面抗滑能力。

（2）对于项目级路面的维修养护，宜采用分项路况评价指标作为制订对策方案的依据。

路面综合评价指标仅用于路面质量的整体评价。对于网级路面的管理，宜采用综合评价指标的结果作为制订养护计划和决策资源分配的依据。

（3）维修养护对策包括：小修保养、中修罩面、大修补强、路面的改建和恢复，对因自然灾害造成的破坏进行的专项养护工程等。

（4）水泥混凝土路面的养护对策，应根据现有路面使用质量状况、公路性质、等级和交通流量等因素，结合当地技术经济水平、气候条件，适时地提出改善、日常养护及小、中、大修对策。

①日常养护对策。当路面破损状况评定等级为优时，只需进行路面日常养护保养。

②小修保养对策。当路面破损状况评定等级为良时，在做好路面日常养护的同时，还应对一些轻微的损坏进行小修保养。

③中修对策。当路面破损状况评定等级为中时，在做好路面日常养护和对一些轻微的损坏进行小修的同时，还应对一些较严重的或较普遍的路面病害进行中修，包括对路段中个别严重破碎板进行换板，对唧泥脱空路段进行板下封堵、对错台路段进行整段处治。对于高速公路和一级公路，若路面病害发展速度较快，且路面平整度评定等级为差时，则应安排路面大修加铺。

④大修对策。对于高速公路和一级公路，当路面破损状况评定等级为次或次以下时，应安排路面大修加铺。对于二级及二级以下公路，当路面破损状况评定等级为次时，在做好路面日常养护、小修和中修的同时，应安排较大数量的路面换板；当路面破损状况评定等级为差时，应安排路面大修加铺。

⑤抗滑处理。当高速公路和一级公路的路面抗滑性能评定等级为中和中以下时，或二级及二级以下公路的路面抗滑性能评定等级为次和次以下时，应进行刻槽、罩面或加铺以改善路面的抗滑性能。

⑥平整度处理。对于高速公路和一级公路的路面行驶质量评定等级为中或中以下时，或二级及二级以下公路的路面行驶质量评定等级为次和次以下时，应进行刻槽、罩面或加铺以改善路面的平整度。

⑦改建对策。当路面不适应现有交通量或载重的需要时，应提高现有路面的等级，或通过加宽等措施提高道路的通行能力。

⑧专项养护。因自然灾害致使路面遭受严重的损坏，可申请专款对路面进行修复。

（5）大、中修及改建工程的结构类型和厚度，可根据公路等级、交通量、当地经济条件和已有经验，通过设计确定，具体要求应符合有关规定。对于专项工程，采取的维修养护对策应符合相关规范的相应技术规定；结合路面管理系统的使用，公路养护管理部门应根据路况评价结果和所选择的维修对策，以及养护资金的情况，统筹安排路段的养护优先次序，重点考虑交通量大、等级高、破损较严重路段的养护维修工作，制订好各年的养护工作计划。

第四节 水泥混凝土路面的日常养护技术

一、水泥混凝土路面日常养护要求

（1）日常养护工作应符合下列要求：

根据水泥混凝土路面日常养护工作的需要，制订日常养护工作计划，道路养管部门应编制月、季和年度养护计划，建立日常巡查制度，及时、准确地掌握路面状况信息，有计划、有针对性地安排养护项目；做好预防性、经常性养护，通过制度性的巡视检查，及早发现缺陷，查清原因，采取适当措施对路面进行养护；路面日常养护应达到有关技术规范和标准规定的养护质量；养护作业应严格按照有关技术规范和标准进行。高速公路应采取机械化养护作业方式，迅速、优质、高效地处理各类路面损害和障碍确保运行质量；树立高度的服务意识和安全意识，保证养护作业安全，在路面养护作业中，应满足正常行车的需要，尽量避免完全封闭交通；不断探索和应用新材料、新设备、新技术、新工艺，提高养护作业的时效性、机动性、安全性和可靠性。

（2）水泥混凝土路面上出现的各类病害，必须及时、快速处理。当发现有危及行车安全的病害时，应立即修复或采取临时修复措施，并按有关规定安排修复。

（3）路面的日常养护应根据实际需要配置适用的机具，做好适当的材料储备，并建立可靠的养护材料供应网络，以确保路面养护作业正常进行。

（4）在高速公路上进行路面养护作业的人员，必须接受专门的岗前安全教育和养护作业规程的培训。

（5）在日常养护中，应注意收集、利用气象信息和交通信息等相关信息。

每天应记录天气情况。在多风、多雨、多雾、多雪及多冰冻季节，应随时注意天气的变化。也要时时与当地的气象台、站取得并保持联系，随时获得最新气象信息，以便及时采取相应措施；每月应进行交通量调查统计。

二、水泥混凝土路面日常养护技术

（1）应强调预防性和经常性的水泥混凝土路面日常养护，通过经常的巡视检查，及早发现缺陷，查清原因，采取适当措施，清除障碍物，保持路面状况良好。

（2）清扫保洁。定期清扫路表泥土和杂物，对路面上的小石块等坚硬物应予以清除；中央分隔带内的杂物应定期清除，保持路容整洁；路面清扫频率应根据公路状况、交通量大小及其组成、环境条件等确定。

交通量小的二级及二级以下水泥混凝土路面，可采用人工进行日常清扫，清扫前应准备好工具，作业人员应着安全标志服，清扫时应面向来车，并避让行车以保证作业安全。清扫应根据不同路段路面污染状况确定相应的清扫次数，对交通量大污染快的城市近郊区、不同路面连接处、平交道口及对保洁有特殊要求的路段，应适当增加清扫人员、增加清扫次数。

高速公路、一级公路和交通繁忙的其他等级公路的水泥混凝土路面清扫应采用机械作业。采用机械清扫时，应在清扫前检修机械，保证清扫设备能正常使用，机械清扫留下的死角以人工清除干净；采用机械清扫时应根据作业路段、面积和作业要求拟定行驶路线，以保证机械使用效率。

路面清扫时，应尽量减少清扫作业产生的灰尘，以避免污染环境，危及行车安全。清扫作业宜避开交通高峰时段进行；路面清扫后的垃圾应运至指定地点进行处理，不得随意倾倒。

当路面被油类物质或化学药品污染时，应清洗干净，必要时用中和剂或其他材料处理后再用水冲洗；交通标志标牌、示警桩、轮廓标以及防撞护栏等交通安全设施应定期擦拭，交通标线受到污染后应及时清扫或清洗，保持整洁、醒目。

（3）日常巡查。日常巡查由养护班组进行，每天一次；在台风、暴雨、大雪、大雾、地震等特殊灾害天气前后应进行专项巡查；巡查应检查路面和结构物的破损情况，发现并清除道路上影响交通的障碍物；在大雨或暴雨前更应注意检查排水系统是否完好、畅通；应保持交通标志标牌、标线、示警桩和轮廓标等的完整。发生局部脱落、破损时应用原材料进行修复或更换。

（4）接缝的保养。接缝养护的好坏直接影响水泥混凝土路面的使用周期和使用功能，接缝的保养可能导致水泥混凝土路面板块唧泥、脱空、胀裂、错台等病害，因此应对接缝进行适时的保养；防止硬质杂物落入接缝缝隙内，妨碍混凝土板块伸长，从而造成接缝损坏；保持接缝填料完好，防止雨水浸入接缝缝隙内软化路基，导致混凝土板损坏；保持填缝料饱满、密实、黏结牢固，从而保证接缝完好、表面平整、不渗水。当气温上升、水泥混凝土板伸长、填缝料挤出并高出路面（高速公路、一级公路 3mm，其他等级公路 5mm）时，应将高出部分用小铲或其他工具铲出，以保证路面平整；当气温下降、水泥混凝土板收缩、接缝扩大有空隙时，应选择当地气温较低时灌注同样的填缝料，以防止泥、砂挤进接缝和雨水渗入接缝。

（5）填缝料的更换。填缝料的更换是一项经常性的养护工作，填缝料的日常性更换是指对填缝料局部脱落、缺失、损坏的填补更换；填缝料更换的周期主要取决于填缝料自身的寿命与施工质量以及路面条件，从我国目前的使用状况来看，填缝料的使用周期一般不超过 3 年；在填缝工作完成后，应将作业范围内撒落的灌缝料及滑石粉、砂或泥浆等材料清除干净；填缝料应与水泥混凝土板具有较好的黏结力。当混凝土板伸缩时，填缝料应能与混凝土板黏结牢固，而不会从混凝土缝壁上脱落；同时填缝料应具有良好的回弹性、较高的拉伸率耐热性和较好的低温塑性，且耐久性好；更换或补充路面接缝的填缝料时，应根据修补、更换的接缝长度，提前备好填缝料。

（6）排水设施的养护。水泥混凝土路面、路肩、中央分隔带、边沟、边坡、截水沟、排水沟等组成地面排水系统。水泥混凝土路面若排水不畅，水渗入路面基层及路基后，会软化路面基层及路基，使混凝土板块形成唧泥，产生脱空，从而导致混凝土板块破坏。此外，水泥混凝土路面积水形成水膜影响行车安全，故必须对其进行妥善的日常养护，保证排水系统的排水功能。排水系统养护的要求如下：

对路面排水设施应进行经常性的巡查和重点检查，发现损坏及时修复，发现堵塞立即疏通，发现路段积水及时排出；应坚持雨前、雨中，雨后上路检查制度。雨天重点检查有超高路段的中央分隔带纵向排水沟、横向排水管、雨水井、集水井等设施的排水状况；保持路面横坡及路面平整度。当快车道是水泥混凝土路面，慢车道或非机动车道是沥青路面时，应保持沥青路面横坡大于水泥混凝土路面横坡；保持路肩横坡大于路面横坡，保持横坡顺适，土路肩应定期维护，及时修复路肩缺口；清除路肩杂草、污物，疏通路肩排水设施和中央分隔带排水设施，同时定期清除雨水井、集水井的沉积物；保持排水构造物的完好，发现损坏应及时安排修复，修复宜采用与原构造物相同的材料；对路面板裂缝应进行封闭，对路面接缝、路肩接缝以及路缘石与路面接缝出现接缝变宽渗水时应进行填缝处理；地下水常以毛细水、结合水、气态水和游离水形式存在于土和粒料路面材料内，存在于路面基层、垫层和土基内的游离水会使材料的强度降低，产生唧泥和造成路面冻胀破坏。为排出路面下的游离水，常沿水泥混凝土路面外侧边缘稳定基层上设置边部排水设施（一般采用多孔塑料管外包渗滤层），把可能唧泥或喷射出的板与基层间的截留水排出。由于排水系统的不均匀沉降及重沉积物可能造成管内沉积物的聚积，应使用大量清水冲洗聚水管，或采用管道清理工具疏通，要注意清除出水口的植物、淤积物和堵塞物。

（7）日常养护中对病害的临时处理措施。水泥混凝土路面产生病害后，为了避免病害的进一步恶化及保证道路使用的安全，在日常养护中常常要对病害采取临时性处理措施。病害的临时性处理具有经常性、周期性、预防性、即时性和快速性的特点，要求发现病害立即处理，确保行车安全，不能彻底处理时，必须采取临时处理措施。对病害临时处理的方法如下：

为防止雨水从裂缝中渗透至基层和路基，对裂缝常常采用封闭处理。对于表面裂缝及虽然贯穿板厚但面板仍能满足强度要求且面板稳定的裂缝，可采用聚氨酯类、烯类、橡胶类、沥青廷胶黏剂对裂缝进行封闭。

对于裂缝造成板块强度不足的，采用环氧树脂类、酚醛和改性酚醛树脂类胶黏剂对裂缝进行封闭。封闭时首先将缝内脱落物及灰尘等清除干净，一般采用铁钩和吸尘器等工具清理，对宽度小于3mm的表面裂缝，也可以采取扩缝灌浆的办法封缝。

为防止污染路面，在灌缝前应在缝的两侧撒砂或滑石粉，然后用灌缝机或灌缝器将封缝料灌入缝中，待封缝料冷却硬化后清理干净施工现场。

临时处理坑洞的方法有：填充沥青混凝土、沥青冷补材料、高强度水泥砂浆等，填充前应将坑洞内的松动物及尘土清除干净。

沉陷的临时处理方法是：当沉陷量较小时可采取铺沥青混凝土的方式进行处理；当沉降量大时，可在下面铺沥青碎石，上面铺沥青混凝土加以处理。

对于断板，当断板无变形时，采取灌填缝料将缝封闭；当断板有变形时，冬季可采取铺筑沥青冷补材料，一般情况可采用沥青混凝土进行临时处理，以保证行车安全；对于板角破损但无变形的，可采取封缝临时处理；对于板角破损且发生变形的，加铺沥青混凝土或沥青冷补料补平碾压后开放交通。

三、水泥混凝土路面冬季养护

冰冻地区在冬季公路上常常积冰、积雪，因路面太滑经常发生交通事故。冰雪水渗入路面下引发冻融病害，破坏水泥混凝土路面。对冰雪地区加强路基和水泥混凝土路面冬季养护十分必要。冬季养护的要求如下：

（1）路基养护的重点是保证路基排水畅通，保持边坡完好，以便冰雪融化后水顺利排出路基。路面养护的重点是除冰、防滑。养护作业的重点是桥面、坡道、弯道、垭口及其他严重危害行车安全的路段。

（2）清除路面冰雪主要采用四种方法，即机械清理、化学处理、路面加热和减少冰与路面的黏着力。

（3）除雪、除冰和防滑要根据气象资料、沿线条件、降雪量、积雪深度、危害交通范围等条件制订作业计划。对于高速公路及冰雪期较长路段的养护管理部门，还要加强与气象部门的联系，广泛收集气象资料，做好信息预报。

（4）冰雪期前要做好专用机械驾驶、操作人员的培训，做好机械设备、作业工具、防冻防滑材料的准备，除雪工作应力求在雪刚降落时即开始清扫，不让其形成大量堆积。路面积雪后要及时清除，防止路面积雪被压实变成冰后清除困难。除雪作业，应以清除新雪为主，化雪时应及时清除薄冰。

（5）清雪质量受温度影响较大，抓住有利时机融雪非常重要。在降雪量较大的情况下，当雪天转晴后，如室外温度在 0℃以上，机械推除积雪后，只需撒非常少量的融雪剂，随着地表温度的增加和行驶汽车轮胎与地面的摩擦，残留的薄雪将自行融化。室外温度在 0℃以下时，清雪时间宜控制在上午 10：00 至下午 14：00 之间。

（6）机械清除积雪后，要及时撒融雪剂融雪、防冻，对桥面、高填方等温度低的路段，要适当加大融雪剂撒布量。

（7）白天行车道的残雪留到夜晚未能融化而室外温度又较低时，由于路面有残存融雪剂不会形成冰面，但为了使雪尽快融化干净，要在清晨交通量增大之前，或者在一昼夜中温度最低的时刻来临之前，再撒一层融雪剂防冻，然后借助过往车辆的车轮压、带、磨，加快残雪的融化速度。

（8）除冰作业时应防止破坏路面，除冰困难的路段应以防滑措施为主，除冰为辅，以提高养护作业效率。路面防滑的主要措施有：使用盐或其他融雪剂降低路面上的结冰温度；使用砂等防滑材料或砂与盐掺和使用，既降低结冰温度又加大轮胎与路面间的摩擦系数；防冻防滑料掺布时间主要根据气象条件、路面状况等来确定。一般在刚开始下雪撒布融雪剂或与防滑料掺和撒布，或者估计在路面出现冻结前 1 ~ 2h 撒布。防止路面结冰时，通常撒布一次防冻料即可。除雪作业时，撒布次数可以和除雪作业频率一致；盐的撒布量随温度而变化，撒布前 4h 气温在 0 ~ 7℃之间，一般路段盐的撒布量为 5 ~ 15g/m^2，严寒多雪路段为 30g/m^2，撒布前 4h 气温低于 -7℃时，一般路段盐的撒布量为 15 ~ 30g/m^2，严寒多雪路段为 30 ~ 50g/m^2。

（9）在冰冻地区的冬季养护中，根据养护里程和面积及撒布次数准备防滑融雪材料。常用的融雪剂有：氯化钠、氯化钙、氯化镁、异丙醇、乙二醇、氮和磷酸盐化合物等。广泛使用的是氯化钠和氯化钙。使用融雪药剂时应注意避免对路面的损伤、对汽车、护栏产生的腐蚀作用、对绿化植物的影响及对环境的污染；在冰冻和积雪期间，应经常巡视路面和涵洞。当冰阻塞涵洞时，要及时清除洞内的冰，防止涵洞堵塞。春季气温回升冻融前，应将积雪及时清除至路肩以外，以免雪水渗入路肩，同时不得在清除后将含盐的积雪堆积于绿化带内，以防污染绿化植物；冰雪消融后，应清除路面上的残留物。

第五节 水泥混凝土路面常见病害维修技术

一、维修一般要求

（1）对各种路面病害的维修，应找准其产生的原因、并根据路面的结构类型、龄期、维修季节、气温等实际情况，采取相应措施。

（2）为防止病害发展和破损面积的扩大，对路面病害的处理应及时，宜早不宜迟。

（3）高速公路和一级公路路面病害的维修宜采用机械作业，其他等级的公路也应尽量提高维修作业的机械化水平。

（4）对病害的维修事先应有周密的计划，做好材料准备，保证工序之间的衔接，凡需将原路面面层挖除后机械修补作业的坑槽、沉陷等，宜当日开挖当日修补。

（5）修补面积应大于病害的实际面积，修补范围的轮廓线应与路面中心线平行或垂直并在病害以外 10 ~ 15cm。应采取措施使修补部分与原路面连接紧密。

（6）在病害的处治中，凡需挖除原路面面层后重新铺设面层的，其技术要求应符合现行《公路水泥混凝土路面施工技术规范 KJTGF30—2003）的规定；凡需挖除原路面后重做基层的，其技术要求应符合现行《公路路面基层施工技术规范》（JTJ034—2000）的规定。如果病害不是由于面层或基层材料的性质、结构层或级配类型引起的，重做时所采用的材料、结构及级配类型等宜与原路面相同；在维修作业时，为了保证施工安全，设置封闭交通及限制交通标志，设置安全显示器及锥形施工柱。

二、裂缝维修

（1）对于宽度小于 3mm 且无剥落的轻微裂缝，未裂通时一般不予处理，已裂通的可采取扩缝灌浆或封缝处理。灌缝时首先需清除混凝土碎屑、吹净灰尘，然后填入粒径 0.3 ~ 0.6cm 的清洁石屑，对选定的灌缝料进行配比设计，混合均匀后灌入扩缝内，灌缝材料固化并达到通车强度后，即可开放交通。

（2）对于贯穿全厚的缝宽大于 3 ~ 15mm 的中等裂缝，采用《公路水泥混凝土路面养护技术规范》（JTJ073.1—2001）推荐的条带罩面方法进行补缝。

（3）对于宽度大于15mm的严重裂缝可采用全深度补块，全深度补块分集料嵌锁法、刨挖法和设置传力杆法。应注意：在破碎、清除旧混凝土过程中不得伤及基层、相邻面板和路肩，若破除的旧混凝土面积当天不能完成混凝土浇筑时，其补块位置应作临时补块；处理基层时，若基层强度满足规范要求，应整平基层，若基层强度低于规范要求，应予以补强，并严格整平；若基层全部损坏或松软，应按原设计基层材料重新做基层，并满足规范的要求。

（4）裂缝的维修材料，根据其功能可分为密封材料和补强材料。当水泥混凝土路面出现裂缝或贯穿裂缝而板面强度仍能满足使用要求时，应选用密封维修材料；当路面由于裂缝和断裂造成强度不足时，应选用补强材料。密封材料宜选用聚氨酯、聚硫环氧树脂（聚硫橡胶＋环氧树脂）、日产BIGBOUT等高分子工程材料，其材料灌入稠度、拉伸强度、黏结强度和断裂伸长率等技术指标应符合相关要求。

（5）扩缝灌浆法适用于裂缝宽度小于3mm的表面裂缝。其修补工艺分为以下几部分（见表4–5）：

表4–5　修补工艺

项目	内容
扩缝	顺着裂缝将缝口扩宽成1.5 ~ 2cm的沟槽，槽深根据裂缝深度确定。最大深度不得超过2/3板厚
清缝填料	清除混凝土碎屑，用压缩空气吹净灰尘，并填入粒径0.3 ~ 0.6cm的清洁石屑
配料灌缝	采用聚硫橡胶：环氧树脂=16：（2 ~ 16），配成聚硫环氧树脂灌缝料，拌和均匀并倒入灌浆器中，灌入扩缝内
加热增强	宜用红外线灯或装有60 ~ 100W灯泡的长条形灯罩，在已灌缝上加温，温度控制在50℃ ~ 60℃，加热1 ~ 2h即可通车

（6）直接灌浆法适用于裂缝宽度大于3mm且无碎裂的裂缝。其修补工艺为：

①清缝。将缝内泥土、杂物清除干净，并确保缝内无水、干燥。

②涂刷底胶。在缝两边约30cm的路面上及缝内涂刷一层聚氨酯底胶层，厚度为0.3mm ± 0.1mm，底胶用量为0.15kg/m^2。

③配料灌缝。填缝料由环氧树脂（胶结剂）、二甲苯（稀释剂）、邻苯

二甲酸二丁酯（增稠剂）、乙二胺（固化剂）、水泥或滑石粉（填料）组成。采用配合比为胶结剂稀释剂增稠剂 = 固化剂：填料 =100：44：10：8：填料（200 ~ 400 目）视缝隙宽度掺加，按比例配制好，并搅拌均匀后直接灌入缝内，养护 2 ~ 4h 即可开放交通。

（7）条带罩面补缝适用于贯穿全厚、宽度在 3 ~ 15mm 的中等裂缝。具体工艺如下：

①切缝。顺裂缝两侧各约 15cm，且平行于缩缝切 7cm 深的两条横缝；

②凿除混凝土。在两条横缝内侧用风镐或液压镐凿除混凝土，深度以 7cm 为宜；

③打靶钉孔。沿裂缝两侧 15cm，每隔 50cm 钻一对靶钉孔，其直径应大于钯钉直径 2 ~ 4mm，并在两靶钉孔之间打一个与靶钉孔直径相一致的靶钉槽，然后按照安装靶钉—凿毛缝壁—刷黏结砂浆—浇筑混凝土的工序进行作业。

（8）集料嵌锁法适用于无筋混凝土路面交错的接缝，且接缝的间隔小于 300 ~ 400cm。其修补工艺见表 4–6：

表 4–6　修补工艺

项目	内容
画线、切割	将修补的混凝土路面沿面板平行于纵缝画线，并沿画线用切割机进行全深度切割，在全深度补块的外侧锯 4cm 宽、5cm 深的缝
破碎、凿毛	用风镐破碎并清除旧混凝土，将全深锯口和半锯口之间的 4cm 宽条混凝土垂直面凿成毛面
混凝土配合比	新的混凝土配合比应与原混凝土材料一致
混凝土拌和、摊铺	严格按配合比用搅拌机将混凝土搅拌均匀，将拌好的混合料摊铺在补块区内，并振捣密实。浇筑的混凝土面层应与相邻路面的横断面高程一致，其表面纹理应与原路面相同
养生	补块的养生宜采用养护剂养生，其用量根据养护剂材料性能确定
接缝处理	做接缝时，将板中间各缩缝锯切至 1/4 板厚处，并将接缝材料填入缩缝内

（9）刨挖法适用于接缝间传荷很差部位的修补，施工要求同集料嵌锁法。

（10）设置传力杆法适用于寒冷气候和承受重型交通荷载的混凝土路面。施工要求同集料嵌锁法。处理基层后应修复、安设传力杆和拉杆；原混凝土面板设有传力杆或传力杆折断时，应用与原钢筋尺寸相同的钢筋焊接或取新安设，传力杆和拉杆宜用环氧砂浆牢固地固定在规定的位置，摊铺混凝土前，光圆传力杆的伸出端应涂少许润滑油，传力杆若安装倾斜或移动失效，应予以更换。新补块与沥青混凝土路肩相接时应和现有路肩齐平。

三、板边、板角修补

（1）对水泥混凝土路面板边的轻度剥落进行修补时，应将剥落的表面清理干净，用沥青混合料或接缝材料填充密实，修补平整。

（2）板边严重剥落时，采用中等裂缝维修的条带罩面方法进行修补。

（3）板边全深度破碎时，采用严重裂缝的全深度补块方法即集料嵌锁法、刨挖法和设置传力杆法进行修补。

（4）板角断裂应按破裂面的大小确定切割范围并放样，切缝后，凿除破损部分时应凿成规则的垂直面，对原有钢筋不应切断，如果钢筋难以全部保留，至少也要保留 20 ~ 30cm 长的钢筋头，且应长短交错。原有滑动传力杆，如果有缺陷应予以更换并在新老混凝土之间设传力杆，传力杆间距控制在 30cm。如基层不良时，可采用 C15 混凝土浇筑基层。与原有路面板的接缝面如为缩缝，应涂刷沥青；如为胀缝应设置接缝板。现浇混凝土与老混凝土面板间的接缝应切出宽 3mm，深 4mm 的接缝槽，并灌入填缝材料。待混凝土达到强度后，方可开放交通。

四、板块脱空处理

1. 面板脱空的判定

板下封堵的首要问题是判定水泥混凝土面板是否脱空，板块脱空的判定可采用弯沉测定法进行，弯沉测定的加载车采用相当于黄河 JN150 的重型标准汽车，后轴重 10t。路面每幅每条横向接缝或裂缝测 4 个点位，测点在接缝、裂缝两侧的 4 个角点上，车轮位置在角点处，车轮着地矩形的边缘离中缝及横向接（裂）缝的距离不大于 10cm，贝克曼梁的变位感应支点应尽量接近角部或边缝，不一定要紧靠近车轮，不必将感应支点落在两轮胎之间的间隙处。凡弯测值大于 0.2mm 的，应确定为板块脱空。

2. 选择板下封堵的灌浆材料

应通过试验选择板下封堵的灌浆材料，常见的灌浆材料一般由水泥、粉煤灰、砂、外掺剂和水组成。灌浆材料应具有早强、流动性好、不离析和收缩小等优良性能。

3. 灌装前检查

灌浆前应检查压浆泵、发电机组各连接部件是否紧固，供电线路、电器是否正常，润滑部位货面是否足够，并彻底排清砂浆搅拌机的积水及残留物。

4. 确定灌浆孔位

根据各块板的弯沉值和损坏的具体情况，确定需灌浆加固的水泥混凝土板及范围，在混凝土板上确定孔位，并做好标记。

5. 钻孔作业

钻孔作业时将钻孔机放置在确定的钻孔位置，开动钻机开关，观察钻头转向无误，并有水流出，方能开始钻孔，孔的直径应略大于灌浆的喷嘴直径，孔的深度应穿过混凝土板，钻入稳定的基层 1 ~ 3cm。

6. 灌浆

灌浆时应先灌注面板边缘的孔，再灌注面板中间的孔。将灌浆机的喷嘴插入孔中，并封紧以防浆体从孔中流出，启动灌浆机，将压力泵的压力均匀增加到 1.0 ~ 1.5MPa（因机械不同需要的压力各异）时，进行灌浆，待浆体由其他孔中或板块四周挤出时，表明板下空隙已被灌满，立即减小压力，并将喷口提起，立即用木塞塞孔，防止浆体溢出，至浆体初凝，再拔出木塞。用高标号砂浆封孔、抹平，关闭压力泵，将灌浆机移到下一个孔继续灌浆，待一块板灌浆完毕后，再移至其他板块灌浆。

7. 开放交通

灌浆区板下的浆体经 2 ~ 3d 的硬化，达到通车强度后，即可开放交通。

五、唧泥处理

1. 压浆处理路面唧泥

水泥混凝土路面唧泥病害应采取压浆处理，其要求应按板下封堵沥青灌注、水泥浆、水泥粉煤方浆和水泥砂浆灌浆等方法进行。水泥混凝土面板进行压浆处理后，应对接缝及时灌浆。

2. 设置排水设施

当有唧泥时表明路面、基层或路基排水不良，应采取措施改进路面、基层和路基排水系统。设置排水设施的基本要求是：路面和路肩应保持设计横坡，宜铺设硬路肩；路面裂缝、接缝以及路面与硬路肩接缝应进行密封；设置纵向积水管、横向排水管和盲沟时应符合相关规范要求。

（1）纵向积水管、横向排水管的设置要求。

在水泥路面的外侧边缘挖一条纵向沟，宽约 15 ~ 25cm，沟深挖至集料基层之下 15cm，横冷与纵沟的交角应在 45° ~ 90° 之间，横沟间的距离约 30m；积水管一般采用 ϕ7.5 多孔塑料管，出水管为无孔塑料管；设置纵向和横向水管，并按设计的距离将积水管和出水管连接起来；纵向多孔管应包一层渗透性较强的土工织物；积水管和出水管放入沟槽内，其底部应平顺，横向出水管的坡度应大于或等于纵向排水坡度，出水管的管端应延伸到排水沟内，并设端墙；管的外围应填放粗砂等渗滤集料，并振动压实；回填沟槽时，应采用与原路肩相同的材料恢复原状。

（2）盲沟设置基本要求。

在沿路面外侧挖纵向沟时，沟底应低于面板以下 10cm，在水泥混凝土路面接缝处挖横向沟；沟槽底面及外侧铺油毡隔离层，沿水泥路面交界处及盲沟顶部铺设土工布过滤层；盲沟内宜填筑碎（砾）石过滤材料；盲沟上应用相同材料恢复路面（路肩）。

六、错台处理

（1）高差不大于 5mm 的轻微错台可不予处理。

（2）高差在 6 ~ 10mm 之间的中等错台可采用磨平机磨平或人工凿平。无论人工凿平还是磨平机磨平，首先应划定错台处治范围。采用机械磨平法打磨时应从错台最高点开始向四周扩展，边磨边用 3m 直尺找平，直至相邻两边块板齐平为止，打磨宽度不大于 40 倍错台高差。磨平后，接缝内应将杂物清除干净，并吹净灰尘，及时将嵌缝料填入。采用人工处治法时，应用平头凿由浅到深从一边凿向另一边，凿后的面板应达到基本平衡，凿完后清除接缝杂物，吹净灰尘，及时灌入填缝料。

（3）高差大于等于 10mm 的严重错台，可以采用沥青砂或水泥混凝土进行调平处治，补平或调平宽度不小于 40 倍的错台高差，或用沥青混凝土罩面，或采取板底压浆抬高等方法进行处治。沥青砂填补法不宜在冬季进行，填补时清除路面杂物和灰尘，喷洒一层热沥青或乳化沥青，沥青用量为 0.4 ~ 0.6kg/m^2，摊铺沥青砂，修补面纵坡控制在 $i<1\%$，沥青砂填补后，应用轮胎压路机碾压，养护混凝土，待沥青砂修补层冷却成型后开放交通。采用水泥混凝土修补法时，首先用风镐将错台下沉板凿除 2 ~ 3cm［修补长度按错台高度除以坡度（1%）计算］，然后用压缩空气清除毛面混凝土上的杂物，浇筑细石混凝土，待混凝土达到通车强度后，即可开放交通。

七、沉陷处理

（1）当车辆驶过时仅引起不舒适而不影响安全性，纵坡突变量为0.5%～1.0%的轻微沉陷可不予处理。

（2）当车辆高速驶过时影响到安全，纵坡突变量大于1.0%的属严重沉陷，严重沉陷可采用提升面板后再压浆的办法进行处理，也可以采用先板底灌浆再进行浅层结合式修补调平，或采用沥青混凝土罩面的办法处理。面板在顶升前，应用水准仪测量下沉板的下沉量，测站距下沉处应大于50m，并绘出纵断面，求出升起值。在每块混凝土面板上钻出两行平行的直径为3cm的透孔，孔的距离约为1.7m（板宽3.5m时，一孔所占面积为3～3.5m^2），孔深应略大于板厚2cm，当板需要从一侧升起时，只需在升起部分钻孔。在升起前将所有孔用木塞堵好，一孔一孔地灌砂，充气管与板接头处，用麻絮密封，用排气量为6～10m^3/min的空气压缩机向孔中灌砂，直至砂冒出缝外时为止。板块顶升时宜采用起重设备或千斤顶，板升起后，接连向另一个孔中灌砂，直至下沉板全部顶升就位。灌注材料可采用水泥砂浆，压浆材料的抗压强度达到6MPa时，方可开放交通。

（3）沉陷并伴有板体开裂时属于严重破碎板，一般应作整板更换。整板更换时，宜用液压镐将旧板凿除，尽可能保留原有拉杆，并清运混凝土碎块，将基层损坏部分清除，并整平压实。对基层损坏部分，宜采用C15混凝土补强，其补强混凝土顶面高程应与旧路面基层顶高程相同，同时宜在混凝土路面板接缝处的基层上涂刷一道宽20cm的薄层沥青。

（4）整块翻修的面板如处在路面排水不良地带，路面板边缘及路肩应设置路基纵横向排水系统单一板块翻修时，应在路面板接缝处设置横向盲沟。路面有纵坡时，宜设置纵向盲沟，在纵坡底部设置横向盲沟。

（5）板块修复。混凝土施工时，配合比及所有材料宜采用快速修补材料。修补材料将按配合比设计，将拌和好的混合料用翻斗车运送到施工现场，进行人工摊铺。宜采用插入式振捣器振捣边角混凝土，并用振动梁刮平提浆，人工抹平，与原混凝土板面高低一致。对混凝土表面处理时应按原路面纹理进行，宜采用养护剂进行养护。相邻板边的接缝，用切缝机切至1/4板块深度，清除缝内杂物，灌入接缝材料。待混凝土达到通车强度后，开放交通。

（6）沉陷处理应设置排水设施，设置排水的基本要求是：①经常保持路面和路肩的设计横坡，以便使地表水迅速从路面上排出。②应将土路肩改造为硬路肩。硬路肩宜采用水泥混凝土或沥青混凝土。③路面裂缝、接缝以及路面与路肩接缝应经常保持密封状态。应设置纵向积水管横向出水管和盲沟，以利排水。

八、拱起和胀起处理

对于拱起病害，应用切缝机或其他机具将拱起板间横缝中的硬物切碎，用压缩空气将缝中石屑等杂物和灰尘吹净，将板块复位，再进一步灌填接缝材料；板端拱起但路面完好时，应根据板块拱起高低程度，计算要切除部分板块的长度。先将拱起两块板侧附近 1 ~ 2 条横缝切宽，待应力充分释放后切除拱起端，逐渐将板块恢复原位，在缝隙和其他接缝内应清除并灌入接缝材料；拱起端发生断裂或破损时，应按严重裂缝处理的集料嵌锁法、刨挖法和设置传力杆法进行处治；拱起板两端间因硬物夹入发生拱起，应将硬物清除干净，使板块恢复原位，应清理接缝内杂物和灰尘，灌填缝料；胀缝间因传力杆部分或全部在施工时设置不当，使板能自由伸长而发生拱起，应重新设置胀缝。按水泥混凝土路面有关施工规范执行，使面板恢复原状。混凝土面板胀起处理与拱起处理的方法一致。

九、坑洞处理

（1）对个别的坑洞，应清除洞内杂物，一般用高标号水泥砂浆等材料填充，达到平整密实。

（2）对较多坑洞且连成一片，面积在 20m^2 以内，应采取薄层罩面方法进行修补。罩面时先画出与路中心线平行或垂直的修补区域范围，用切割机沿修补图形边线切割 5 ~ 7cm 深的槽，槽内用风镐清除混凝土，使槽底平面达到基本平整，并将切割的光面凿毛，用压缩空气吹净槽内混凝土碎屑和灰尘，按混凝土配合比设计配制修补混凝土，将拌和好的混凝土填入槽内，人工摊铺、振捣密实，并保持与原路面齐平，喷洒养生剂养生待混凝土达到通车强度后开放交通。

（3）低等级公路对面积较大、深度在 3cm 以内，成片的坑洞，可用沥青混凝土进行修补。修补时首先画出与路中心线平行或垂直的处治区，并用切割机在其周围切割 2 ~ 3cm 深度，用风镐凿除处治区内的混凝土，并清除混凝土块、碎屑和灰尘，将切割的槽壁面和凿除的槽底面，喷洒黏层沥青，其用量为 0.4 ~ 0.6kg/m^2，铺筑沥青混凝土，并碾压密实，待沥青混凝土冷却后，开放交通。

（4）对面积大于 20m^2，深度在 4cm 左右成片的坑洞，可用浅层结合式表面修复或沥青混凝土罩面进行修补，浅层结合式表面修复的做法是将连成片的坑洞周围标画出与路中心线平行或垂直的区域，并用风稿凿除深度 2 ~ 3cm，将修复区内凿掉的混凝土碎块运出，并清除其碎屑和灰尘，在修复区表面用水喷洒湿润，并适时涂刷黏结剂，将拌和好的混凝土摊铺于修复区内振捣、整平，用压纹器压纹。压纹深度宜控制在 3mm 左右，养生，使修复板块经常处于潮湿状态，待混凝土达到通车强度后，开放交通。

十、接缝维修

对于接缝槽深度范围内（约 8cm）的碎裂，可以用浅层结合式边角修复的方法进行修补；对于深层剥落，是指接缝附近混凝土多处开裂且深度超过接缝槽底部的碎裂，严重的接缝剥落可进行横向全厚式修复，当深层剥落局限于板角时可采用角隅全厚式修复；对于 10mm 以下的轻微纵缝张开，可采用聚氯乙烯胶泥、焦油类填缝料和橡胶沥青等加热施工式填缝料做灌缝处理；对于 14 ~ 15mm 的纵缝张开，宜采用聚氨酯类常温施工式填缝料进行维修。维修前应清除缝内杂物和灰尘，按材料配比配制灌缝料，宜采用挤压枪注入填缝料，填缝料固化后方可开放交通；当纵缝张开在 15mm 以上时，采用沥青砂填缝。当纵缝宽度达 30mm 以上时，可在纵缝两侧横向锯槽并凿开，槽间距 60cm，宽 5cm，深 7cm，设置螺纹钢筋靶钉，靶钉在旧混凝土路面内的弯钩长度为 7cm，纵缝内部的凿开部位用同强度等级水泥混凝土填补，纵缝一侧涂刷沥青。

十一、表面类病害维修

表面类病害指表面起皮（剥落、露骨）等病害，其处治应根据公路等级和表面破损程度，采取不同的材料和施工方法进行，对局部板块的表面起皮应进行罩面；一般公路水泥混凝土板表面起皮宜采用稀浆封层加以处治；高速公路水泥混凝土板表面起皮（剥落、露骨），宜采用改性沥青稀浆封层或沥青混凝土处治；对于面积较大的水泥混凝土面板表面起皮（剥落、露骨）宜采取稀浆封层或沥青混凝土罩面加以处治。

十二、整块板维修

当水泥混凝土板开裂或成破碎板时，需进行整块面板维修，凿除旧板，浇筑新板；凿除旧板应注意对相邻板块的影响，尽可能保留原有拉杆。宜用液压镐凿除破碎混凝土，应及时清运混凝土碎块。基层损坏部分应予清除，并将基层整平、压实；个别板块基层宜用 C15 型号混凝土将路面基层补强，其补强混凝土顶面高程应与旧路面基层顶面高程相同；整块面板维修往往会影响交通，因此维修采用混凝土配合比及所选用的材料，应根据路面通车时间的要求选用快速修补材料，最好采用养护剂进行养护，按要求做好接缝。

十三、部分路段维修

对于部分路段水泥混凝土路面板破损的，应进行整段修复。首先采用配备液压镐的混凝土破碎机将旧水泥混凝土板破碎，及时清除混凝土碎块，整平基层并压实。基层强度不足时，可采用水稳性较好的材料进行处理；对损坏的拉杆需要修复，可在原拉杆位置附近，打直径 18mm，深 35cm 的拉杆孔，用压缩空气清孔，灌高强砂浆，将 ϕ14mm，长 70cm 的螺纹钢筋插入旧混凝土面板中 35cm；需在新旧水泥混凝土板交接处设传力杆。在旧混凝土板侧向涂刷沥青，将 ϕ25mm，长 45cm 的光圆钢筋，插入老混凝土面板中；水泥混凝土路面的材料要求、施工工艺等按照公路水泥混凝土路面施工规范执行。

第六节 水泥混凝土路面改善与修复

一、水泥混凝土路面表面功能恢复

（1）水泥混凝土路面整条路段出现较大面积的磨损，应采取铺设沥青磨耗层的方法恢复其表面功能；对弯道、陡坡等局部路段出现的路面磨光，可采取机械刻槽的方法恢复水泥混凝土路面的表面平整度和摩擦系数。

①采用自行式刻槽机进行刻槽，使用圆盘形的金刚石刀片、碳化钨冲头等，在路面上切成窄槽。这种方式可以防止雨天路面打滑现象。

②防滑槽的方向有两种：纵向刻槽可以防止横向滑动及横向风力造成的事故，横向刻槽对缩短刹车距离效果良好，适用于陡坡路段、交叉口附近等。

③防滑槽可根据刀片的宽度来选定适宜的形状。一般常采用刻槽深度 3 ~ 6mm，槽宽为 3 ~ 6mm，缝距为 19 ~ 50mm。

④刻槽时应由高到低逐步推进。

（2）对于水泥混凝土路面板较大范围的磨损和露骨可铺设沥青磨耗层。

沥青磨耗层铺筑前应对混凝土面板进行修整和处理，应使水泥混凝土路面干燥清洁，不得有尘土、杂物和油污；水泥混凝土路面表面应喷洒 0.4 ~ 0.6kg/m^2 的黏层沥青，宜采用快裂型乳化沥青；黏层沥青宜采用沥青洒布车进行喷洒，在路缘石、雨水进水口、检查井等局部位置与沥青面层接触处，宜用刷子进行人工涂刷；喷洒黏层沥青应均匀洒布或涂刷，喷洒过量处应予刮除；当气温低于 10℃或路面潮湿时，不得喷洒黏层沥青；喷洒黏层沥青后，除沥青混合料运输车辆外，严禁其他车辆、行人通过；黏层沥青洒布后，应立即铺筑沥青层，乳化沥青应待破乳后方可铺筑沥青层。

（3）沥青磨耗层采用沥青砂，厚度为 1.0 ~ 1.5cm，矿料级配及沥青用量符合表 4–7 要求。

表 4–7 沥青砂矿料级配及沥青用量

通过下列筛孔（mm）的质量百分率（%）								沥青用量（kg/m^2）
9.5	4.75	2.36	1.18	0.6	0.3	0.15	0.075	
100	95 ~ 100	55 ~ 75	35 ~ 55	20 ~ 40	12 ~ 28	7 ~ 18	5 ~ 10	6.0 ~ 8.0

（4）磨耗层采用稀浆封层时，宜采用的矿料级配及沥青用量范围应符合表 4–8 要求。

表 4–8 乳化沥青稀浆封层的矿料级配及沥青用量

筛孔 通过量	筛孔 （mm）	级配类型 ES–3
通过筛孔的质量百分率（%）	9.5	100
	4.75	70 ~ 90
	2.36	45 ~ 70
	1.18	28 ~ 50
	0.6	19 ~ 34
	0.3	12 ~ 25
	0.15	7 ~ 18
	0.075	5 ~ 15
沥青用量（油石比）（%）		5 ~ 15
平均厚度（mm）		5 ~ 15
混合料用量（kg/m^2）		>8

稀浆封层的施工温度不得低于 10℃，路面应清洁。稀浆封层矿料级配及沥青用量应符合相关规范的要求；稀浆封层机施工时应保持匀速前进，稀浆封层厚度要均匀。稀浆封层机摊铺时应保持槽内有近半槽稀浆，摊铺过程中出现局

部稀浆过厚，需用橡皮板刮平，稀浆过少应用铁锹取浆补齐，流出的乳液需用刮板刮平，摊铺终点接头处应平直整齐；稀浆封层铺筑后到成型前应封闭交通。待乳化沥青破乳、水分蒸发、干燥、路面成型后方可开放交通；开放交通初期应有专人指挥，控制车速不得超过 20km/h，并不得刹车或掉头。

（5）改性沥青稀浆封层。

①采用改性沥青稀浆封层时，其施工程序与普通稀浆封层基本相同，但必须使用改性稀浆封层机，改性稀浆封层机具有储料、送料、拌和、摊铺计量控制等功能。

②采用慢裂快凝型乳化沥青，一般 1h 后可开放交通。

③矿料应符合《公路沥青路面施工技术规范》（JTGF40—2004）的有关规定，集料的颗粒粒径组成应符合改性沥青稀浆封层集料级配要求，压碎值不大于 28%，洛杉矶磨耗值小于 30%，吸水率小于 2%，与沥青的黏附性大于 4 级，针片状含量小于 10%，砂当量大于 60%，集料形式应近似立方体。

④填料要松散、干燥、无结块，不含泥土杂质，0.074mm 筛孔通过率应满足要求。水应采用可饮用水。

⑤在 25℃的标准气温时，混合料拌和时间不少于 120s。当气温为 30℃时，拌和时间不少于 1.0s，拌和好的混合料应均匀、无花白料，在手中用力攥紧，能攥出水并黏成球体，落地后不散。

⑥由于现场气候与原材料尤其是矿料可能存在的变异，以及室内外条件的差异，所以在施工阶段应对室内选定的配合比数据结合施工现场情况进行适当调整，确定现场最适合的配比，同时应注意气候变化对配比的影响。

⑦对铺完的稀浆封层应进行适当的初期养护，封闭交通，禁止行车碾压，待混合料初凝（黏聚力大于 12kg · cm）时或摊铺 0.5h 后，可用 10t 轮胎压路机碾压（不能用钢轮压路机），把封层中析出的水挤出，提高封层的密实度和强度，缩短初期养护的时间，加快开放交通。

（6）路面磨光时，可采用刻槽法进行处治。混凝土板刻槽宜采用自行式刻槽机，应在指定的线路上安置导向轨，并将导向轮扣在导向轨上，刻槽深度 3 ~ 5mm，槽宽 3 ~ 5mm，缝距为 10 ~ 20mm，刻槽时宜由高向低逐步推进。

（7）对局部板块出现的露骨，可采用快速修补混凝土进行薄层水泥混凝土罩面。实施时首先需凿除水泥混凝土面板表面，凿除深度一般为 1 ~ 5cm，用高压水冲洗板块毛面，用压缩空气清除板块表面水分，应在混凝土毛面上涂一层界面黏结剂，界面黏结剂应具有较好的黏结性能和一定的黏结强度。然后在现浇水泥混凝土板边立模，配制快速修补混凝土，使其满足坍落度、凝结时间、泌水率和强度的要求，采用强制式搅拌机拌和 60s ~ 90s，采用人工摊铺，平板振捣器振捣密实，振动找平，人工抹面、压纹。修补混凝土摊铺 2h 后，对其进行保湿养生 2h。

二、水泥混凝土加铺层

1. 选择加铺方式

加铺方式应根据原有路面的损坏状况、接缝类型和布置以及原路面的路拱坡度和加铺路面的路拱坡度等条件来选择。当加铺层与原有路面坡度基本一致时，可采用结合式或直接式加铺，当原有路面结构损坏严重，板块裂缝多，不易修复，或原有路面接缝不合理，新旧路面坡度不一致时，应采用分离式加铺层。

（1）结合式加铺作业时首先对原路面进行凿毛，并清洗干净，涂以黏结剂，随即浇筑加厚层。加厚层与旧路面相黏结为一个整体，共同发挥结构的整体强度作用。可用等强度法按结合式进行应力计算与厚度设计。结合式加铺层厚度不小于 10cm。

（2）分离式加铺层是在旧路与加铺层之间设置隔离层，各层混凝土独立地发挥其强度作用。但隔离层为油毡时，其隔离层厚度很小，引起的垂直变形可以忽略不计，直接进行加厚层的应力分析与厚度设计。分离式加铺层厚度不小于 18cm。

（3）直接式加铺层是在清洗干净的原路面上，不涂黏结剂，也不凿毛，直接浇筑水泥混凝土。由于新旧路面之间的摩擦阻力作用，因而具有一定的结构整体性。层间结合能力介于结合式与分离式之间。直接式加铺层厚度不小于 14cm。

2. 选择加铺结构

加铺结构选择时，对于大交通量、重载交通道路水泥混凝土路面加铺，应采取连续配筋或钢筋混凝土加铺层。对于地面高程受到限制的路面、桥面铺装，可采取钢纤维混凝土加铺层。钢纤维混凝土的弯拉强度为普通混凝土的 1.5 ~ 2.0 倍。钢纤维混凝土加铺层可按普通混凝土加铺层的规定，计算普通混凝土加铺层的厚度，然后取普通混凝土加铺层厚度的 0.65 ~ 0.75 倍。采用钢纤维混凝土加铺层时，结合式加铺层厚度不小于 5cm，直接式加铺层厚度不小于 12cm，分离式加铺层厚度不小于 14cm。

3. 各类加铺层适用的技术条件

（1）当旧混凝土路面状况评定为“优”时，混凝土路面板基本完好，板块的平面尺寸和接缝布置合理，新旧路面路拱坡度基本一致，接缝基本对齐，为提高水泥路面的承载能力，宜采用结合式加铺层。加铺层铺筑前应首先对路面的结构性损坏进行修复，对旧混凝土板表面凿毛并仔细清洗路表油污、剥落及接缝中的杂物，重新封缝，并在洁净的混凝土毛面上涂以水泥浆，铺筑水泥混凝土加铺层。

（2）当旧水泥路面状况为“良”、“中”时，路拱坡度基本符合要求，板的平面尺寸和接缝布置合理，为提高水泥混凝土路面的承载能力，宜采用直接式加铺层。加铺层铺筑前，应首先对路面结构性损坏进行修复，对旧混凝土路面表面仔细清洗，清除旧混凝土表面剥落碎块及接缝中的杂物，并重新封缝。

（3）当旧水泥路面状况为“次”时，或新旧混凝土路面的尺寸不同，或新旧路面的路拱坡度不一致，或路面要进行拓宽时，为提高路面通行能力，应采用分离式加铺层。加铺层铺筑前，应对旧路面严重破碎、脱空、裂缝继续发展的板块进行破碎、清除，用混凝土补平，隔离层材料应采用油毡、沥青砂及细粒式沥青混凝土等稳定性较好的材料。隔离层的厚度为 1.5 ~ 2.0cm。

（4）当旧水泥路面的状况为“差”时，应将旧水泥路面破碎、灌浆、碾压稳定，作为垫层使用，在垫层之上铺筑一层半刚性基层，半板刚性基层的最小厚度不小于 15cm，然后再铺筑水泥混凝土加铺层。

4. 加铺前的技术调查

在对旧水泥混凝土路面进行加铺前，应对原有水泥混凝土路面做技术调查，调查的项目有年平均交通量、交通组成及增长率，公路修建与养护的技术资料，原有路面结构、宽度、厚度及路拱情况，原有路面状况的评定，路基的填土高度、地下水位、多年平均最大冻深、排水与积水状况等，旧混凝土弯拉强度与弯拉弹性模量、旧混凝土路面面板的厚度、基层顶面的当量回弹模量的调查。

5. 旧路面处理

在旧水泥混凝土路面上加铺水泥混凝土面层之前，应对旧混凝土路面进行处理。

对旧混凝土路面进行调查，分板块逐一编号，绘制病害平面图；按设计要求对有病害的面板进行处理；板底脱空可采用板下封堵的方法进行压浆处理；板块破碎、角隅断裂，沉陷、掉边、缺角等病害板，必须用破碎机（液压镐）凿除。清除混凝土碎屑后，整平基层，并夯压密实，然后铺筑与旧板块等强度的水泥混凝土，其高程控制与旧路面齐平。

6. 铺筑隔离层

（1）在旧混凝土顶面宜铺筑一层隔离层。

（2）铺筑前应先清除旧面板表面杂物，冲刷尘污，使板面洁净无异物。

（3）用清缝机清除水泥混凝土面板接缝杂物，用灌缝机灌入接缝材料。

（4）在旧混凝土表面洒布黏层沥青。

在封闭交通施工的路段，施工路段长度一般不宜大于1000m；在半幅通车半幅施工路段，一般不宜大于300m；黏层沥青采用热沥青或乳化沥青。沥青用量为0.4kg/m^2，使用乳化沥青，宜采用快裂洒布过乳化沥青PC—3、PA—3，乳液中沥青含量不少于50%，乳化沥青用量为0.6kg/m^2。洒布过量处，应予刮除；应随隔离层摊铺速度相应先行洒布涂刷黏层沥青，沥青应均匀洒布或涂刷在干燥洁净的旧水泥混凝土面板上，沥青以不流淌为宜；严禁在已洒布或涂刷黏层沥青的面板上通行车辆和行人并防止土石杂物等散落在沥青上面；黏层沥青洒布或涂刷后应紧跟着进行隔离层施工，采用乳化沥青时摊铺隔离层应在破乳后方可进行。

（4）沥青混凝土隔离层。

沥青混凝土隔离层的材料技术性能、矿料级配和施工工艺应符合《公路沥青路面施工技术规范》（JTGF40—2004）的相关要求；沥青混凝土厚度以1.5 ~ 2.5cm为宜；摊铺宽度应超过加铺板边缘25cm，严禁出现空白区；展压机械宜采用轮胎压路机，自路边向路中心碾压，边压边找平，至沥青混凝土隔离层平整无轮迹为止。

（5）土工布隔离层。

铺水泥混凝土路面上满铺土工布，边铺边用木棍推压整平；铺土工布搭接部分涂刷热沥青，搭接宽度为20cm；铺好的土工布隔离层，严禁非施工车辆和行人通行，以避免人为损坏，同时要保持土工布隔离层洁净无污染。

（6）沥青油毡隔离层。

铺水泥混凝土路面上满铺沥青油毡，采用不低于350单位的石油沥青纸胎油毡，其应符合国家标准《石油沥青纸胎油毡、油纸》（GB326—1989）的技术要求；油毡应纵向摊铺，沥青油毡纵横向搭接宽度为20cm。如果摊铺二毡二油，则每层油毡的搭接位置应错开，在沥青油毡搭接部分涂刷热沥青，摊铺时边铺边用滚筒碾平压实，务必使毡油紧贴；铺好的油毡隔离层，严禁车辆和行人通行，并保持洁净，发现损坏应及时修整。

7. 计算加铺层厚度

水泥混凝土加铺层厚度应通过计算确定，且不小于18cm。

（1）水泥混凝土加铺层半幅施工时模板应采用钢模板，中模以角钢为宜，必须支立稳固，其平面位置与高度应符合设计要求。

（2）安装模板宜采取由边模固定中模的方法。边模由钢钎固定，中模每间隔1m用膨胀螺钉将模板外侧底部预先定位固定，中、边模之间采用横跨两模板的活动卡梁辅助固定。活动卡梁间距不大于2m，并随铺筑进度相应装拆推移。

（3）混凝土配合比设计，混合料搅拌、运输、摊铺、振捣、整平、接缝设置、表面修整、养护、锯缝、填缝等工艺应符合公路水泥混凝土路面有关施工规范规定；加铺层、新、旧混凝土面板应尽可能对缝，模板拆除时必须做好锯缝位置的标记。

8. 钢纤维混凝土加铺层

钢纤维混凝土加铺层适用于路面高程受到限制的路段。

（1）钢纤维混凝土加铺层与普通混凝土加铺层的形式相同，也分为结合式、直接式和分离式，钢纤维混凝土加铺层除纤维混凝土施工工艺外，与普通混凝土加铺层的施工前准备工作、对旧面板的处理、立模等基本相同。

（2）集料的粒径不大于15mm，其最大粒径一般为钢纤维长度的1/2，宜选用连续级配。钢纤维规格应符合《公路水泥混凝土路面设计规范》（JTGD40—2011）的规定，其抗拉强度不低于600MPa，直径一般为0.4 ~ 0.7mm，长度与直径之比为50 ~ 70。

（3）钢纤维混凝土路面板厚度应通过结构设计确定，也可取普通混凝土路面板厚度的0.65倍，直接式加铺层厚度一般不小于12cm，结合式加铺层厚度一般不小于5cm，分离式加铺层厚度一般不小于14cm。

（4）钢纤维用量按占混凝土的体积百分率计，一般采用1.0% ~ 1.2%。含砂率应根据钢纤维用量选择，一般采用45% ~ 55%，钢纤维用量多的一般取高限。冰冻地区水泥用量不得低于380kg/m^2，非冰冻地区水泥用量不得低于360kg/m^2。钢纤维混凝土拌和物的配合比，混合料搅拌、摊铺、振捣、整平、养护等均应符合公路水泥混凝土路面有关施工规范的规定。

（5）结合式或直接式加铺层的接缝应与原路面相对应。分离式加铺层可不受老路面限制，横向缩缝间距可为15m，纵、横向施工缝及胀缝的设置与普通混凝土路面相同，全幅摊铺的路面可不设纵缝，拆模时必须做好锯缝标记。

（6）进行钢纤维混凝土配合比设计时，首先应计算配制强度，确定钢纤维体积率及水灰比、单位用水量、单位水泥用量及含砂率，应采用绝对体积法计算粗细集料的用量，最后计算钢纤维用量。

（7）钢纤维一次性直接投入搅拌机易出现结团现象，为使钢纤维充分分散，国外常将钢纤维通过分散机再进入搅拌机。常用的钢纤维分散机有振动式、摇拨式、筛筒旋转式和离心式几种类型，机器功率多为 0.75 ~ 1.0kW，分散力一般为 20 ~ 60kg/min。因此使用分散机进行钢纤维水泥混凝土搅拌。

（8）当干燥的水泥堆在纤维上部时，水泥会渗进纤维骨架内进入搅拌机，一经搅拌易形成内包干燥水泥的钢纤维球。为了防止钢纤维结团，需采取分级投料、先干后湿的工艺。即按如下顺序进料：投放瓜子片→ 1/2 碎石→ 1/4 钢纤维→ 1/2 砂→水泥→ 1/2 砂→ 1/4 钢纤维→ 1/2 碎石→ 1/4 钢纤维→ 1/2 碎石→ 1/4 钢纤维。混合料需先干拌 1min，然后加水湿拌 2min。

（9）使用插入式振捣器对钢纤维进行振捣时，有可能会使钢纤维向振动着的振动棒聚集，产生集束效应，为确保钢纤维的二维分布，宜使用平板振捣器振捣成型。为保证边角混凝土密实，振捣棒可沿路线纵向斜向拖动。

（10）钢纤维混凝土宜采用真空吸水工艺机械抹平，阻止纤维外露。采用刻槽机刻槽工艺可避食压纹或拉毛产生的平整度差和纤维外露现象；钢纤维混凝土收缩性小，抗裂性好，有条件封闭交通的施工路段，采用混凝土摊铺机可做成整幅式，不设纵缝。钢纤维混凝土养生到设计强度的 50% 后方可对旧混凝土路面的缩缝每隔 15m 切一道缩缝。缝深为 1/3 ~ 1/4h，清缝后灌入接缝材料。

9. **连续配筋混凝土加铺层**

连续配筋混凝土加铺层适用于高速公路和一级公路。

（1）连续配筋混凝土加铺层的厚度设计方法与普通混凝土路面相同，其所用材料应符合有关施工技术规范的要求。

（2）纵向、横向钢筋应采用螺纹钢筋，直径为 12 ~ 20mm。纵向钢筋配筋率由计算确定，一般控制在 0.5% ~ 0.7% 范围内。横向钢筋用量可取纵向钢筋用量的 1/5 ~ 1/8。

（3）钢筋布置应符合下列要求：

纵向钢筋间距不小于 10cm，不大于 25cm；横向钢筋间距不大于 80cm；纵向钢筋焊接长度不小于 50cm 或钢筋直径的 30 倍，焊接位置相互错开，不应在一个断面上重叠；纵向钢筋应设在面板厚度的 1/2 处，横向钢筋位于纵向钢筋之下，横向钢筋下设梯形混凝土支撑垫块；边缘钢筋至板边的距离一般为 10 ~ 15cm。

（4）纵向钢筋的焊接，应采用闪光对焊或电弧焊，焊接的接头形式、焊接工艺和质量验收应符合现行有关施工技术规范的要求。

（5）连续配筋混凝土加铺层的施工必须连续作业。搅拌与运输各个环节应严格控制水量，运输宜采用自卸汽车。

（6）摊铺前应在基层表面洒水，摊铺顺序应严格安排，前后各道工序应紧密衔接，避免高温施工，一般宜采用摊铺机，如采用人工摊铺时应注意防止扰动钢筋的正确位置。每段施工中不得有接缝，若摊铺因故中断，则需设置平缝形式的施工缝，纵向钢筋仍应保持连续，并穿过接缝增设拉杆。

（7）端部处理。

在与其他路面或桥梁、涵洞等构造物连接处，必须进行端部处理。可根据实际情况连续设置三连胀缝或三道矩形锚固梁。当采用地梁锚固时，锚固段按设计的结构尺寸开挖地槽，应不扰动两侧基层（垫层）和地基；当采用灌注桩锚固时，桩顶应与混凝土连成整体；当采用宽翼缘工务梁端部接缝时，应确保搁置在枕垫板上的连续配筋混凝土路面板端部可自由滑动，其与工务钢连接的部位以胀缝填缝料充填。

（8）接缝设置

一次铺筑宽度为 4.5m 时，应增设纵向缩缝。纵缝不另设拉杆，由一侧板的横向钢筋延伸，并穿过纵缝代替拉杆；施工缝可采用平缝，纵向钢筋应保持连续，穿过接缝；胀缝构造与普通混凝土路面相同。

10. 钢筋混凝土加铺层适用于一般路段

（1）钢筋混凝土板厚按普通混凝土板规定进行设计。

（2）纵、横向钢筋宜采用相同的直径。钢筋的最大间距和最小直径按表 4–9 确定。

表4–9 钢筋的最大间距和最小直径

钢筋类型	光面钢筋	螺纹钢筋
最小直径（mm）	8	12
纵向最大间距（cm）	15	35
横向最大间距（cm）	30	75

（3）钢筋的搭接长度宜大于直径的 25 倍，钢筋应设在板面下 1/2 ~ 1/3 板厚范围内，外侧钢筋中心距接缝或自由边的距离为 10 ~ 15cm，钢筋保护层的

最小厚度不小于 5cm；横向缩缝间距宜为 10m，并应设传力杆。纵缝、胀缝和施工缝的设置与普通混凝土路面相同。

11. 直接式加铺层施工注意事项

直接式加铺层施工须清除旧面板表面积物，冲刷尘污，使板面洁净无异物。直接式加铺层厚度应通过计算确定且不小于 14cm。

采用直接式加铺层的路段，其板面应基本完好、平整。旧混凝土面板局部裂缝不小于 50cm，网片距板底面 5cm；水泥混凝土路面施工，按照公路水泥混凝土路面有关施工规范规定执行。

三、沥青混凝土加铺层

1. 沥青混凝土加铺层一般要求

沥青混凝土加铺层要求旧混凝土路面稳定、清洁，对面板损坏部分必须维修。

2. 反射裂缝的防治

反射裂缝的防治可采用土工格栅、油毡、土工布、切缝填封橡胶沥青或做二灰碎石、水泥稳定粒料层。

（1）采用土工格栅施工，应符合下列规定：

①混凝土面板应洁净干燥，在其上洒黏层沥青，沥青用量为 0.4 ~ 0.6kg/m^2。

②用 1 ~ 2cm 沥青砂调平旧混凝土路面，宜采用玻璃纤维格栅压入沥青调平层，目前常用的玻璃纤维格栅有带自黏胶和不带自黏胶两种。带自黏胶的可直接在平整清洁的路面上铺设，不带自黏胶的通常采用水泥钉加垫片固定。

③玻璃纤维格栅铺设可由拖拉机或汽车改装的专用设备进行铺设，也可人工铺设。铺设前应使胶面向下，铺设应保持其平整、拉紧，不得有起皱现象，使格栅具备有效的张力，铺完一层再用干净的胶轮压路机碾压一遍。玻璃纤维格栅铺设时，要求气温大于 10℃，沥青加铺层的最小厚度为 4cm。

④采用膨胀螺丝加垫片固定格栅端部。

⑤格栅纵、横向的搭接部分不小于 24cm，纵向搭接应根据沥青摊铺方向将前一幅置于后一幅之上。

⑥格栅中部在混凝土面板纵、横缝位置及两外侧边缘用铁钉加垫片固定。

⑦固定格栅时不能将钉子钉在玻璃纤维上，也不能用锤子直接敲击玻璃纤维，固定后如发现钉子断裂或铁皮松动，则需重新予以固定。

⑧玻璃纤维格栅铺设固定完成后，必须用胶轮压路机进行适度碾压稳定。使格栅与原路表面黏结牢固。

⑨玻璃纤维格栅背胶易溶于水，雨天或路面潮湿时不得进行施工。玻璃纤维格栅施工时作业人员应戴防护手套。

⑩在玻璃纤维格栅铺设过程中，若发现路面有较小的坑槽时，可将铺好的格栅在对应坑槽的部分剪开，并用沥青混凝土填平，以便在铺上层沥青混合料时能保证具有均匀的压实度。

（2）采用聚酯改性沥青油毡施工，应符合下列规定：

将油毡切割成50cm宽的长条带；用压缩空气清除表面杂物和灰尘，在接缝内灌入接缝材料；将油毡铺放在接缝处，缝两侧各25cm，薄膜面朝下，然后用喷灯烘烤油毡底面，当烘烤到薄膜熔化，毡底有光泽并发黑，有一层薄的熔融层时，再用推杆压实油毡，使油毡与底层黏结，持此方法铺好第一卷；在油毡接头搭接部分，结合部搭接宽度为10cm，然后用喷灯烘烤后将油毡压紧，用汽油喷灯烘烤油毡，当油毡处于熔融状态后压实，要使上、下层油毡紧密结合在一起；在沥青层摊铺前，用一层沥青砂覆盖油毡表面；非施工车辆不得在油毡上行驶，若发现油毡脱皮，使用喷灯烘烤，用推杆压实。

（3）采用土工布施工，可按照下列步骤进行：

①凿平板块错台部位；

②喷洒翻层热沥青，其温度为150℃ ~ 170℃，沥青用量为0.4 ~ 0.6kg/m^2，黏层沥青喷洒范围要入土工布宽5 ~ 10cm；

③在一端用垫片加水泥钉固定土工布，然后拉紧、铺平粘贴土工布；

④将支撑棒插入土工布卷调节制动器，然后提高布卷，展开5 ~ 10m长的土工布，土工布卷一端与路面边缘成一直线，拉紧土工布，然后将土工布放下，铺在黏层沥青上；

⑤在土工布首尾相接处，沿铺布方向搭接15cm，土工布连接处应喷洒黏层沥青，相邻两卷土工布边与边的搭接也应沿铺布方向搭接，要确保土工布浸透沥青，土工布施工温度要大于10℃。在弯道上摊铺土工布，可用剪刀将土工布剪开，然后再搭接起来；

⑥土工布铺好后，沥青混凝土摊铺应立即开始，每天铺完土工布的路段应同时完成沥青混凝土的摊铺。同时应采用全路幅施工，以避免产生纵向施工缝；

⑦严禁非施工车辆在土工布上行驶，沥青混凝土运料车，不得在土工布上转弯、掉头、刹车，不能在土工布上倒行；

⑧沥青混凝土应采用10t以上的压路机碾压。

（4）对应水泥混凝土横向接缝处切缝、灌接缝材料可按下列步骤进行：

根据旧水泥混凝土路面平面图，确定水泥混凝土板的接缝位置；在沥青面层已定位的接缝上方，锯深 1.5cm、宽 0.5cm 的缝；用压缩空气将锯缝清理干净，并保持干燥；灌填橡胶颗粒。

（5）做二灰碎石、水泥稳定碎石土基层：

基层厚度不小于 15cm，基层施工按《公路路面基层施工技术规范》（JTJ034—2000）执行。

3. 沥青混凝土面层结构厚度要求

沥青混凝土面层结构厚度应满足沥青混凝土最小结构厚度的要求，沥青路面厚度一般不低于 7cm，其施工应符合《公路沥青路面施工技术规范》（JTGF40—2004）的有关规定。

四、旧水泥混凝土路面加宽

1. 土基拓宽

土基拓宽时应先将原边坡坡脚或边沟清淤。

必须铲除边坡杂草、树根和浮土，并按《公路路面基层施工技术规范》（JTJ034—2000）相应规定处理；应分层填筑压实土基；必须处理好新旧路基的衔接，在新老路基交界处，路基与基层界面上铺设一层土工格栅；在做路基加宽时，应同时做好路基排水系统。

2. 路面基层拓宽

路面基层拓宽时，新加宽的基层强度不得低于原有水泥混凝土路面的基层强度，宜采用相错搭接法。

3. 混凝土路面加宽

混凝土路面加宽应符合下列要求：

（1）双侧加宽。如原路基较宽，路面加宽后路肩宽度大于 75cm 时，可以直接加宽并碾压密实，做 1cm 下封层，设置拉杆，浇筑混凝土板；路基较窄不具备加宽路面条件的路段，应先加宽路基。如果施工机械和操作方法能保证路基加宽部分达到规定密实度，即可加宽路面，否则应待路基压实稳定后，再加宽路面。宜采用两侧相等加宽的方式，（a—a’）<1m 时不调整路拱，（a—a’）>1m 时调整路拱，两侧不等宽的加宽方式。加宽前应测定路基回弹弯沉值，当弯沉值达到设计要求后方可铺筑路面基层。

（2）可结合加宽增加、完善路基路面排水系统。

（3）受线形和地形限制时可采用单侧加宽；采用与原路面基层结构相同的

材料铺筑路面基层。基层厚度大于20cm时，可采用相错搭接法进行。先用切割机距基层边缘30cm、沿路线纵向切割1/2的基层厚度，用风镐凿除30cm范围内的1/2基层厚度，分层摊铺压实路面基层，新加宽的基层厚度不得低于原有水泥路面的基层厚度。

（4）在平曲线处，均应按《公路工程技术标准 KJTGB01—2003）规定设置超高、加宽，原来漏设的，也应结合加宽补设。

（5）加宽的混凝土面板的强度、厚度、路拱、横缝均宜与原混凝土面板相同。板块长宽比应为1.3 ~ 1.2。路面板加宽应增设拉杆，拉杆设置参照《公路水泥混凝土路面设计规范》（JTGD40—2011）执行。

（6）路面板加宽应按下列方法增设拉杆：

在面板外侧每间隔60cm，在1/2板厚处打一个深30cm、直径18mm的水平孔；清除孔内混凝土碎屑；向孔内压入高强砂浆；插入 φ4mm、长60cm的螺纹钢筋。

（7）水泥混凝土路面加宽的施工，应符合公路水泥混凝土路面有关现行施工规范规定。

五、整块面板翻修

（1）旧板凿除应注意对相邻板块的影响，尽可能保留原有拉杆，若有损坏应予恢复。宜用液压高凿除破碎混凝土板，应及时清运混凝土碎块至合适的地方。

（2）基层损坏部分应予清除，并将基层整平、压实。

基层损坏厚度小于8cm，整平基层压实后可直接浇筑与原路面强度相同的水泥混凝土；个别板块基层损坏厚度大于8cm，且坑洼不平，应首先整平，压实基层后，用C15贫混凝土将路面基层补强，贫混凝土集料公称最大粒径不大于31.5mm，水泥用量不得少于170k/m^3，28d弯拉强度标准值宜控制在1.0 ~ 1.8MPa之间，其补强混凝土顶面高程应与旧路面基层顶面高程相同；宜在混凝土路面板接缝处的基层上涂刷一道宽20cm的沥青带作为防水层。

（3）在进行路面板翻修时，在路面排水不良地带、路面板边缘及路肩应设置路基纵、横向排水系统。

单一边板块翻修时应在路面板接缝处设置横向盲沟；较长路段翻修时宜设纵横向盲沟，并应在纵坡底部设置横向盲沟。

（4）路面板块翻修时，混凝土配合比及所选用的材料，应根据路面通车时间的要求选用快速修补材料。

混凝土拌和机宜设置在施工现场附近；可采用翻斗车运送混合料，人工摊铺，宜用插入式振捣器振捣，振捣时应先用插入式振捣器在板边、角隅处或全面顺序振捣一次，同一位置不少于 24s，再用平板振捣器全面振捣，振捣时应重叠 10 ~ 20cm，不小于 15 ~ 30s，以不再冒泡并泛出水泥浆为止，在全面振捣后再用振动梁振实、整平，往返拖拉 2 ~ 3 遍，振动梁移动的速度应缓慢而均匀，其速度以 1.2 ~ 1.5m/min 为宜。对不平处，应及时人工补平，最后用平直的滚杆进一步滚平表面，使表面进一步提浆；混凝土表面整修，应用木抹多次抹面至表面无溢水为止，发现面板低洼处应补充混凝土，并用直尺检查平整度；混凝土板表面溢水消失后，宜采用养护剂进行养护，养护剂应在纵、横向各洒布一次，洒布需均匀。也可采取洒水养生，用草帘或麻袋覆盖在混凝土板表面，每天洒水 2 ~ 3 次，使经常保持潮湿状态；按原路面纹理，可用拉槽器在混凝土表面横向拉槽；混凝土固结硬化后，要尽早用切割机切缝，相邻板块的接缝宜用切缝机切至 1/4 板块深度；混凝土接缝填封应在混凝土板养护期满后立即进行。清除缝内杂质，灌接缝材料。接缝填缝材料分接缝板及灌缝料两种。灌缝料又分为加热施工式和常温施工式两种，接缝板和灌缝料的技术要求应符合相关规范的规定。填缝前缝内必须清扫干净，灌注填缝料必须在缝槽干燥状态下进行，其灌注深度以 3 ~ 4cm 为宜，下部可填入多孔柔性材料。填缝料的灌注高度，夏天应与面板相平，冬天宜稍低于面板；混凝土强度达到设计要求后，方可开放交通。

六、部分路段修复

1. 修复前的准备工作

（1）对损坏路段进行详细全面的调查、分析原因，并制定科学的修复措施。

（2）编制施工组织设计，包括修复的资金、人员、机械、材料、施工工艺、计划进度等。

2. 破碎旧水泥混凝土板

旧水泥混凝土板破碎，宜采用配备液压镐的混凝土破碎机，液压镐落点间距为 40cm。

（1）清除混凝土碎块，并应及时运至堆放场地，防止环境污染。

（2）整平基层，采用压路机压实。压路机上下路床应设置三角导木。

（3）在破碎混凝土的过程中要尽可能地保留拉杆。

3. 整理基层

（1）对强度尚好，损坏又不严重的基层，应整平基层，采用轻型压路机压实，对压不到的死角部分可用冲击夯等机具压实。

（2）基层强度不足时，且损坏较为严重，可采用水稳性较好的材料，如水泥稳定碎石、石灰粉煤灰稳定碎石等材料进行补强。其材料技术标准、施工工艺应符合《公路路面基层施工技术规范》（JTJ034—2000）的有关规定。

4. 排水系统设置

应结合路面维修，设置纵、横向排水系统。排水系统设置应按相关规范规定执行。

5. 做沥青下封层

混凝土施工前应在路面基层上做沥青下封层，沥青用量为 1.0kg/m^2。

6. 新老水泥混凝土板交界处应设传力杆

在新旧路面板交界处，在旧面板 1/2 板厚处，每隔 30cm 钻一个直径为 28mm，深 22.5cm 的水平孔；用压缩空气清除孔内混凝土碎屑；向孔内灌入高强砂浆；在旧混凝土板侧向涂刷沥青，将 ф5mm、长 45cm 的光圆钢筋，插入旧混凝土面板中；对损坏的拉杆要修复，可在原拉杆位置附近，打直径为 18mm、深 35cm 的拉杆孔，用压缩空气清孔，灌高强砂浆，将 ф14mm、长 70cm 的螺纹钢筋插入老混凝土面板中 35cm。

7. 材料要求

（1）所采用的水泥应是具有强度高、收缩性小、耐磨性强、抗冻性好等优良性能的硅酸盐水泥或普通硅酸盐水泥，其强度等级不应低于 42.5MPa，高速公路必须采用强度等级不低于 42.5MPa 的硅酸盐水泥。水泥进场时，应有产品合格证及化验单，并应对品种、强度等级、包装、数量、出厂日期等进行自检和验收。不同强度等级、厂牌、品牌、出厂日期的水泥，不得混合堆放，严禁混合使用。出厂日期超过三个月或受潮的水泥，必须经过试验，按其试验结果决定正确使用或降级使用，已经结块变质的水泥不得使用。

（2）应采用洁净、坚硬、符合规定级配、细度模数在 2.5 以上的粗、中砂。

（3）碎（砾）石应质地坚硬，符合规定级配，最大粒径不超过 40mm，并应符合相关技术要求。

（4）外掺剂经配合比试验符合要求方可使用，为减少混凝土拌和物的用水量，改善和易性，节约水泥用量，提高混凝土强度，可掺入减水剂，夏季施工若需要延长作业时间，可掺入缓凝剂。冬季施工为提高早期强度或缩短养护时间，可掺入早强剂。严寒地区抗冻，可掺入引气剂；钢筋品种、规格，应符合设计要求，钢筋应顺直，不得有裂缝，断伤、刻痕，表面油污或颗粒状、片状锈蚀应清除。

8. 钢模板制作与立模

建筑混凝土拌和物的模板宜采用钢模板，模板的制作与立模应符合下列规定：

钢模板的高度应与混凝土板厚度一致；钢模板的高度允许误差为 ±2mm，企口舌部或凹槽的长度允许误差为 ±1mm；立模的平面位置与高程应符合设计要求，并应准确稳固，接头紧密平顺，不得有离缝、前后错茬和高低不平等现象。模板接头和模板与基层接触处均不得漏浆。模板与混凝土接触的表面应涂隔离剂。

9. 混凝土拌和物摊铺

混凝土拌和物的摊铺，应符合下列规定：

混凝土板厚度小于 22cm 时，可一次摊铺，大于 22cm 时，可分两次摊铺；摊铺厚度应考虑振实预留高度；采用人工摊铺，应用锹反扣，严禁抛掷，防止混凝土拌和物离析。

10. 混凝土拌和物振捣

混凝土拌和物的振捣，应符合下列规定：

（1）对厚度小于 22cm 的混凝土板，靠边部和板角应先用插入式振捣器顺序振捣，再用功率不小于 2.2kW 的平板振捣器纵横交错全面振捣，振捣时应重叠 10 ~ 20cm，然后用振捣梁振捣拖平。有钢筋的部位，振捣时应防止钢筋变位。

（2）振捣器在每一位置振捣的持续时间，应以拌和物停止下沉，不再冒泡并泛出水泥浆为准，并不宜过振，用平板式振捣器振捣时，不宜少于 15s；水灰比小于 0.45 时，不宜少于 30s；用插入式振捣器振捣时，不宜少于 20s。

（3）当采用插入式振捣器与平板式振捣器配合使用时，应先用插入式振捣器振捣，而后用平板式振捣器振捣，大于 22cm 的混凝土板，分两次摊铺，振捣上层混凝土拌和物时，插入式振捣器应插入下层混凝土 5cm，上层混凝土的振捣必须在下层混凝土初凝以前完成。插入式振捣器的移动间距不宜大于其作用半径的 1.5 倍，其至模板的距离不应大于振捣器作用半径的 0.5 倍，并应避免碰撞模板和钢筋；振捣时应辅以人工找平，并应随时检查模板。如有下沉、变形或松动，应及时纠正。

11. 接缝施工

（1）胀缝的施工，应符合下列规定：

胀缝应与路面中心线垂直，缝壁与板面必须垂直。缝隙宽度必须一致，缝中不得连浆，缝下部应设置胀缝板，上部应浇灌填缝料；胀缝传力杆的活动端，可设在缝的一边，或交错布置，固定后的传力杆必须平行于面板和路面中心线，其误差不得大于5mm，传力杆的固定，可采用支架固定安装的方法。

（2）缩缝的施工，应采用切缝法。当受条件限制时，可采用压缝法，但是高速公路必须采用切缝法和压缝法施工，应符合下列规定：

切缝法施工，当混凝土达到设计强度的25% ~ 30%，应采用切缝机进行切割；切缝前应调整刀片的进刀深度，宜为1/4板厚，切缝时应随时调整刀片切割方向，停止切缝时，应先关闭开关，将刀片提升到板面以上，停止运转；切割时刀片冷却用水，其压力不低于0.2MPa；碎石混凝土的最佳切割抗压强度为6.0 ~ 12.0MPa，砾石混凝土为9.0 ~ 12.0MPa；待缝槽干燥后，应尽快灌注填缝料；压缝法施工，当混凝土拌和物做面后，应立即用振动压缝刀压缝，当压至规定深度时，提出压缝刀，用原浆修平缝槽，待混凝土终凝前泌水后，取出嵌缝条，形成缝槽。

（3）纵缝施工。

平缝纵缝，对已浇混凝土板的缝壁应涂刷沥青，并应避免涂在拉杆上。浇筑邻板时，缝的上部应压成规定深度的缝槽；企口缝纵缝，宜浇筑混凝土板低凹的一边；缝壁应涂刷沥青，浇筑邻板时应靠缝壁浇筑；整幅浇筑纵缝的切缝或压缝应符合相关规范的有关规定；纵缝设置拉杆应采用螺纹钢筋，并应设置在板厚中间，应预先根据拉杆的设计位置放样打眼，吹除孔内混凝土碎屑，灌入高强砂浆，插入拉杆。

（4）接缝采用灌入式填缝的施工。

填缝前必须保持缝内清洁，防止砂石等杂物进入缝内；灌注填缝料必须在缝槽干燥状态下进行，填缝料应与混凝土缝壁黏附紧密，不渗水；填缝料灌注深度宜为3 ~ 4cm。当缝槽大于4cm时，可填入多孔柔性衬底材料，填缝料的灌注高度，夏天宜与面板齐平，冬天宜稍低于面板；热灌填缝料加热时，应不断搅拌均匀。

七、旧水泥混凝土路面再生利用

（1）当水泥混凝土板发生大面积破坏时，可对旧混凝土进行再生利用。混凝土再生利用主要用作水泥混凝土面层粗集料、基层集料和碎块底基层。

（2）旧水泥混凝土板块强度达到石料二级标准时，可作为再生混凝土集料使用。

（3）旧水泥混凝土板再生利用时，应符合下列要求：

①在旧水泥混凝土板破碎前，应标明涵洞、地下管道、排水管位置；在有沥青罩面层处应先用洗刨机清除沥青层。在地下构造物、涵洞、地下管道位置，以及破碎板与保留板连接处的第一块旧混凝土板，应用液压镐破碎。全幅路面板破碎可用落锤式破碎机进行施工。

②将旧水泥混凝土碎块装运到料场进行加工。在旧混凝土板破碎、装运、输送的过程中应将钢筋剔除。旧混凝土集料的最大粒径应为 40mm，小于 20mm 的粒料不再作为集料。

③做水泥混凝土配合比设计时，粒径小于 20mm 的集料宜采用新的碎石，可掺加减水剂和二级干粉煤灰。回收集料、新集料、水泥粉煤灰最终级配要求应满足表 4-10 和表 4-11 的要求。

表 4-10　粗集料级配要求

筛孔尺寸（mm）	40	20	10	5
计算筛余（%）	0 ~ 5	0 ~ 5	0 ~ 5	0 ~ 5

表 4-11　细集料级配要求

筛孔尺寸（mm）	5	2.5	1.25	0.63	0.315	0.16
累计筛余（%）	0	0 ~ 20	15 ~ 20	40 ~ 75	70 ~ 90	90 ~ 100

（4）旧水泥混凝土板块强度达到三级标准时可作为基层集料。

宜采用石灰、粉煤灰，旧混凝土集料基层；混凝土基层集料含量宜为 80% ~ 85%；石灰、粉煤灰比例宜为 1 ∶ 4。

（5）水泥混凝土路面破损状况属差级时，应将混凝土板破碎作为底基层使用。

在水泥混凝土路面两侧挖纵横向排水沟，排除积水；旧水泥混凝土板破碎时落锤落点间距为 30cm，宜交错布置，混凝土板碎块最大尺寸不超过 0cm；用灌浆设备将水泥砂浆灌入板块缝内；用 25t 振动压路机进行振碾，碾压速度为 2.5km/h，往返碾压 6 次。要求基层稳定，灌浆饱满；对软弱松动碎块应予清除，并用 C15 贫混凝土填补。

第五章　公路隧道养护与维修

第一节　公路隧道养护的一般规定

我国是一个多山的国家，随着高等级公路的发展，公路隧道日益增多。通常，公路隧道是指为了克服地形和高程上的障碍（如山梁、山脊、垭口等），以改善和提高拟建公路的平面线形和纵坡，缩短公路里程，或为避免山区公路的各种病害（如滑坡、崩坍、岩堆、泥石流等不良地质地设）以保护生态环境而修建的山岭隧道。按隧道长度的不同又分为特长隧道（L ≥ 3000m）、长隧道（1000m ≤ L ≤ 3000m）、中隧道（500m<L<1000m）及短隧道（L ≤ 500m）。

一般，隧道的构造由洞口、洞身和附属建筑物组成。其中，洞口工程是隧道出入口部分的建筑物，包括洞门，洞口通风及排水设施，边、仰坡支挡构造物和引道等；洞身是隧道工程的主要组成部分；隧道附属建筑物包括防水排水系统，通风、照明与供电系统，隧道运营管理设施及辅助坑道。

公路隧道既是道路工程构造物又是地下工程结构，它涉及工程地质、结构力学、空气动力学、光学、自动控制和工程机械等多种学科，技术较为复杂，这就增大了养护维修及其管理的难度。而且，公路隧道一般都处于崇山峻岭之中，无绕行可能，如果隧道内出现严重渗漏水、衬砌开裂或设施故障等情况，就会妨碍交通，进而使整个交通线完全处于中断状态，给公路交通造成恶劣影响，因此，隧道的养护管理比一般路段的养护管理更为重要。为了保证公路畅通无阻，必须加强对公路隧道的养护与维修，延长其使用年限，保证绝对安全。

公路隧道的养护应该根据每一座隧道实际的围岩地质条件、结构和设施状况、交通运营条件以及病害程度等制订相应的养护方案，养护的范围应包括土建结构、机电设施以及其他有关设施。公路隧道养护维修完成后，还应该适时地进行跟踪观察和监测，以便了解处治效果。

第二节 土建结构养护与维修

土建结构主要是指隧道的各类土木建筑工程结构物，如洞门、衬砌、路面、防排水设施、斜（竖）井检修道及风道等结构物。

土建结构的养护工作分为清洁维护、结构检查、保养维修和病害处治四个部分。这四部分工作内容互不相同，具有相对的独立性，但又彼此衔接，相互关联。

一、清洁维护工作

土建结构应经常性、周期性地进行清洁维护，其周期应综合考虑隧道状况、交通量大小及组成、结构物脏污程度、清洁方式及效率和环境条件等因素加以确定，并尽量减少对交通运营的干扰。一般说来，隧道交通量越大、污染越严重、结构物越易脏污，清洁周期越短；否则反之。相比其他公路结构物，隧道呈长管状，烟尘不易散发，因此其清洁周期相对要短一些。结构物的清洁养护通常都选择在交通量较小的时候进行，如假日、夜晚等，以尽量减少交通干扰，降低事故风险。

清洁维护的工作内容应包括扫除隧道内垃圾、清除结构物脏污、清理（疏通）排水设施，保持结构物外观的干净整洁。

1. 路面清洁工作

为了保持路面干净整洁，提供安全舒适的通行环境，需要定期清扫隧道内路面。

（1）隧道内路面由于无雨水冲刷，较易脏污，而路面的整洁与隧道的服务质量密切相关，因此倾向于规定较短的清扫周期，以便能经常清扫。一般，高速公路隧道的清扫应不少于 1 次 /d，其他隧道可根据具体情况确定清扫频度，但不宜少于 1 次 / 月。

（2）隧道内空间有限，要求迅速而有效地实施清扫作业，因此适宜以路面清扫车进行清洁。路面清扫车主要有刷式和真空式两种，刷式清扫车适用于砂土较多的路面，而真空式清扫车适用于要求高速作业的环境。根据国情，人工扫路还很普遍，先以扫帚清扫路面，然后用车辆出渣的情况在我国公路隧道路面的清扫中仍很常见。

（3）路面脏污部位是指如车道两侧、紧急停车带等。由于车道两侧容易积聚尘土，覆盖分道标志标线、轮廓标志等，使其难以识别；而紧急停车带经常积聚尘土和散落物等，因此清扫时需特别留意。

（4）目前，国内在隧道路面清洗中使用清洁剂的经验还不多，需要在今后的养护工作中加以探索和总结，逐步提高和完善。

2. 顶板和内装清洁工作

为了经常保持顶板和内装的外观整洁，维护舒适的通行环境，提高照明系统的功效，需要定期对顶板和内装进行清洁养护。

（1）顶板和内装的清洁周期，应该根据实际情况确定。一般要求顶板的清洁不宜少于 1 次 /2 年，内装的清洁不宜少于 1 次 / 季度；

（2）清洁的方式有湿法和干法两种。湿法清洁目前应用较广，但是需要设置清洗水沉淀池，将废水处理后排放；干法清洁无须处理废水，但产生大量的尘埃，恶化隧道环境，可能需要同时使用集尘装置或对通行车辆加以引导。表 5–1 列出了两种清洁方式的特点。

表 5–1　湿法、干法清洁的特点

清洁方式 项目	湿法清洁	干法清洁
设备	需设置废水沉淀池	设备相对简单
作业规模	较大	较小
对内装板的影响	刷的压力小于干式	清扫压力较大，可能损伤内装板
对通行车辆的影响	污水散流，但可控制，对交通有一定影响	清扫时产生大量尘埃，影响交通
清洁效果	较好	较差，飞散的尘埃可能再附着

在湿法清洁时，一些脏污仅用清水冲洗即可去除，而沉积的烟灰和油状的（燃烧）残留物，尤其是来自柴油发动机的油烟，可能需要使用清洁剂和清洁器具才能洗掉此类污垢。为了给清洁剂留有充分的反应时间，最好单独设置一辆小卡车用于喷洒清洁剂溶液。为此，卡车应配有一个容量约为 $1.2m^3$ 的容器，一台动力泵和喷嘴等设备。清洁剂宜尽量采用中性的，以减少无隧道内养护工作人员、结构和设施的危害。通常，隧道清洗车装备有一个容量约为 $5.7m^3$ 的水箱，一台能提供约 120Pa 压强的水泵，以及喷嘴、旋转刷等设备。根据经验，刷毛比较硬且长的旋转刷能够有效地提高清洗效率。

此外，高压喷水枪也用于顶板和内装的清洁，以替代刷子。其方法是：先喷洒清洁剂溶液，待其与污垢发生反应后，再将清水在 500 ~ 600Pa 的压强下，由细小的喷嘴喷出，以高压进行冲刷。

3. 排水设施清理疏通工作

隧道排水设施需经常进行清理、疏通，以保持其良好的排水功能，确保水流畅通无阻，及时排泄隧道内漏水、污水、汽车挟带水以及其他积水，防止积水影响行车、损害隧道结构或设施。

（1）具体的清洁周期应根据隧道的具体情况，综合考虑确定。一般，排水设施的清理不宜少于 1 次 / 半年。

（2）根据《公路隧道设计规范》（JTGD70—2004）的规定：隧道内的纵坡应不小于0.3%。当坡度在0.3% ~ 0.5%时，水流缓慢，杂物易淤积，水沟易被堵塞，因而需特别注意；隧道的洞口段容易积聚垃圾和各类杂物，易于在边沟内淤积而影响排水，需特别留意。

4. 标志、标线清洁工作

隧道的标志、标线应定期进行清洁维护，保持其清晰、醒目，以确保交通信息传递清楚无误。一般标志、标线的清洁应不少于 1 次 / 月。

二、结构检查工作

公路隧道交付使用后，养护管理部门应该在全面掌握隧道技术状况的基础上，制订详细的小修保养、大中修、改善工程计划，并在使用过程中，严格进行隧道的检查工作，以便及时发现和处理问题，确保隧道安全畅通。

隧道检查工作的内容包括发现结构异常情况，系统掌握结构技术状况，判定结构物功能状态，以及确定相应的养护对策或措施。

根据结构检查的目的、内容、方法等因素，土建结构的检查工作分为四类检查，即日常检查、定期检查、特别检查和专项检查。其中，日常检查、定期检查和特别检查结果采用三级判定分类（表 5-2），专项检查结果采用四级判定分类（表 5-3）。

表5-2 日常、定期和特别检查结果的判定

判定分类	检查结论
S	情况正常（无异常情况，或虽有异常情况但很轻微）
B	存在异常情况，但不明确，应作进一步检查或观测以确定对策
A	异常情况显著，危及行人、行车安全，必须立即采取紧急对策措施

表 5-3　专项检查结果的判定

判定分类	检查结论
B	结构存在轻微破损，现阶段对行人、行车不会有影响，但应进行监视或观测
1A	结构存在破坏，可能会危及行人、行车安全，应准备采取对策措施
2A	结构存在较严重破坏，将会危及行人、行车安全，应尽早采取对策措施
3A	结构存在严重破坏，已危及行人、行车安全，必须立即采取紧急对策措施

1. **日常检查**

日常检查是对土建结构的外观状况（是指通过目视观察所及的结构表面情况）进行的日常巡视检查。通过日常检查，及时发现早期破损、显著病害或其他异常情况，并确定对策措施。

日常检查以目测为主，配合以简单的检查工具（如皮尺、钢卷尺、铁锤、手电筒和粉笔等常用的、易于携带的工具）进行，每月一次。日常检查以定性判断为主，检查内容及判定标准应符合《公路隧道养护技术规范》（KJTGH12—2003）的要求，检查结果应及时填入“日常检查记录表”，翔实记述检查项目的破损类型，估计破损范围和程度以及养护工作量，作出判定分类，并采取相应的对策措施。

2. **定期检查**

定期检查是按规定周期对土建结构的基本技术状况进行全面检查。通过定期检查，应系统掌握结构基本技术状况，评定结构物功能状态，为制订养护工作计划提供依据。

定期检查宜采用步行的方式，配备必要的检查工具或设备，进行目测或量测检查，每年一次。定期检查的内容及判定标准应按照《公路隧道养护技术规范》（JTGH12—2003）的要求执行，检查结果应及时填入“定期检查记录表”，将检查数据及病害绘入“隧道展示图”，并详细、准确地记录各类结构的基本技术状况，分析病害的成因，给出判定结论。

定期检查完成后，应提出土建结构定期检查报告。定期检查报告综合了各个结构物的检查结果，对土建结构的技术状态和使用功能作出评价，并根据检查中发现的问题，对养护工作提出改进建议或措施；对于判定为 B 的结构，应提出专项检查的建议，内容包括专项检查的原因、项目、目的、要求等；对于判定为 A 的结构，应提出采取处治措施的建议，内容包括实施处治的原因、项目、处治措施、所需的工程费用以及实施时间等。

定期检查报告内容应包括：

对土建结构的技术状况和功能状态的评价；对土建结构的养护维修状况的评价及建议；需要实施专项检查的建议；需要采取处治措施的建议。

此外，检查报告还应附上检查记录表、隧道展示图以及其他有关检查记录资料。

3. 特别检查

特别检查是在隧道遭遇自然灾害、发生交通事故或出现其他异常事件后，对遭受影响的结构立即进行的详细检查。通过特别检查，应及时掌握结构受损情况，为采取对策措施提供依据。

其中，自然灾害是指地震、山体滑坡或崩塌、泥石流、暴雨、山洪、暴风雪和雪崩等；交通事故是指擦刮、撞车（墙）、翻车、失火等；其他异常情况是指结构突发性的破坏、超限车辆通过等危及交通安全、结构设施安全的异常事件，如洞口落石、围岩坍塌、衬砌变形或塌落、路面沉陷、大量渗漏水、大量挂冰、严重冻害或者爆炸等。

特别检查的目的是了解异常事件对结构的影响，掌握结构受损情况，确保人员、车辆、结构和设施的安全，是特别情况下的检查，需尽快实施。

特别检查时应根据受异常事件影响的结构，决定采取的检查方法、工具和设备。特别检查的内容应按定期检查的内容针对受异常事件影响的结构或结构部位作重点检查，并应按定期检查的标准判定，当难以判明破损的原因、程度等情况时，应作专项检查。检查完成后，应提交特别检查报告，包括检查记录，评估异常事件的影响，给出判定结论，确定合理的对策措施。

4. 专项检查

专项检查是根据定期检查和特别检查的结果，或者通过其他途径，判断需要进一步查明某些破损或病害的详细情况（如病害的成因、范围、发展程度和状况，以及对结构物使用功能的影响等）而进行的更深入的专门检测（如专门的现场试验检测、验算及分析鉴定，以及相关资料的调查分析等）。通过专项检查，应完整掌握破损或病害的详细资料，为其是否实施处治以及采取何种处治措施等提供技术依据。

关于某些检测需要专业的检测手段和设备，因此需要委托具有相应检测资质的专业的检测机构实施专项检查。当一次检查不足以提供详细资料时，还需进行连续的或长期的检查。

（1）检查内容。

专项检查的项目、内容及其要求应根据定期检查或特别检查的结果有针对性地确定，一般可按表 5-4 的内容选择实施。

表 5-4 专项检查项目表

检查项目		检查内容
结构变形检查	道路线形、高程检查	道路中线位置、路面高度、缘石高度以及纵、横坡度等测量
	隧道横断面检查	隧道横断面测量，周壁位移测量（与相邻或完好断面比较）
	净空变化检查	隧道内壁间距测量（自身变化比较）
裂缝检查	裂缝简易检查	裂缝的位置、宽度、长度、开展范围或程度等
	裂缝变形检查	裂缝的发展变化趋势及其速度；裂缝的方向及深度等
漏水检查	漏水简易调查	漏水的位置、水量、浑浊、冻结及原有防排水系统的状态等
	漏水检测	水温、pH 检查、电导率检测、水质化学分析
材质检查	衬砌强度检查	强度简易检测，钻孔取芯，各种强度试验等
衬砌及围岩状况检查	无损检查	无损检测衬砌厚度、空洞、裂缝和渗漏水等，以及围岩状况
	钻孔检查	钻孔测定衬砌厚度等、内窥镜观测衬砌及围岩内部状况
荷载状况检查	衬砌应力及拱背压力检查	衬砌不同部位的应力及其变化，拱背压力的分布及其变化

1）结构变形检查。

①道路线形、高程检查。通过测量结构高度、角度、坡度等的变化，发现结构的变形，掌握其发展变化的趋势。一般使用经纬仪、水准仪、花杆、卷尺等工具进行测量，根据测量的内容、方法等设置测点。

②隧道横断面检查。根据结构的变化状况，在可能发生断面倾斜、顶部下沉等变形的地方，测量隧道横断面尺寸，通过与相邻横断面的比较，发现变形的有无和变化程度。简单的横断面测定，可布设横、竖测线，测量隧道各部尺寸，即可基本掌握横断面的形状。

如果需要更准确地掌握隧道横断面尺寸，可用激光式横断面测量仪进行测量。激光式测量仪在操作性、作业效率等方面具有优越性，便于处理测量数据、显示横断面形状并输出测量结果等。

③净空变化检查。净空变化的测量方法较多，一般是在隧道内壁安装锚销、布设测线，测量锚销间距的变化。推测断面可能变形的地方，通过测量左右侧墙间距、拱部的水平测线或斜测线的长度，掌握净空变化的有无和发展速度。

测线的设置方法根据变化的倾向、顶板的有无等可能有所不同：对于受偏压作用的隧道，斜测线的设置很重要；对于膨胀围岩作用下的隧道，宜在路基下部设置锚销，测量其与拱顶测点间的长度变化。

2）裂缝检查。

根据检查要求的不同，将裂缝检查分为简易检查和变形检查。

①裂缝简易检查。使用简易的测量器具或方法，查明裂缝形状有无发展变化。下面为四种简易检查方法：

砂浆扁饼：横跨裂缝涂以拌和砂浆（扁饼），观察裂缝有无新的发展（由于振动等原因，砂浆扁饼可能掉落，因此不宜设置在隧道拱部）；

标记：目测裂缝末端位置并标记，用油漆等标明检查日期；

裂缝测量计：横跨裂缝设置机械式宽度测量计，测量裂缝宽度变化；

标点：横跨裂缝设置标点，用卡尺测量其间距变化。

②裂缝变化检测。主要针对裂缝的发展变化进行连续观测，可采用电阻丝应变型的裂缝变形计进行测量，图 7–5 为裂缝变化检测示例。由于季节的变化，裂缝宽度会随着混凝土的热胀冷缩而变化，因此宜连续测量 1 年以上的时间，将检查结果按时间顺序记录整理，掌握裂缝发展速度及其规律等。检查时间和周期可参考以下：

周期：设置后 3 个月内，1 次 /1 个月检测一次；3 个月后，1 次 /3 个月检测一次；

当确认裂缝处于变化中时，可根据其发展变化程度适当增加检查次数。

地震（4 度以上震级）、暴雨后宜增加检查次数。

时间：1 ~ 2 年（以后监视即可）。

检查裂缝的深度或方向，可通过钻孔取芯的方法进行检查。

此外，超声波无损检测也应用于裂缝检查：根据超声波在衬砌混凝土中的传播速度，得出行程时间曲线；然后，超声波发射器位置固定，使接收器沿衬砌某一方向移动，根据裂缝位置处起声波传播时间的变化如延迟时间等，即可计算出裂缝深度。超声波检测方法简便易用，对检测结构无损害，应在结构检查中推广应用。

3）漏水检查。

根据检查的内容、要求等，将其分为两类检查：

①漏水简易检查。检查漏水的位置、数量、浑浊、冻结以及原有防（排）水设施的状况，内容主要包括：

位置。检查漏水位置是否会阻碍车辆行驶和妨碍坑洞内各种设备的功能。特别是在冬季冰冻地区，行车道处的漏水由于结冰、堆冰等而妨碍车辆行驶；不规则暴露层表面湿润的漏水表明结构材质不良或存在裂缝，并对这些缺陷起促进作用。检查清楚后，将漏水位置和范围标记于隧道展示图上。

漏水量。检查漏水流量、漏水状态以及排水沟内的水流状态等。根据漏水压力、流量等因素，将漏水状态分为四类。在漏水显著的情况下，可用秒表和计量容器等测定其流量。

浑浊。漏水如果是浑浊的，需要检查是否和漏水一起流出。如有，需测定每处砂土流出量（如水槽内堆积的沙土量）。降雨后出现漏水浑浊的隧道，有必要进行详细的检查。

pH。漏水是助长衬砌材质劣化的原因之一，特别是当漏水显示出强酸性时，混凝土有严重劣化的危险，必须引起注意。检查时，一般使用 pH 试纸对漏水的酸碱度作简易测定。

冻结。冬季漏水冻结，引起衬砌混凝土发生冻害、路面结冰和堆冰等，妨碍交通安全。主要检查以下项目：

位置——在隧道延长方向和断面方向的分布；

程度——挂冰、堆冰、路面结冰等的规模大小和发展速度；

温度——累记的寒冷温度、最低温度，长隧道内的温度分布等。

此外，当冻害可能使材质损坏时，还需对衬砌材质进行检测试验。在高寒冰冻地区，由于岩体冻结，其形状有可能发生变化，因而需对其形状变化的发展（发生显著季节变动时）、岩体的地质状况、温度等进行检查。

原有防（排）水设施检查。检查原有防（排）水设施的设置及技术状况，其功能是否发挥正常，能否满足现在的防（排）水要求。

②漏水检测。当漏水可能具有劣化作用时，应对其水质进行检测。通过对漏水和流入隧道中的地表水的温度、pH、导电度等的测定，可查明混凝土劣化的原因，大致推定漏水的流径。简单的漏水检测一般需要如下的工具：

水温检查——温度计；

pH 检查——pH 测定器、比色管法（水的酸碱性的表示）；

导电度检查——导电计（全溶解物质及其数量的推定）。

通过测量水温，掌握各处水温的季节变动，可判明漏水与地下水的关系。在同一地点，如确认、漏水温度有明显的季节变动，表明漏水与地表水有直接关系。

当需要详细检查漏水所含成分时，可取漏水水样，送交专业的水质检测机构进行详细的水质分析。与混凝土接触的水的 pH，其安全判断标准可参考表 5–5。当漏水具有强酸性时，对混凝土具有很强的劣化作用，必须引起警惕。

表 5–5 漏水 pH 的判定

pH	对混凝土的作用	判定结果
4.0 以下	水泥溶解崩溃	危险
4.1 ~ 5.0	在较短时间内表明凹凸不平	危险
5.1 ~ 6.0	表面易损坏	注意
6.1 ~ 7.9	在混凝土使用初期要注意	较安全
8.0 以上	—	安全

4）结构材质检查。

结构材质检查主要是对衬砌混凝土强度进行检测，目的在于掌握衬砌混凝土材质的劣化和强度变化。

衬砌混凝土材质的状况，可通过目测或铁锤敲击等方法进行诊断，能在一定程度上了解其劣化的状况。要准确掌握衬砌材料劣化状况，可取其试件进行检测试验，检测项目可参考表 5–6 所示的内容进行。其中，试件可由衬砌钻孔取得。在强度试验中，试件的标准尺寸为 ϕ=100mm，L=200mm，数量宜不少于 3 个。超声波传播速度与混凝土品质、强度的关系如无实测资料，可参考表 5–7 进行推断。

表 5–6 衬砌混凝土的检验项目

检测项目	检测内容
单轴压缩试验	单轴压缩强度（σc）、静弹性模量（Es）、静泊松比（μs）
超声波传播速度检测	P 波速度（υp）、S 波速度（υs）、动弹性模量（Ed）、动泊松比（μD）
单位体积重量试验	单位体积重量（γt）、含水率（ω）
单轴拉伸试验	单轴拉伸强度（σt）

表 5–7 超声波速度与混凝土品质、强度的关系

（Ⅰ）美国和加拿大的一例		（Ⅱ）前苏联的一例		
纵波速度（m/s）	品质	纵波速度（m/s）	品质	强度（kgf/cm^2）
4600 以上	优	4500 以上	卓越	400 以上
3700 ~ 4600	良	4000 ~ 4500	优良	400 左右

续表

(Ⅰ)美国和加拿大的一例		(Ⅱ)前苏联的一例		
纵波速度(m/s)	品质	纵波速度(m/s)	品质	强度(kgf/cm^2)
3100 ~ 3700	合格	3500 ~ 4000	良好	250左右
2100 ~ 3100	不合格	3000 ~ 3500	合格	100左右
2100以下	恶劣	2000 ~ 3000	不合格	40左右
–	–	2000以下	恶劣	–

5)衬砌及围岩状况检查。

此项检查的目的在于查明衬砌混凝土厚度及其背后围岩状况，分析混凝土劣化的原因，并提供处治设计所需的资料。

①无损检查。土建结构的无损检测一般通过敲击、超声波、电磁波等方式进行(见表5–8)。

表5–8　土建结构的无损检测

方法	内容
敲击法	通过测量敲击声的强度、频率、音质等，判断结构有无异常情况。在衬砌厚度、拱背空洞、有无剥离以及混凝土劣化等检查中应用效果较好
超声波法	通过测量超声波的反射行程时间，计算出衬砌厚度，并且根据其传播速度可推算混凝土的强度和劣化状态
电磁波法	将数MHz至数GHz的高频电磁波由衬砌表面向混凝土中发射，接收反射回来的电磁波。经过对电磁回波的处理、分析，从而获得衬砌厚度、拱背空洞等结构物的信息

②钻孔检查。通过钻孔直接观察和测定衬砌厚度，空洞深度和墙背地质状况等，检查方法包括利用内窥镜插入钻孔观察结构内部状况、利用钻孔所取材料进行试验等。

钻孔取芯：钻孔的位置和深度，因检查目的不同而异。检查衬砌厚度、拱背空洞和地质状况时，深度一般为从衬砌表面到岩体内1m；当为了制定处治对策，必须掌握隧道围岩的地质状况和进行有关物理试验时，钻孔深度可为3 ~ 10m，此时需使用较大型的钻孔机械。

钻孔完成后，可将内窥式观察镜插入钻孔中，观察衬砌内部状况、衬砌背面空洞和围岩地质状况等，并可连接摄像机记录结构实际面貌。

6）结构荷载状况检查。

为了查明结构应力或压力的状况及其变化规律，需要测量衬砌应力和拱背压力。衬砌应力和拱背压力可用仪器直接测量，不同的设置方式测量的结果可能有所差异。

测量衬砌应力，可将应力测定仪安装在混凝土内进行测量。对于已建成的隧道，可将测量仪安装在结构表面进行测量。

通常，测量仪器的设置方式对检测结果有较大影响，要想得到准确的结果比较困难。需要注意的是，测得数值并非原有应力或压力，而是仪器安装后的应力或压力。此外，压力的大小还因测量支架和衬砌的刚度不同而异。

（2）资料和环境调查。

专项检查之前，检查人员应对有关的技术资料、档案进行调查，并对隧道周围的地质及地表环境等展开实地调查，以充分掌握相关的技术信息，寻找土建结构发展变化的原因，探索其规律，确保专项检查结果的准确性。

所以，资料调查和隧道周围地质及地表环境调查是专项检查的重要内容，对确定破损或病害的成因及其发展趋势等，具有重要作用。

1）资料调查。

资料调查一般要收集以下资料：

设计文件（包括隧道长度、洞门形式、断面形状、衬砌厚度、材料、埋置深度、支护、衬砌等）和地质调查报告；施工方法（包括主要开挖方法、特殊施工方法、围岩变化记录、各种试验报告、测量报告等）；检查记录（包括断面净空检查报告等）；衬砌修复加固记录、漏水处治施工记录、路面变形记录（含维修记录）、气温及降雨量记录、洞口明挖段遭受自然灾害记录等；裂缝、剥落、错位、漏水等破损或病害的现场检查记录。

2）隧道地质及地表环境调查。

①地表环境调查。隧道附近山体可能出现坡面排水不畅、坑凹积水、山体裂缝、溶洞发展、山体失稳滑动等，其原因可能是隧道处在滑坡区内或其边缘；隧道处在断裂岩层或其附近；岩石节理发育，支离破碎；山体植被破坏，水土流失以及溶洞发展等。通过了解隧道外地表状况，可有助于分析隧道内发生的异常情况。检查时，可对隧道周围的地形、地貌、地表开裂，塌陷、林木状况等予以注意。

②围岩变化调查。主要针对围岩内部变化进行检测，目的在于监视围岩变形，发现结构变化的原因，监视临近工程的影响或对策处治时围岩或衬砌的变化。

通常在围岩内设置位移计或倾斜计，测定轴向变形或垂直轴向的变形。地表的变形则可通过地面位移计测量。

围岩变形调查：将围岩变形计插入钻孔中，计量围岩任意点间的变化。围岩变形调查用于确认偏压的有无、岩体松动范围、监视临近工程的影响、处治施工时的监视和效果判断等。

围岩倾斜调查：将倾斜计插入钻孔中，测量围岩水平方向的变形。

地表滑移调查：在地向位移异常的区域内外，分别设置移动桩和固定桩，在固定桩上安装面位移计，以钢线与移动桩相连，将地面的滑移通过钢线长度变化反映出来。

（3）检查结果判定。

1）判定标准。

专项检查结果采用四级判定分类，见表5–3，主要根据结构的破损程度、发展变化趋势和对交通安全、结构设施安全的影响等因素进行判定，如表5–9所示。

检查的结果可按照外荷载作用、材料劣化和渗漏水三种主要情况分别考虑，进行判定分类。

表5–9 专项检查结果的判定因素

判定分类	判定因素				对策
	破损程度	破损发展趋势	对行人、行车安全的影响	对结构、设施安全的影响	
B	轻微	无或趋于稳定	无或轻微	无或轻微	监视、观测
1A	一般	较慢	暂无，将来可能构成危险	暂无，将来可能构成危险	准备采取对策措施
2A	较重	较快	已有一定的威胁，比较危险	已有一定的威胁，比较危险	尽快采取对策措施
3A	严重	迅速	危险	危险	立即采取紧急对策措施

①由外荷载作用而导致的结构破损，以衬砌变形、移动、沉降、裂缝、起层、剥落以及突发性的坍塌等为主要表现形态，其判定按表5–10执行。

表 5-10 外荷载作用所致结构破损的判定基准

异常情况判定	衬砌变形、移动、沉降	衬砌裂缝	衬砌起层、剥落	衬砌突发性坍塌
B	虽存在变形、位移、沉降，但已停止发展，已无可能再发生异常情况	存在裂缝，但无发展趋势	–	–
1A	出现变形、位移、沉降，但发展缓慢	存在裂缝，有一定发展趋势	–	衬砌侧面存在空隙，在地下水的作用下，空隙可能会扩大
2A	出现变形、位移、沉降，近期内结构物功能可能会下降	裂缝密集，出现剪切性裂缝，发展速度较快	侧墙处裂缝密集，衬砌压裂，导致起层、剥落，侧墙混凝土有可能掉落	拱部背面存在大的空洞，上部落石可能掉落至拱背
3A	出现变形、位移、沉降，结构物应有的功能明显下降	裂缝密集，出现剪切性裂缝，并且发展速度快	由于拱顶裂缝密集，衬砌开裂，导致起层、剥落，混凝土块可能掉落	衬砌拱部背面存在大的空洞，且衬砌有效厚度很薄，空腔上部可能掉落至拱背

②由材料劣化而导致的结构破损，一般出现衬砌强度降低、起层剥落、钢材腐蚀等形态，以及突发性的坍塌等为主要表现形态，其判定按表 5-11 执行。

表 5-11 材料劣化所致结构破损的判定基准

异常情况判定	衬砌断面强度降低	衬砌起层、剥落	钢材腐蚀
B	存在材料劣化情况，但对断面强度几乎没有影响	难以确定起层、剥落	表面局部腐蚀
1A	由于材料劣化等原因，断面强度有所下降，结构物功能可能受到损害	–	孔蚀或钢材表面全部生锈、腐蚀
2A	由于材料劣化等原因，断面强度有相当程度的下降，结构物功能受到一定的损害	由于侧墙部位材料劣化，导致混凝土起层、剥落，混凝土块可能掉落或已有掉落	由于腐蚀，钢材断面明显减小，结构物功能受到损害

续表

异常情况判定	衬砌断面强度降低	衬砌起层、剥落	钢材腐蚀
3A	由于材料劣化等原因，断面强度明显下降，结构物功能损害明显	由于拱顶部位的材料劣化，导致混凝土起层、剥落，混凝土块可能掉落或已有掉落	–

③对于渗漏水、结冰、砂土流出等形态的破损，其判定可按表 5–12 执行。

表 5–12　渗漏水所致结构破损的判定基准

异常情况判定	渗漏水	结冰、砂土流出
B	从衬砌裂缝等处渗水，几乎不影响行车安全	有渗漏水，但现在几乎没有影响
1A	从衬砌裂缝等处漏水，不久可能会影响行车安全	由于排水不良，铺砌层可能积水
2A	从衬砌裂缝等处涌水，影响行车安全	由于排水不良，铺砌层积水
3A	从衬砌裂缝等处喷射水流，严重影响行车安全	在寒冷地区，由于漏水等，形成挂冰、冰柱，侵入规定限界；砂土等伴随漏水流出，铺砌层可能发生浸没和沉降

2）病害判定。

遂道是地下工程结构物，异常情况比较复杂，其判定分类需要较丰富的知识和经验。判断时，应根据结构类型与破损或病害的形式、部位、状态以及发展趋势等因素进行综合分析，对比判断：

①一般情况下，判定分类为 B 或 1A 的情况较多，但对新开展的裂缝或原有裂缝的发展变化应充分注意，进行周密的检查，防止发生 2A 或 3A 分类的情况。

由于混凝土剥落掉块，危及行人和车辆的安全，因而不论其规模大小，判定时均往上一档分类靠。

突发性的坍塌是指过分变形但没有发展的状况，突然之间发生破坏。

衬砌的变形、移动、沉降一般为逐渐变化，在地震、滑坡、暴雨后可能发生明显的变化。在北方寒冷地区，结构由于冻胀而变形，并随季节的循环而反复发生。

洞口附近的覆盖层厚度较薄，结构的变形、移动、沉降即使不大，也可能导致斜坡不稳、拱背产生空洞和漏水增加等，检查时需充分注意。当断面变形时，一般是路面、边沟等处首先发生变比，因此检查时需特别留意这些地方。判定时可参考表 5-13 执行。对于隧道净空等的变化，如果其变形呈现加速进行，宜将其判定升高一个等级；对于因山体滑移等而导致衬砌移动，应判定为 2A 或 3A，以采取紧急对策措施。

表 5-13 基于变形速度的判定标准

结构	变形速度年 υ（mm/年）				判定
	υ ≥ 10	10> υ ≥ 3	3> υ ≥ 1	1> υ	
衬砌	√				B
		√			1A
			√		2A
				√	3A

对衬砌开裂破损进行判定时，应考虑根据裂缝有无发展情况等因素，可参考表 5-14a、表 5-14b 执行。表中的裂缝主要以水平方向的裂缝或剪断裂缝为对象，对于横向裂缝，将判定分类相应地降低一个等级即可。当宽为 0.3 ~ 0.5mm 以上的裂缝，其分布密度大于 200cm/m^2 时，可升高一个判定等级或者采用判定分类中较高的判定。

表 5-14a 当裂缝存在开展时的判定标准

结构	裂缝宽度 b（mm）		裂缝长度 ι（m）		判定
	b>3	b ≤ 3	ι >5	ι ≤ 5	
衬砌	√		√		2A/3A
	√			√	A/2A
		√	√		1A
		√		√	1A

表 5-14b 当无法确定裂缝是否存在开展时的判定标准

结构	裂缝宽度 b（mm）			裂缝长度 ι（m）			判定
	b>5	5≥b>3	3≥b	ι>1	10≥ι>5	5≥ι	
衬砌	√			√			2A/3A
	√				√		1A/2A
	√					√	1A/2A
		√		√			2A
		√			√		1A/2A
		√				√	1A
			√	√	√	√	B/1A

此外，当裂缝众多时，宜将宽度最大的裂缝作为主要检查对象。

对于衬砌起层、剥落等破损的判定，可参考表 5-15 执行。

表 5-15 衬砌起层、剥落的判定标准

结构	部位	剥落的可能性		判定
		有	无	
衬砌	拱部	√		3A
			√	B
	侧墙	√		2A
			√	B

对于混凝土衬砌的起层、剥落，如果可能落下，在拱部判为 3A，在侧墙判为 2A；对于防水砂浆等材料的掉落，由于剥落层较薄，可降低一个判定等级。

关于突发性坍塌，根据国外资料显示，当拱背存在高 30cm 以上的空洞且有效衬砌厚度小于 20cm 时，空腔落石就可能砸坏衬砌结构，国外曾有过类似事例。因此，发现类似情况时，可按 2A 或 3A 判定分类。尤其是曾经发生塌方的地方或节理发育、漏水严重的地段，尤其应充分注意。

②对衬砌材质劣化等破损的检查，主要从结构物的功能和行车安全性的角度进行基本判定。因此，以衬砌混凝土的强度要求和混凝土剥落的有无作为判定因素。对于钢筋混凝土结构物等，还应从钢材腐蚀的角度进行附加判定。对于衬砌混凝土的起层、剥落，从确保行车安全的角度看，其判定标准与外荷载作用时的判定标准一致。材质劣化的速度，除火灾等异常情况外，与外荷载作

用产生的变化相比，一般比较缓慢，通过采取适当的措施，有可能防止或抑制劣化的发展。判定时可参考表 5–16、表 5–17 执行。

表 5–16 衬砌断面强度降低、起层和剥落的判定标准

结构	主要原因	起层和剥落的可能性		劣化程度 有效厚度/设计厚度			判定
		有	无	<1/2	1/2 ~ 2/3	>2/3	
拱部	劣化、冻害、设计或施工不当等	√					3A
			√				B
				√			2A
					√		1A
						√	B
侧墙		√					2A
			√				B
				√			2A
					√		1A
						√	B

表 5–17 钢材腐蚀的判定标准

结构	主要原因	腐蚀程度	判定
衬砌	盐害、渗漏水、酸（碱）化等	表面或小面积的腐蚀	B
		浅孔蚀或钢筋全周生锈	1A
		钢材断面减小程度明显，钢结构功能受损	2A

衬砌断面强度的变化以有效衬砌厚度和设计衬砌厚度之比来表示。所谓有效厚度，是指混凝土强度不小于设计标准强度的衬砌的厚度，当不了解设计标准强度时，可取 150kgf/cm^2 为标准。例如，设计衬砌厚度为 50cm，实际衬砌厚度为 60cm，其中低于设计标准强度的部分厚度为 20cm，有效厚度就为 40cm，则衬砌劣化程度就是 40/50，尚有 2/3 以上部分是符合设计要求的。实际的衬砌有效厚度必须确保 30cm，如小于 30cm 即可考虑判定为 1A/2A 分类，再考率其他有关因素综合判定。

③从裂缝或施工缝的漏水，一般无须采取紧急措施的居多。当漏水与冻害

或盐害以及其他结合可能会促使衬砌材质劣化、混凝土腐蚀等，对此需引起注意。判定时可参考表 5-18 执行。

表 5-18　渗漏水的判定标准

结构	主要异常	漏水程度				是否影响行车		判定
		喷射	喷射	滴漏	浸渗	是	否	
拱部	漏水	√				√		3A
			√			√		2A
				√		√		1A
					√		√	B
	挂冰					√		2A
							√	B
侧墙	漏水	√				√		2A
			√			√		1A
				√		√		1A
					√		√	B
	挂冰					√		2A
							√	B
路面	砂土流出					√		2A/3A
							√	B
	积水					√		2A/3A
							√	B
	结冰					√		2A/3A
							√	B

漏水范围扩大和漏水量增加可能与拱背岩体松动和降水量增加有关，前者可能由于岩体松动，产生新的水流通路，使漏水范围扩大；后者可能由于降水量增加，渗入地下，使地下水量增大而致。

路面积水不仅影响车辆行驶，积水渗入路基会降低其强度，破坏铺砌部分。在寒冷地区，积水结冰，严重影响行车安全。因此，应经常保持排水畅通。

（4）检查报告。

检查完成后，应提交专项检查报告。报告的内容应包括：

检查的主要经过，包括检查的组织实施、时间和主要工作过程等；所检查结构的技术状况，包括检查方法、试验与检测项目及内容、检测数据与结果分析以及对破损结构的技术评价等；对病害的成因、范围、程度等情况的分析，及其维修处治对策、技术以及所需资金等建议。

三、保养维修工作

土建结构的保养维修工作主要包括经常性或预防性地对结构物进行维护，修复结构物轻微破损，以恢复和保持结构的良好使用状态。

当日常检查的判定结果为 A 时（表 5-2），应及时对结构进行保养和维修，主要包括对洞口、洞身、路面、人行和车行横洞、斜（竖）井、风道、排水设施、吊顶和内装以及人行道或检修道的保养和维修。

1. 洞口

及时清除洞口边仰坡上的危石、浮土，冬季应清除积雪和挂冰，保持洞口边沟和边仰坡上截（排）水沟的完好、畅通，修复洞口挡土墙、护坡、排水设施和减光设施等结构物的轻微损坏，维护洞口花草树木的完好。

2. 洞身

无衬砌隧道出现的碎裂、松动岩石和危石，应本着少清除多稳固的原则，加以处理；围岩的渗漏水，应开设泄水孔接引水管，将水导入边沟排出；冬季应及时清除洞顶挂冰。

不衬砌隧道出现的衬砌起层或剥离，应及时加以清除或加固；对衬砌的渗漏水，可将水流引入边沟排出；冬季应及时清除洞顶挂冰等。

3. 路面

及时清除隧道内外路面上的塌（散）落物，及时修复、更换损坏的其他设施的盖板；当路面出现渗漏水时，应及时处理，将水引入边沟排出，防止路面积水或结冰；冬季应及时清除洞口处积雪。

4. 人行和车行横洞

横隧道内严禁存放任何非救援用物品，及时清除散落杂物，修复轻微破损结构，定期保养横洞门，确保横洞清洁、畅通。

5. 斜（竖）井

及时清除井内可能损伤通风设施或影响通风效果的异物；维护井内排水设

施的完好，保持水沟（管）的畅通；对井内的检查通道或设施进行保养，防止其锈蚀或损坏。

6. 风道

清理送（排）风口的网罩，清除堵塞网眼的杂物；定期保养风道板吊杆，防止其锈蚀或损坏；及时修复风口或风道的破损，更换损坏的风道板。

7. 排水设施

维护隧道内外排水设施的完好，发现破损及时修复；排水管堵塞时，可用高压水或压缩空气疏通。

8. 吊顶和内装

吊顶和内装应保持完好和整洁美观，如有破损、缺失应及时修补恢复，不能修复的应及时更新。

9. 人行道或检修道

维护人行道或检修道的完好和畅通，道板如有破损或缺失，应及时进行修复和补充；定期保养人行道或检修道护栏，防止其锈蚀、损坏。

此外，寒冷地区隧道的防冻保温设施也应做好保养维护，隧道的交通标志和交通标线也应保持完整、清洁和醒目。

四、病害处治工作

病害处治的内容包括修复破损结构，消除结构病害，恢复结构物设计标准，维持良好的技术功能状态。病害处治方案应根据结构检查结果，针对病害产生原因，按照安全、经济、合理的原则确定。

1. 遂道病害成因

选择病害处治方法时，重要的是要正确把握病害产生的原因。为了找出病害的原因，有必要将有关隧道设计和施工技术资料、地质资料和病害发生至今的过程作综合分析和研究。隧道病害的原因大体分类如下：

松弛土压（含突发性崩塌）；偏压；地层滑坡；膨胀性土压；承载力不足；静水压；冻胀力；材质劣化；渗漏水；衬砌背面空隙；衬砌厚度不足；无仰拱。

上述病害原因很少单独出现，大部分为几种原因重复出现，设计的欠缺、材料性质和施工不当，常常会引起病害。

2. 隧道病害种类及处治方法

各种病害的种类及处治方法见表 5-19。

表 5-19 隧道病害种类及处治方法

<table>
<tr><th>病害种类</th><th>处治与维修方法</th><th>病害种类</th><th>处治与维修方法</th></tr>
<tr><td>衬砌开裂</td><td>①压注水泥砂浆
②表面喷射水泥砂浆
③更新衬砌
④加套拱
⑤喷射混凝土</td><td>土隧道</td><td>①新加圬工补砌
②喷射混凝土
③开裂抹填石灰麻刀泥</td></tr>
<tr><td>更新衬砌</td><td>①更新施工体
②喷射混凝土</td><td rowspan="3">隧道漏水</td><td rowspan="3">①做表面防水层
②接水槽或接水棚
③埋管导流
④埋管集水导流
⑤新做防水层（内防水层）</td></tr>
<tr><td>衬砌剥落</td><td>喷射水泥砂浆</td></tr>
<tr><td>衬砌脱离</td><td>①锚杆加固
②砂浆稳固</td></tr>
<tr><td>墙体变形</td><td>①锚杆稳固
②拆除重做
③加固基础
④加平衡下支撑梁</td><td rowspan="2">山体保护</td><td rowspan="2">①挖方减重
②填方平衡
③加筑挡土墙平衡
④加锚固桩群
⑤稳固山坡
⑥排除地表水</td></tr>
<tr><td>拱圈变形</td><td>①临时支护
②拆除重做
③喷射混凝土支护
④喷锚结合支护
⑤喷锚网结合支护</td></tr>
<tr><td>围岩危石</td><td>①抹水泥砂浆
②喷射水泥砂浆
③锚杆加固
④喷锚结合防护
⑤喷射混凝土（补砌）</td><td>明洞超载</td><td>①清除塌方，减轻静载
②平整山坡，排除积水
③稳固边坡，减少滑塌
④支护拱圈</td></tr>
</table>

在选定病害处治方法时，需要对各项处治方法进行综合研究，充分考虑到单项和组合的处治方法，并且应考虑到施工时的交通管理、安全和工期。

隧道病害的处治方法主要包括：

（1）衬砌背面注浆法。

衬砌背面空隙主要指在隧道施工时，由于回填不密实或其他原因，在衬砌与围岩之间存在空隙。从隧道内或地表向衬砌背面注浆，以提高衬砌与围岩的紧密结合形成整体，约束衬砌因外力作用而产生变形。

采用衬砌背面注浆方法处治病害，应符合下列要求：

1）应根据专项检查结果，确定空隙部位，合理布置注浆孔。

一般采用超声法确定空隙的位置。超声法检测的原理是，由于超声脉冲波传播速度、衰减与介质的种类及密实程度有关，材料越密实，传播速度越快、衰减越小。遇到不同介质界面时，存在反射与折射。当有空洞或裂缝存在时，便破坏了材料的整体性，超声脉冲波只能绕过空洞或裂缝传播到接收换能器，因此传播的路程增大，测得的声波必然偏长或声速降低，衰减也较大。根据这一原理，可判断空洞或裂缝的位置和范围。

在单向行驶的隧道，当有车线规定时，考虑到车辆通行，钻孔有困难，可采取上下线注浆。

2）注浆压力应小于0.5MPa，在注浆过程中应加强监测。当发生衬砌变形或排水系统堵塞等异常情况时，可降低注浆压力或采用间歇注浆，直到停止注浆。注浆效果检查可采取钻孔取芯、超声波或雷达检测等方法。

（2）防护网法。

衬砌在较小范围内的裂纹、施工缝等由于材料劣化，局部有松动落下的危险，可在衬砌内表面上用锚栓固定防护网，防止材料掉落。

采用防护网方法处治病害，应符合下列要求：防护网必须选用耐火的材料；施工前应凿除衬砌剥离劣化部分；防护网可用锚栓固定在衬砌表面上，应固定牢固；必须避免因通行车辆形成的风而掉落，可按2根/m^2以上的锚栓固定。

（3）喷射混凝土法。

1）拌和料设计要求。

采用喷射混凝土施工，无论干喷或湿喷，拌和料设计必须符合下列要求：必须能向上喷射到指定的厚度且回弹量少；在速凝剂用量满足可喷性和早期强度的要求下，必须达到设计的28d强度；有良好的耐久性；不发生管路堵塞。

①胶骨比。喷射混凝土的胶骨比，即水泥与集料之比，通常为1∶4～1∶4.5。水泥过少，回弹量大，初期强度增长慢；水泥过多，不仅粉尘量增多使施工条件恶化，而且硬化后的混凝土收缩也增大，对喷射混凝土后期强度的增长也有不利影响。铁道科学研究院西南研究所的研究结果表明，当水泥用量超过400kg/m^3时，喷射混凝土强度并不随水泥用量增大而提高，见表5-20。

表 5-20 水泥用量对喷射混凝土抗压强度的影响

单位体积混凝土的材料用量（kg/m³）						混凝土抗压强度（MPa）	表观密度（kg/m³）
水泥		砂		石			
设计	实测	设计	实测	设计	实测		
380	526	950	883	950	810	31.4	2450
542	689	812	698	812	730	22.6	2370
592	708	692	716	692	644	19.0	2360

②砂率。砂率即砂子在整个粗细集料中所占的百分率。砂率对喷射混凝土施工性能及力学性能的影响，见表 5-21。综合权衡砂率大小所带来的利弊，喷射混凝土拌和料的砂率以 45% ~ 55% 为好。

表 5-21 砂率对喷射混凝土性能的影响

性能	砂率		
	<45%	>55%	45% ~ 55%
回弹损失	大	较小	较小
管路堵塞	易	不易	不易
湿喷时的可泵性	不好	好	较好
水泥用量	少	多	较少
混凝土强度	高	低	较高
混凝土收缩	较小	大	较小

③水灰比。水灰比是影响喷射混凝土强度的主要因素。经测定，适宜的水灰比值应为 0.4 ~ 0.5。偏离这一范围，不仅降低喷射混凝土强度，同时也要增加回弹损失。

④速凝剂掺量。由于国内目前生产的速凝剂在不同程度上降低混凝土的最终强度，因此速凝剂的掺量应严格控制，红星一型及 711 型速凝剂的掺量不应大于水泥重量的 4%；782 型速凝剂的掺量不应大于水泥重量的 8%。国内常用速凝剂的种类见表 5-22。

表 5-22 常用速凝剂的种类

种类	主要成分	常用掺量（占水泥重量%）
红星一型	铝氧熟料、碳酸钠、生石灰	2.5 ~ 4
711型	铝矾土、纯碱、石灰、无水石膏	2.5 ~ 3.5
782型	铝矾土、矾泥、石灰石、碳酸钠	6 ~ 7
尧山型	铝矾土、土碱、石灰石	3.5

⑤配合比。目前，国内常用的配合比可根据表 5-23 确定。

表5-23 喷射混凝土配合比

材料 喷射部位	指标				配合比
	胶骨比	砂石比	砂率（%）	水灰比	水泥：中粗砂：砾石
侧墙	1 ~ 4	1：（0.8 ~ 1）	50 ~ 55	0.4 ~ 0.5	1：2：（2.5 ~ 2）
拱部					1：2：（1.5 ~ 2）

2）采用喷射混凝土方法处治病害，应符合下列要求：

喷射混凝土的种类主要有：素混凝土、钢筋网喷射水泥砂浆、钢筋网喷射混凝土和钢纤维巧射混凝土等，应根据病害程度和施工条件等因素进行选择；喷射混凝土必须有足够的强度和附着率，其配合比应通过实验确定，喷射机的工作风压，应满足喷头处的压力在 0.1MPa 左右；当采用钢筋网喷射混凝土时，钢筋网必须有恰当的保护层厚度；喷射混凝土终凝 2h 后应喷水养护，养护时间应不少于 7d；当隧道内相对湿度大于 85% 时，可采用自然养护，寒冷地区的养护应按相关规范进行；当喷射混凝土作业完成后，应对喷射混凝土层进行检测，强度指标应达到设计要求。其强度指标及检测方法可按表 5-24 执行。

表5-24 锚喷支护实测项目

序号	检查项目	规定值或允许偏差	检查方法和频率
	混凝土强度（MPa）	在合格标准内	按《公路隧道养护技术规范》（JTGH12—2003）附录B检查
	锚杆拔力（kN）	28d拔力平均值≥设计值，最小拔力≥0.9设计值	按锚杆数1%做拔力试验且不小于3根
	喷层厚度（mm）	平均厚度≥设计值；检查点的60%≥设计值；最小厚度≥0.5设计值，且≥60	每10m检查1个断面，每断面从拱顶中线起每2m检查1点，用凿孔或激光断面仪、光带摄影法确定厚度

（4）锚杆加固法。

自进式锚杆为锚杆自身带有钻头，可钻眼、注浆一次完成锚杆的安装。采用锚杆加固方法处治病害，应符合下列要求：

锚杆的长度和间距应根据病害原因和地质情况确定；当采用水泥砂浆锚杆时：注浆开始或中途停止超过 30min，应用水或稀水泥浆润滑注浆罐及其管路；杆体插入后，若孔口无砂浆溢出，应及时补注；当采用自进式锚杆时：安装前，应检查锚杆中孔和钻头的水孔是否畅通，若有异物堵塞，应及时清理；锚杆灌浆料宜采用纯水泥浆，地质条件差时可灌入聚氨酯、硅树脂；锚杆质量的检查可做锚杆拔力试验。

（5）排水止水法。

隧道由于漏水产生的病害，应根据围岩的地质条件和水文地质条件进行综合分析判断，采取以排水为主，截、堵、排综合治水的原则进行处治。

止水施工方法是采用堵水措施，抑制地下水沿衬砌裂缝和施工缝渗漏，常用的有开凿 U 形槽注浆止水法和裂纹直接压浆止水法。当隧道局部出现涌水时，应采用外置排水管或开槽埋管排水的方法直接将地下水引入隧道边沟。有裂纹的隧道，应在防水板上根据需要设置监视窗，主要目的是观测裂纹的发展，并在需要的时候能及时采取处治措施。

采用排水、止水方法处治病害，应符合下列要求：

1）当隧道局部出现涌水病害时，宜采用外置排水管和开槽埋管的排水法处治。其施工应注意以下事项：

水管的位置、间距应根据涌水量的大小和位置等情况确定；水管不得堵塞，管道材料应具有抗老化性和足够强度；当采用开槽埋管法时，衬砌表面可用氯丁橡胶等材料覆盖；当采用外置排水管时，可用固定装置将 U 形排水管固定在衬砌表面，将水引入管内排出；外置排水管的设置不得侵入建筑限界，并严禁在设置机电设施的地方开凿排水沟槽；设置外置排水管应尽量减少对隧道外观的破坏。

2）当地下水沿衬砌裂纹、施工缝以滴水形式漏出时，宜采用向衬砌内注浆的止水法。其施工应注意以下规定：

衬砌内注浆宜采用水泥浆液、超细水泥浆液、自流平水泥浆液、化学浆液；注浆时采用低压低速注浆，化学注浆压力宜为 0.2 ~ 0.4MPa、水泥浆注浆压力宜为 0.4 ~ 0.8MPa；注浆后待缝内浆液初凝而不外流时，方可拆下注浆嘴并进行封口抹平；衬砌裂缝的注浆施工质量检验可采用渗漏水量测，必要时采用钻孔取芯、压水（或空气）等方法检查。

3）当漏水量小且呈表面渗透状时，可设置防水板进行处治。施工时应注意以下要求：

防水板材料应具有耐热和耐油性，一般有聚乙烯（PE）、乙烯醋酸共聚体（EVA）、橡塑、橡胶板等；防水板不得侵入建筑限界；施工前应清除粉尘并保护好电缆等设施；防水板的搭接处理应牢固，不漏水；有裂纹需要检查的部位，可在防水板上设置检查观察窗。

4）当地下水特别发育并有稳定来源时，可采取在隧道内设置排水孔、水平钻孔、加深排水沟和深井降水等措施。施工时应注意以下规定：

应采用过滤性良好的材料，防止排水孔堵塞；应根据地下水位，确定排水沟加深的深度；排水孔和排水沟之间应有管道连接；排水钻孔的位置，必须根据围岩的地质条件和地下水的状况决定。

（6）套拱法。

套拱的设计应根据围岩压力和建筑限界确定。采用套拱加固方法处治病害应符合下列要求：

套拱设计不得侵入建筑限界；为确保衬砌与套拱结合牢固，施工前应凿除衬砌劣化部分，衬砌内面应涂抹界面剂，并设置联系钢筋；当套拱厚度较大时，可在套拱与衬砌之间设置防水层；当隧道净空无富余时，可在衬砌的裂纹处贴碳纤维，提高衬砌承载能力。

（7）绝热层法。

高寒地区的隧道，为确保结构物的安全使用，减轻冻害，关键是防止隧道漏水，另外应使用导热系数小的材料设置在衬砌表面，防止热量散失，从而防止冻害。保温绝热材料种类较多，其导热系数较小的材料和制成品见表 5-25。各种制成品可粘贴在需要部位，受潮后更换，脱薄损坏后宜用原装修材料修补、更换。防冻胀法包括保温材料插入法和保温材料表面处理法。

表 5-25 保温材料及制成品

名称	特性	密度（kg/m^3）	导热系数
蛭石	防火温吸音	120 ~ 150	0.06 ~ 0.08
膨胀蛭石	防火保温吸音	100 ~ 300	0.04 ~ 0.06
膨胀珍珠岩	防火保温吸音	40 ~ 300	0.021 ~ 0.053
矿渣棉	防火保温吸音	176 ~ 200	0.048 ~ 0.06

续表

名称	特性	密度（kg/m^3）	导热系数
浮石	防火保温吸音	–	–
油毛毡	防火保温吸音	120 ~ 150	0.055 ~ 0.065
玻璃棉	防火保温吸音	100 ~ 120	0.045 ~ 0.05
加气混凝土制品	防火保温吸音	400 ~ 600	0.125 ~ 0.19
泡沫水泥制品	防火保温吸音	340 ~ 400	0.066 ~ 0.10
泡沫粉煤灰混凝土	防水吸潮	750 ~ 850	0.17 ~ 0.20
沥青玻璃棉毡	耐温抗冻	80 ~ 90	0.03 ~ 0.035
水泥膨胀蛭石	–	300 ~ 1280	0.074 ~ 0.031

采用设置绝热层方法处治病害，应符合下列要求：

应选用导热系数小和耐高温的绝热材料；绝热层的厚度和延长幅度应根据气象数据、岩体和绝热材料的性质确定。

（8）滑坡整治法。

隧道养护中，不但要及时处治主体结构所发生的病害，还应切实注意隧道所处的山体及其附近的保护，缺陷修复，以防止因山体及附近出现问题而引起隧道较大破坏。隧直附近可能出现的问题有：坡面排水不畅、坑凹积水、山体裂缝、溶洞发展等造成山体失稳滑动。其原因主要有：隧道处在滑坡区或其边缘；隧道处在岩体的断层上或其附近；岩石节理发达、破碎；山体植被破坏、水土流失；坡面积水；溶洞发展等。

根据存在的问题应采取相应的山体保护措施，当隧道附近的山体已出现影响隧道安全的滑动时，应及时采取补救措施，滑坡的治理可根据观测资料进行设计，视具体情况的不同，可采取保护性填土、保护性挖土、增设锚固桩群等措施。

采用滑坡整治方法处治病害，应符合下列要求：

洞口段边仰坡出现裂缝，可用黏土等填实，必要时可采用锚杆加固；滑动面以上地层厚度不大时，可在滑动面下端设置抗滑锚固桩；对洞顶山体进行保护性开挖，减轻下滑力；在滑动面下方修筑挡土墙，进行保护性填土，土方应夯实不积水。

（9）围岩压浆法。

采用围岩注浆方法处治病害，应符合下列要求：

1）注浆压力是浆液在裂隙中扩散、充填、压实、脱水的动力。注浆压力太低，浆液就不能充填裂缝，扩散范围也有限，注浆质量也差。注浆压力太高，会引起裂隙扩大、岩层移动和抬升，浆液易扩散到预定注浆范围之外，造成浪费。特别在浅埋隧道，会引起地表隆起，因此，合理选择注浆压力，是注浆成败的关键。一般，围岩注浆压力应比静水压力大 0.5 ~ 1.5MPa。

2）注浆材料宜采用水泥浆液、超细水泥浆液、自流平水泥浆液等。

3）围岩注浆可采取钻孔取芯法对注浆效果进行检查，必要时进行压（抽）水试验，当检查孔的吸水量大于 1.0L（min · m）时，必须进行补充注浆。

4）注浆结束后，应将注浆孔及检查孔封填密实。为了检查注浆效果，通常是在分析资料的基础上采取钻孔取芯法进行检查。有条件时，还可采用物探等方法进行检查。钻孔取芯法是按设计要求在注浆薄弱地方，钻检查孔，检查浆液扩散、固结情况。

（10）灌浆锚固法。

（11）增设仰拱法。

由于地基为膨胀性岩层或承载力不足而引起局部下沉，造成隧道边墙挤出、路面裂纹。如果下沉不严重，可采取扩大基础提高其承载能力；如果下沉较严重，可采取在路面下加设仰拱。在仰拱施工中应加强交通管理及采取相应的施工安全措施，必要时可封闭交通以便施工。

采用增设仰拱方法处治病害，应符合下列要求：仰拱的厚度可根据围岩情况确定；应使用拱架模板浇筑仰拱混凝土。

（12）更换衬砌法。

采用更换衬砌方法处治病害，应符合下列要求：

1）衬砌的内轮廓线必须与原衬砌内轮廓线一致。

2）施工前应收集衬砌背面空洞和围岩垮塌资料，必要时可用超声波进行检测。

3）拆除衬砌时，应根据围岩的地质情况及时进行支撑。

4）施工时，在不影响通行的情况下，可采用简易施工台车。拱部衬砌更换施工，可按下列顺序进行：

拆除拱部衬砌；增补砂浆锚杆；补喷混凝土；补齐钢筋网；增设防水层；设纵横向排水管；浇筑拱部混凝土；浆砌片石充填空洞。

第三节　机电设备养护与维修

一、概述

公路隧道机电设施主要指为隧道运营服务的相关机电设施，包括供配电设施、照明设施、通风设施、消防及救援设施、监控设施等。

（1）在进行机电设施养护前应做好以下工作：

①养护管理机构应参与机电设施的交工和竣工验收。

②养护管理机构应获取如下技术文件：

竣工系统图、安装图、技术说明书、电缆清册、软件备份等资料；设备制造厂提供的产品说明书、故障检测手册、合格证明和出厂试验报告等技术文件；检验报告和验收报告。

③根据机电设施的复杂程度、养护工作带等配备养护人员，建立岗位责任制，制订养护计划。

④养护人员应经上岗培训，并熟练掌握设施的使用要领和技术特性。特殊工种上岗前应作专门培训，并按当地劳动部门规定，经考核持证上岗。

（2）机电设施的养护维修可分为日常检查、经常性检修、定期检修、分解性检修和应急检查。

①日常检查是指在巡视车上或通过步行目测对机电设施外观和运行状态进行的一般巡视检查，高速公路隧道应不少于1次/d，其他各级公路可按1次/(1～3）d进行。

②经常性检修是指通过步行目测或使用简单工具，对设施仪表读数、运转状态或损伤情况进行的检查，可按1次/（1～3）月进行；对破损零部件应及时进行维修更换。

③定期检修是指通过检测仪器对仪表进行的标定，和对连接及装配状态等机电设施运转情况性能进行的较全面检查和维修，可按1次/年进行。

④分解性检修是指通过对设备分解拆卸而进行的重点检修，可按1次/（3～5）年进行；应急检查是指公路隧道内或相邻处发生重大事故或自然灾害后对机电设施进行的检查，没有固定周期，可配合土建检查一起进行。

（3)机电设施养护应充分考虑营运车辆、养护人员的安全。当需中断交通时，应与土建的养护作业计划综合考虑。隧道内经常性检修、定期检修、分解性检修时的烟雾浓度不得高于 $0.0035m^{-1}$。

（4）机电设施养护应使设备技术状态达到产品说明书、设计文件或有关规范的要求。

（5）机电设施养护应配备专门的电工工具、测试仪器、清洁工具、安全防护设备及高空作业设备。对配备的专用工具应定期检查，耐高压工具试验 1 次 / 半年，测试仪器校对 1 次 / 年，安全防护设备及高空作业设备检查 1 次 / 季度。

（6）机电设施养护应按月制订养护计划，计划宜按《公路隧道养护技术规范》（JTGH12—2003）要求填写。

（7）机电设施故障应真实记录，建立专门的技术档案。

（8）机电设施养护效果可用设备完好率进行考核，设备完好率应按下式计算。各种机电设施可分系统并按对营运安全的重要度建立设备完好率考核指标。

$$完好率=\left(1-\frac{故障台\times故障天}{台\times日天}\right)\times100\%$$

（9）高速公路长和特长隧道、其他公路特长隧道应针对隧道内可能出现的火灾及交通事故，制订周密的救援计划，并按计划进行不少于 1 次 / 年的针对性的实地救援及防灾演习，其他各种设施应与消防救援设施紧密配合。

二、供配电设施的养护与维修

供配电设施包括高压断路器柜、高压计量柜、高压电压互感器、避雷器柜、高压隔离开关、高压负荷开关、电力变压器、高低压熔断器、高低压电力电容器柜、低压开关柜、信号屏、微机继电保护装置、高低压母线、电力电缆、控制电缆、各种金属构件、自备发电机等各种为隧道用电设施服务的供配电及辅助设施。

一般要求，供配电设施养护人员应持有特殊工种上岗证书，并配备专门的电工检修工具。供配电设施养护应严格执行相关设备的检修规程及《新编电气装置安装工程施工及验收规范》合编本的有关规定。对于高速公路隧道、其他公路长隧道和特长隧道，以及有特殊要求的中短隧道应进行供配电设施日常检查。供配电设施日常检查主要针对变压器、高低压配电柜及变配电室内相关设备外观及一般运行状态进行，通过观察外观异常、声响、发热、气味、火花等现象，及时发现设备故障。

此外，供配电设施经常性检修、定期检修、分解性检修的主要项目应按《公路隧道养护技术规范》（JTGH12—2003）的相关项目进行。供配电设施需进行带电养护作业的项目，应使隧道内、变配电室及中心控制室相互协调，密切配合，并严格按电气操作规程的有关要求进行。供配电设施的设备完好率对于高速公路隧道应不低于98%，其他公路隧道应不低于95%。

三、照明设施的养护与维修

照明设施包括灯具、托架、标志及信号灯、洞外路灯和照明线路等为隧道营运提供照明服务的设施。照明设施日常检查主要是对设施使用及损坏情况进行的巡检登记。对中间段连续坏灯2盏以上，洞口加强段连续坏灯3盏以上应及时进行更换或维修。

照明光源达到其额定寿命的90%时，应进行成批更换，并选用节能的光源。更换后的照明设施应达到下列要求：

（1）夜间及中间段照明亮度应符合表5-26要求。

表5-26 夜间及中间段亮度

计算行车速度（km/h）	夜间及中间段亮度（cd/m^2）	
	双车道、单向交通N>700辆/h双车道、双向交通N>360辆/h	双车道、单向交通N≤700辆/h双车道、双向交通N≤360辆/h
100	9.0	4.0
80	4.5	2.0
60	2.5	1.5
40	1.5	1.5

（2）路面亮度总均匀度应符合表5-27要求。

表5-27 路面亮度总均匀度

设计交通量N（辆/h）		路面亮度总均匀度
双车道、单向交通	双车道、双向交通	
≥2400	≥1300	0.4
≤700	≤360	0.3

（3）亮度纵向均匀度应符合表5-28要求。

表 5-28 亮度纵向均匀度

设计交通量 N（辆/h）		路面亮度总均匀度
双车道、单向交通	双车道、双向交通	
≥2400	≥1300	0.6 ~ 0.7
≤700	≤360	0.5

（4）照明灯具的防护等级应不低于 IP65。

此外，要求照明设施养护工具除必备的电工工具、高空作业车、清洁卫生用具外，应配备照度仪等相关设备。高速公路隧道照明设施的完好率应不低于 95%，其他公路隧道应不低于 90%。

四、通风设施的养护与维修

通风设施主要包括轴流风机、离心风机、射流风机及其配套设施等。

通风设施的日常检查主要是通过观察设备运转有无异常，确定设备是否存在隐患，并及时排除故障；通风设施应按各种设备的操作规程和养护要求进行，并使主要性能指标，如风速、推力、功率噪声及防护等级等符合产品说明书的要求；通风设施养护应配备专用电工工具和机修工具，必要时配备风压计、风速计、声级计等。

进行通风设施养护时，应根据隧道交通流量和通风能力，对交通进行必要的组织和限制。

在进行定期或分解性检修后，应对隧道通风设施的效率进行全面的测试。

通风设施的设备完好率不应低于 98%。通风设施经分解性检修后应使其通风能力满足下列要求：

（1）隧道 CO 允许浓度应按表 5-29 取值，当为人车混合通行隧道时应按表 5-30 取值。

表 5-29 CO 允许浓度 δ（一）

隧道长度（m）	≤1000	≥3000
δ（10^{-6}）	250	200

表 5-30 CO 允许浓度 δ（二）

隧道长度（m）	≤1000	≥3000
δ（10^{-6}）	150	100

（2）隧道烟雾允许浓度应按表 5-31 取值。

表5-31 烟雾允许浓度

计算行车速度（km/h）	100	80	60	40	10
烟雾设计浓度 K（m^{-1}）	0.0065	0.007	0.0075	0.009	0.0095

对于高速公路长隧道和特长隧道、其他公路特长隧道应配合防灾设施进行每年不少于一次的模拟火灾情况下的通风及排烟演习。单向交通排烟风速应按 2 ~ 3m/s 进行控制，双向交通排烟风速应按 1.5m/s 进行控制。

五、消防及救援设施的养护与维修

消防与救援设施是指用于预防隧道火灾和进行必要救援的设施，包括火灾报警装置、紧急电话、消防设施、横通道设施等；消防与救援设施的标志应保持完好、醒目；消防与救援设施日常检查主要是对隧道内消防设备、报警设备、洞外消防设施的外观进行巡视，及时处理设施的异常情况；消防设施的设备完好率应达到 100%，救援设施的设备完好率应不低于 98%。

六、监控设施的养护与维修

监控设施主要包括烟雾浓度探测仪、CO 检测仪、交通量检测仪、车高仪、电视监控设施、播音设施、可变信息板、限速标识设施、信息处理设施以及控制软件等监视隧道营运状态、设备运转情况及控制相关设备运转的各种设施；监控设施日常检查是对隧道内各种监控传感器、信息板及信号标识、监控室的各种监视设备进行的一般外观巡检，发现异常应立即处理。

高速公路长隧道和特长隧道、其余公路特长隧道监控系统的软件维护每年应不少于两次，其余公路隧道监控系统的软件系统维护每年应不少于一次。维护时应注意软件的修改完善，并保证联动运行功能的实现和软件可靠性各项技术措施的落实，严格按操作规程或使用说明进行。

监控设施养护主要指标应按相应设备的产品说明要求进行，监控设施设备完好率高速公路隧道应不低于 98%，其他各级公路隧道应不低于 95%。

第四节 其他工程结构养护与维修

其他工程设施包括环保设施、房屋设施等，应经常保持完好、齐全。有特殊要求的其他工程设施应按相关规定进行养护。

一、环保设施的养护与维修

环保设施包括洞口范围内的绿化、消音设施、污水处理设施、洞口雕塑等。

1. 洞口绿化

隧道洞口绿化与植被应与周围环境协调，充分利用野生花草进行覆盖，并适当辅以人工栽植的树木，使洞口与周围自然景色融为一体。当隧道的边仰坡为土质时，一般可以采取网络绿化；对石质边仰坡，可以采用挂网种植绿化。

隧道洞口绿化工程应符合以下要求：

（1）及时对树木修剪抚育，树木透光适度、通风良好、减少病虫害的发生。

（2）草皮宜适时修剪、保持美观。

2. 消声设施养护

隧道内的噪声随交通量的增大而增大，为减少噪声，可在隧道内表面贴上吸声材料。吸声材料一般为玻璃棉、矿棉或无机纤维材料及其制成的板材。吸声结构包括：有膜共振吸声、板共找吸声和腔共振吸声。

噪声设施的养护维修内容主要是污染的擦拭，要求隧道内应每月清洗、擦拭消声设施上的污秽，如有损坏应及时修复或更换。

3. 污水处理设施养护

清洗隧道和消防产生的污水，含有大量的有毒有害物质，必须经过污水处理设施处理达标后才能向外排放，避免对隧道周围环境造成污染。因此要求污水处理设施应处于完好的工作状态，如发生损坏或渗漏，要查明原因，找出渗漏部位，及时进行维修。

隧道污水处理设施的养护应符合以下要求：污水处理池和净化池不渗漏，如发现渗漏应查明原因及时处治；污水处理池和净化池沉积的泥沙、杂物，应适时清除。

二、房屋设施的养护与维修

隧道附属的房屋设施包括隧道营运服务的生产、生活用房。为营运服务的生产房屋包括：风机房、配电房、设备检修房、计算机监控房等。

（1）房屋的养护应符合以下要求。

①房屋屋面及墙体如发生渗漏应及时维修，并符合以下要求：

屋面渗漏维修工程应根据房屋防水等级、使用要求、渗漏现象及部位，查清渗漏原因，找准漏点，制订相应的维修方案；屋面防水层的检查方法，一般多以目视直观查看为主，必要时可采用取样的方法，这种方法通常是在特殊情况下才能采取的，为了避免因破坏防水层而引起更严重的渗漏，一般不宜采用取样方法；选用材料应与原防水层相容，与基层应结合牢固；修缮选用的防水材料，除了应用本身材料外，还可以采用其他类型材料复合使用，其耐用年限应考虑防水层剩余的耐用年限；屋面防水层维修完成后应平整，不得积水、渗漏；检查屋面工程修缮后有无渗漏现象，除了雨天观察外，还可采用浇水或蓄水的方法检查，出现渗漏水的部位必须重做；墙体渗漏维修前，应对渗漏墙体的墙面、外部粉刷分格缝、门窗框周围、窗台、穿墙管道根部、阳台和雨棚与墙体的连接处、变形缝等渗漏部位进行现场查勘。确定渗漏部位，查明渗漏原因，制订相应的维修方案；墙体维修后不得出现渗漏水现象，应在完工3d后进行检验，墙面冲水或雨淋2h无渗漏水。此外，还须经一年的观察，在一年中经冬、夏交替和雨季的考验，最后作出评价。

②屋面墙体粉刷后，起壳、剥落、疏松等损坏部位应凿除并清理干净后重新粉刷。

③房屋的木门窗可两年油漆一次，损坏的门窗应及时修理或更换。

④房屋的钢构件应定期维护，清除锈蚀，并按规定涂刷防锈漆和油漆。

⑤风机房、变电所、监控室等主要生产房屋应做到地面无积尘和油污；风机房、变电所、监控室等房屋的专业养护可参照相关规定执行。

（2）保持房屋及其周围环境的整洁、美观，周围场地应排水畅通。

（3）防雷接地装置如有损坏、锈蚀应及时养护维修，并符合以下要求：

修换防雷接地装置前，应对接地体进行接地电阻测试，接地线和接地体焊接开焊、断裂的应修换，完好的应除锈刷防诱漆；接地体锈蚀严重无法修复时，按查勘设计换装新接地体；修换防雷装置前，对避雷网（带）、引下线等发生开焊、变形的应修复，对防锈漆脱落的应除锈刷漆；修换接地装置及固件均宜采用镀锌制品，各部连接点应牢固可靠。

（4）房屋的防冻保温设施包括：采暖管道和采暖设备（散热器、阀门），这些设施应按《民用房屋修缮工程施工规程》规定进行养护维修。一般防冻保温设施的维修保养应不少于1次/年。

三、安全管理

隧道的安全管理应包括正常营运及养护作业时和发生事故时的交通组织和安全防护。

隧道养护机构应及时掌握公路隧道的信息，作出预测，采取必要的预防性安全措施。

隧道内进行养护作业时，应执行《公路养护安全作业规程 KJTGH30—2004）的有关规定。隧道洞口周围100m范围内，未经隧道养护机构许可，不得挖沙、采石、取土、倾倒废弃物，不得进行爆破作业及其他危及公路隧道安全的活动。超限运输和运送危险品的车辆需要通过隧道时，须按有关规定报经有关部门批准后方可通过。高速公路的长隧道、特长隧道及其他公路的特长隧道，每年应进行不少于一次的消防救援实地演习。

养护作业的安全防护应包括养护作业机械、人员的安全防护。养护作业宜选择在交通量较小时段进行。在进行养护作业前，应做好以下工作：

（1）制订周密的施工组织计划，确定合理的工作区。

（2）作业人员必须接受专门的安全教育和作业规程训练。

（3）检测隧道内CO、烟雾等有害气体的浓度及能见度是否会影响施工安全。

（4）观察隧道结构状况是否会影响作业安全，如有危险，应先处理后作业。

（5）检查施工信号灯是否准确、明显，施工标志设置是否规范。

（6）对养护机械、台架应进行全面的安全检查，并应在机械上设置明显的反光标志，在台架周围设置防眩灯，以反映作业现场的轮廓。

在隧道内进行养护作业时，应遵守以下规定：养护维修作业控制区经划定后不得随意变更；作业人员不得在施工路段外活动或将任何施工机具、材料置于养护作业控制区以外；养护施工路段内的照明应满足要求。

此外，电力设施等有特别要求的维护，应按有关部门的安全操作规程执行。隧道内发生火灾时，必须立即按消防预案进行救助。

隧道内发生交通事故时，应通知并配合交通安全管理部门到现场处理交通事故。事故发生后，应尽快清理现场，排除路障，恢复隧道正常行车，并登记相关损失。应认真分析事故原因，恢复或改善隧道的防灾能力。

第五节 公路隧道预防性养护

一、隧道预防性养护的内容

隧道预防性养护的内容主要包括：洞身、洞门、路面和两端路堑、防护设施、排水系统、洞口减光设施以及通风、照明、标志、标线、监控、消防、防冻、消音等设施的检查、保养、维修和加固。

二、隧道预防性养护的要求

隧道的预防性养护须满足以下要求：

及时扫除隧道内垃圾，清除结构物脏污，清理（疏通）排水设施，保持结构物外观的干净整洁；定期结构检查，发现异常情况，掌握结构技术状况，判定结构物功能状态，确定相应的养护对策和措施；及时预防性的对结构物进行保养维修，修复结构物轻微破损，保持结构物完好状态；及时清洗隧道内的标志、标线，对破损严重的标线及时补画，保持其清晰、醒目；机电设施以及其他有关设施要经常保持完好，发现损坏或丢失，及时修复或补换。

三、隧道预防性养护的质量参考

隧道预防性养护的质量标准应符合《公路隧道养护技术规范》（JTGH12—2003）及《公路技术状况评定标准》（JTGH20—2007）的规定，隧道技术状况用桥隧构造物技术状况指数（BC）评价。

四、隧道预防性养护措施

建立健全隧道各类结构经常检查、定期检查、特殊检查制度，采取先进的检测和评价手段，保证检测与评定结果准确可靠；根据结构检查结果，针对病害产生的原因，按照安全、经济、合理的原则确定方案；维修完成后，要适时进行跟踪观察和监测，了解处治效果。

第六章　公路沿线设施养护与维修

第一节　养护的内容和一般要求

交通工程及沿线设施包括：交通安全设施、公路机电系统（监控系统、收费系统、通信系统、供配电系统）、服务设施及养护房屋等。

交通工程及沿线设施养护的一般要求：交通工程及沿线设施养护应遵循“保障安全、提供服务、利于管理”的原则，保持完整、齐全和良好的工作状态；各种设施应加强养护，及时维修和更换损坏部件，设施不全或设施设置不合理的，应根据公路性质、技术等级和使用要求，有计划、有步骤地补充和完善。

第二节　交通标志、标线养护与维修

一、交通标志养护技术

公路交通标志是用图形符号和文字传递特定信息，用以管理交通。保证公路交通安全，协助车辆顺利通行的安全设施。公路交通标志包括：警告标志、禁令标志、指示标志、指路标志等主动标志和为表示时间、车辆种类、区域或距离、警告、禁令理由等辅助说明作用的辅助标志及其他标志。公路交通标志形状、颜色、尺寸、图案种类和设置地点均按现行《道路交通标志和标线》的规定执行。

公路交通标志设置以后，应按管理责任分工认真养护，保持位置适当，表达准确、完整、醒目、美观。夜间交通量大的公路，应采用反光标志。国际公路和重要的旅游公路，一般同时标注英汉两种文字。

1. 交通标志的检查

公路交通标志应经常检查是否受到树木等物体的遮挡，以及标志牌、支柱是否受到损坏，另外一般还应进行定期检查。遇到有风暴等异常气候及洪水、地震等自然灾害或交通事故时，应进行临时检查。检查包括下列内容：

标志牌、支柱的变形、损坏、污秽及腐蚀情况；油漆及反光材料的褪色、剥落情况；标志牌设置的角度及安装情况；照明设施情况；基础或底座情况；反光标识的反射性能；缺失情况。

此外，还需要根据公路条件（如新增或取消平面交叉、新建或改建桥梁、窄路拓宽、局部现行变更）或交通条件（如增加或变更交通限制等）的变化，检查公路交通的设置地点、指示内容、各标志之间的相互位置、标志的高度和尺寸是否适当等。

通过检查，发现公路交通标志出现异常时，应及时恢复到正常状态。

2. 交通标志的养护内容

公路交通标志的养护主要包括以下内容：

（1）交通标志有污秽或贴有广告等时，应尽快进行清洗。清洗的方法为：先用清水喷洒标志表面，再用清洁液、软毛刷、抹布等刷洗，最后用清水冲洗干净，特别注意在使用清洁液或工具时，不可擦伤标志板面（使用清洁液应先取小面积试验后，再决定用何种材料、何种清洁剂为宜，清洁液的选择应注意无磨损性、无强酸、强碱之特性，pH 在 6 ~ 8 之间，不可用苯类、醇类等芳香族溶剂）。去除标志面上的沥青、油质、柴油污点或其他杂质时，可用抹布浸湿煤油、矿物精、戊烷或石油擦拭后，再用洗洁剂及清水冲洗。标志面清洗完成后，就进行反光性能测试。

（2）交通标志如有树木遮蔽时，应及时修剪树枝和杂草，或在规定范围内及时变更设置位置；定期刷新。结合当地实际情况，对立柱应周期性刷漆一次，油漆应选择防腐性、耐久性和装饰性好的油漆。

3. 交通标志的维修

（1）标志变形、支柱弯曲、倾斜应尽量修复。

（2）标志牌、支柱损伤及生锈引起油漆剥落，其范围不大时，可对剥落部分重新油漆；油漆严重剥落或褪色，应重新油漆。

（3）标志牌或支柱松动，应及时紧固。

（4）破损严重、缺失、反光膜效果不好，应及时更换或补充。反光膜有轻微损坏时，应选用相同材质的反光膜覆盖修补。

（5）对于基础或底座有损坏时，应及时修补恢复，如无法恢复时，宜在原处附近重新设置基础或底座。

（6）连接紧固件如有缺失、损坏要及时进行更换和补充。

（7）部分路段由于路面多次维修、罩面，路面高程有所提高，致使某些标牌的净空已不能满足路上行驶车辆的要求时，应及时调整标志牌高度，具体操作如下：

①升高部件的制造采用与原标牌立柱直径相同的无缝钢管和相适应的法兰盘、筋板焊接而成，表面进行防腐处理。

②吊装原立柱。

连接件加松动剂；用吊车拴住立柱，然后拧松连接螺母，吊出立柱；对原基础和地脚螺栓进行必要的处理（如除锈、防腐等）；将制作好的升高部件安装到位，拧紧地脚螺栓并调平上表面；对原立柱进行清理后吊装到位，调正立柱，拧紧连接螺栓。

4. 交通标志的更换及变更设置位置

（1）由于腐蚀（生锈）、破损而造成辨认性能下降或夜间反光反射能力降低的标志，应予以更换。

（2）缺失的应及时补充。

（3）设置的标志有类似、重复、影响交通的情况，或设置位置和指示内容不符合时，应进行必要的变更。

除上述固定位置交通标志之外，在公路养护管理、交通事故处置等作业过程中，为保证车辆、行人安全和施工正常进行，应按国家标准规定设置路栏、锥形交通标志、导向标志等告示性和警告性标志。应经常检查是否按照规定设置了标志，并应保持标志的良好状态。这些标志主要包括：

①在施工作业、落石、塌方等危险路段或周围设置路栏。

②在指引车辆绕过的施工、维修作业区或其他障碍物路段应设置锥形交通路标。

③在路线方面发现明显变化处，应设置指示性导向标；在施工和维修作业区两端应设置警告性导向标。路栏、锥形交通路标和导向标，有移动性临时设置设施，也有固定的永久性设施，应分别采用不同的养护和修理方法。

④为预告前方公路阻断情况，指示车辆改变行车路线或提醒驾驶人提高警惕的路段两端，应设置临时性的情报告示牌。

当前方公路因路面翻浆、路基塌陷、桥梁破坏、隧道冒顶或水毁等原因发生阻断需指示车辆改变飞行驶路线时，宜采用“前方××，注意瞭望”、“×××，车辆慢行”等标示的告示牌。设置位置在需要告示地点前 100 ~ 200m 处的右侧路肩处。

情报指示牌应保持牌面清洁，字体工整醒目。公路一旦修复、恢复正常行车后，应立即将情报告示牌撤除。

在公路上进行开挖沟槽等作业以及禁止车辆驶入的施工区，除按规定设置醒目的施工标志外，其间应设置施工标志灯。施工标志灯可因地制宜选用，但必须具备夜间有足够的照明时间、亮度和不易被熄灭的功能。

⑤在高速公路和一级公路上，宜设置因交通、道路、气候等状况变化可改变显示内容的可变信息标志。

5. 交通标志的养护要求

公路交通标志的养护应符合下列要求：

应保持交通标志设置合理，结构安全，版面内容整洁、清晰；标志板、支柱、连接件、基础等标志部件应完整、无缺损，且功能正常；标志应无明显歪斜、变形，钢构件无明显剥落、锈蚀；标志面应平整，无明显褪色、污损、起泡、起皱、裂纹、剥落等病害；标志的图案、字体、颜色等应符合相关标准要求；反光交通标志应保持良好的夜间视认性。

二、交通标线养护技术

公路交通标线是管制和引导交通安全的安全设施。公路交通标线包括：路面上的各种线条、箭头、文字、立面标记、突起路标和轮廓标等所构成的交通安全设施。它可以与标志配合使用，也可单独使用。公路交通标线的形状、颜色、尺寸和设置地点均按现行《道路交通标志和标线》的规定执行。

公路交通标线设置后，应按管理责任分工再认真保养，经常保持完整、齐全、鲜明。

高速公路、一级公路、二级公路均应设置路面标线。其他道路可根据需要按标准设置标线。

1. 路面标线材料的选择

路面标线应采用耐磨耗、耐腐蚀、与路面黏着力强、具有较好的辨认性、便于施工、对人畜无害的路标漆、塑胶标带、陶瓷和彩色水泥等材料制作。标线材料的选择，应从涂料性能和施工方便两方面加以考虑。

（1）涂料性能。

车辆行驶时，无论是白天或黑夜都能由于光泽和色彩的反衬而清晰地识别和认清标线；涂料必须保持与路面之间的紧密结合，一定时期内不会因为车辆和行人来往通行而剥落；涂料必须具有优良的耐久性，能经受车轮长久的磨耗，不会产生明显的裂缝；涂料应具有很好的防滑性能，车辆驶过标线时产生较小的噪声和振动；涂敷作业要安全、无毒、无污染；反光标线涂料，应确保较好的反光性能，并在相当长的使用期间不会显著下降；保持路面标线颜色的均匀一致，一定时期内不会因气候、路面材料等作用而变色。

（2）施工性能。

标线涂料应具有快干的特性，涂敷作业应尽量减少对交通的干扰；标线涂料应具有良好的施工性能，划出的标线边缘整齐、表面平整，不会产生涂料流淌，表面产生沟槽、气泡等缺陷；标线施工过程中，按规定控制标线厚度；标线施工过程中，应严格控制施工温度，常温涂料施工温度为4℃以上，加热型涂料施工温度为50℃～80℃，热熔涂料施工温度为180℃～230℃，注意气温低于4℃，以及雨、雪天不能施工。

2. **标线材料的分类**

路面标线材料中的涂料按施工温度可分为常温型（冷用）、加热型和热熔型三类。常温型和加热（50℃～80℃）型属于溶剂型涂料，呈液态供应。加热型涂料固体成分多一些，黏度也高。热熔型涂料呈粉末状固体，需高温加热（180℃～230℃）使其熔解才可涂敷于路面。欧美国家把这种涂料称为热塑涂料。除涂料用作标线材料外，还有各种粘贴材料。路面标线的分类见表6–1。

表6–1　路面标线材料的分类

<table>
<tr><td>序号</td><td colspan="3">分类</td><td>施工条件</td></tr>
<tr><td rowspan="3">1</td><td rowspan="3">标线涂料</td><td rowspan="2">溶剂型</td><td>常温涂料</td><td>常温施工</td></tr>
<tr><td>加热涂料</td><td>加热施工</td></tr>
<tr><td>熔融型</td><td>热熔涂料</td><td>熔融施工</td></tr>
<tr><td rowspan="3">2</td><td rowspan="3">贴附材料</td><td colspan="2">贴附成型标带</td><td>粘贴施工</td></tr>
<tr><td colspan="2">热熔成型标带</td><td>加热施工</td></tr>
<tr><td colspan="2">铝箔标带</td><td>粘贴施工</td></tr>
<tr><td rowspan="2">3</td><td rowspan="2">标线漆</td><td colspan="2">突起路标</td><td>粘贴或埋入施工</td></tr>
<tr><td colspan="2">分离器</td><td>螺栓固定施工</td></tr>
</table>

3. 标线涂料的适用范围

标线涂料的适用范围见表 6–2。

表 6–2 标线涂料的适用性

道路分类	路面状况	路面标线的划分	温暖地带		寒冷地带	
			交通量大	交通量小	交通量大	交通量小
一般道路	一般道路	纵向标线	M	M.H	M.H	H
		横向线、文字记号	M	M	M	M
	临时道路	纵向标线	C	C	C	C
	龟裂多的路面	纵向标线	H.C	H.C	H.C	H.C
	石路面、砖路面	纵向标线	C	C	C	C
高速公路、汽车专用公路	一般路面	纵向标线、横向线、文字记号	H.M	H	H	H
		立面标记	C	C	C	C

4. 交通标线的养护与维修

（1）路面标线、导向箭头、文字标记。

路面标线污秽，影响辨认性能时，应及时进行清扫或冲洗；路面标线磨损严重或脱落，影响辨认性能时，应重新喷刷或修复，并注意避免与原标线错位；进行路面局部修理使路面标线局部缺损或被覆盖，应在路面修理完工后予以修补或喷刷。

（2）立面标记。

立面标记应保持颜色鲜明、醒目，并经常清除标记表面污秽；对于用反光膜制作的立面标记，若被破坏，应及时重新更换、贴补；对于用油漆涂刷制作的立面标记，若已褪色或油漆剥落，应及时重新涂漆。

（3）突起路标。

为辅助和加强标线，可设置固定于路面上的突起路标。突起路标是安装于路面的一种块状突起结构，一般与路面交通标线配合使用，设置在行车道的边缘外侧或车行道分界线的虚线处。

1）突起路标的主要养护内容是保持其反射性能。应经常清扫突起部位周围的杂物，清除反光玻璃球表面污秽。

2）突起路标的主要修理内容是保持其完好的反射角度，发现松动的应予固定；发现损坏或丢失的，应及时修复或更换。

3）突起路标的养护应符合下列要求：

突起路标应无严重的缺损；破损的突起路标应不对车辆、人员等造成伤害；突起路标应无明显的褪色；突起路标的光度性能应保持其在夜间良好的视认性。

（4）轮廓标。

轮廓标是设置于道路边缘，用于诱导视线的一种设施。轮廓标上具有逆反射体或逆反射材料，在夜间车灯的照射下，显示出道路边缘的轮廓，对行车进行安全引导。汽车专用公路和实施 GBM 工程的公路或路段，应设置路边轮廓标，其他公路可视实际需要设置。

凡设置示警桩和护栏路段，以及路肩上已种植整齐的行列式乔木路段，可不再设置路边轮廓标。路边轮廓标与百米桩结合设置时，应在桩下部标明百米桩号。

1）轮廓标养护与修理包括以下主要内容：

反光矩形色块剥落，应及时贴补；清除表面污秽和遮蔽轮廓标的杂草、树木物体；油漆剥落的，应重新漆涂；标柱倾斜或松动的，应予扶正固定。如已变形、损坏，应尽量修复或更换；丢失的应及时补充。

2）轮廓标的养护应符合下列要求：

轮廓标应进行表面清洗；轮廓标应无缺损；轮廓标应无明显的褪色；轮廓标的光度性能应保持其在夜间良好的视认性。

5. 交通标线的养护要求

公路交通标线的养护应符合下列要求：

具有良好的可视性，边缘整齐，线性流畅，无大面积脱落；颜色、线形等应符合相关标准要求；反光标线应保持良好的夜间视认性；重新画设的标线应与旧标线基本重合。

第三节 安全保障设施养护与维修

一、安全保障工程实施路段及判定指标

1. 安全保障工程实施路段

判定公路安全保障工程实施路段，应坚持“经济可行、技术可行、方案有效”的原则，将公路技术指标与交通事故指标紧密结合，通过分析影响行车安全的

主要因素，将存在隐患的路段纳入公路安全保障工程实施路段范围。

满足事故指标的路段，通过事故多发原因的分析，确定为公路本身存在影响行车安全的因素，如急弯、陡坡、连续下坡、视距不良、路侧险要等，作为公路安全保障工程实施路段；若确定为非公路本身存在影响行车安全的因素而是人、车因素如机非混行、行人横穿等，也可以考虑通过实施公路安全保障工程，在一定程度上减少其他因素对公路行车安全的影响。

2. 判定指标

（1）事故指标。

2km 范围内 3 年发生过 1 起死亡、3 人及以上的事故或 500m 范围内 3 年发生过 3 起以上死亡事故的路段。

（2）公路指标。

急弯、陡坡、连续下坡、视距不良、路侧险要等路段。

（3）其他因素。

行人、自行车或环境等对行车造成安全隐患的路段，如隧道、平面交叉、过村庄路段、过城乡接合部路段、公路条件变化路段等。

二、安全保障工程设置对策

公路安全保障工程实施路段，无论是处于生态环境脆弱的山区还是人口密集的平原区，都应该注意尽量减少对生态环境的影响。为减少对生态环境的影响，提高公路行车安全性，应以综合运用交通工程技术为主要处治手段。在全面分析交通安全隐患的基础上，合理确定技术方案，注重环境保护和综合处治措施。

公路安全保障工程实施路段，应重视现场勘查和科学分析，采用低成本措施解决影响交通安全的主要矛盾，从而提高公路行车安全性。例如：因弯道内侧植物或边坡杂乱等阻碍行车视线时，通过修剪树木、清除杂物等低成本措施提高会车视距。

1. 安全设施管理设施的要求

根据公路安全保障工程实施路段的判定指标，公路安全保障工程提出了陡坡、急弯、连续下坡、视距不良和路侧险要路段安全设施管理设施的设计标准和实施要求，具体应满足以下要求：

（1）单个急弯路段。在进入弯道之前设置“向左（右）弯路”警示标志，在弯道起点设置限速的标志，弯道路段根据平曲线情况设置视线诱导设施，根据路侧危险程度在弯道外侧设置护栏。

（2）连续转弯路段。在进入弯道之前设置“连续弯路”警示标志，在弯道起点设置限速标志，根据平曲线情况设置视线诱导设施，并设置相应防撞等级的护栏。

（3）陡坡路段。上坡路段在起点前设置“上陡坡”标志；下坡路段在起点前设置“下陡坡”标志。根据需要设置限速标志、减速设施和视线诱导设施。根据路侧危险程度设置相应防撞等级的护栏。

（4）连续下坡路段。在起点前适当位置设置“连续下坡”标志，根据情况在标志上表明连续下坡长度。如果设置了避险车道，应在避险车道起点前设置“避险车道”标志和至少两处避险车道预告标志，根据需要设置限速标志、禁止超车标线、减速设施和线形诱导标，并根据路侧危险程度设置护栏。

（5）视距不良路段。设置鸣喇叭标志、限速标志、禁止超车标志，根据需要设置线形诱导标、减速设施。

（6）路侧险要路段。根据车辆驶出路外可能产生的事故严重程度设置路栏，根据路侧情况设置“傍山路险”、“堤坝路”、“注意落石”、“注意横风”等警告标志，并根据线形适当设置视线诱导设施。

2. 安全保障工程实施路段的交通标志

（1）安全保障工程实施路段的交通标志的设置要求。

实施安全保障工程路段的交通标志应根据公路、交通和环境等条件选用，做到交通标志标准规范、经济美观、避免因警告、禁令和相关提示性标志的频繁使用，使驾驶员产生麻痹心理。

公路交通标志的设置，应以不熟悉周围路网体系的公路使用者为设计对象，在配合使用地图情况下，使其能够顺利通过一定的路径到达目的地。标志上的公路编号和命名应严格按相关国家标准进行标识。

安全保障工程实施路段，应重视事故多发路段告示牌的设置工作，结合相关警告和禁令标志等，提醒驾驶员谨慎驾驶。交通标志应与交通标线配合使用，协调一致。两块以上标志牌设置在一根立柱上时，应按警告、禁令、指示的顺序，先上后下、先左后右排列。

二级及二级以下公路上设置的大型标志板应充分利用，可以在其背面设置公益标志。

实施安全保障工程路段的交通标志设置应注意：山区公路应根据公路线形、视距条件、同时考虑交通量、交通组成、车速等交通状况，以及历史事故情况、路侧情况等，合理设置警告、禁令标志，并避免沿线标志林立的情况；平原区公路指路标志的设置应根据其在整个路网中的地位、作用以及与相连公路的关系，进行总体布局，平面交叉的标志设置应注意路权、通行优先权以及相应的指路标志的设置。此外，需要注意的是要求驾驶员根据标志信息采取相应行动的标志，如变换车道、改变行驶方向、减速或停车等标志，设置应有足够的前置距离，以保证行车安全。

（2）安全保障工程路段的新增标志。

安全保障工程路段在实施过程中，需要用到一些《道路交通标志和标线》（GB5768—2009）中没有相应规定的标志，可参考以下的标志版面设计。

①避险车道标志。山区公路设有避险车道的场所，应设避险车道标志。该标志设在避险车道引道端头醒目位置。可在避险车道引道起始端前 1km 或 500m 位置，设避险车道预告标志。

②人文标志。提示“请勿疲劳驾驶”、“系安全带”、“严禁乱扔弃物”、“严禁酒后驾车”等有助于交通安全的标志，其他类似标志版面设计应采取统一风格。设置这些标志时，应注意结合事故情况、主要交通标志设置情况，不宜多设。

③观景台、小型停车区标志。在沿路开辟的观景台和小型停车区处，应在入口附近设置停车场所标志。

④减速丘标志。设置减速丘的地方，应设置警告标志，并应配合相应的减速丘标线，以提示驾驶员减速行驶。为了帮助驾驶员理解减速丘警告标志含义，可以在警告标志下设辅助标志。

（3）安全保障工程路段的限速标志。

限速标志的限速值可以取自由流状态下第 85 位车速，并在一定范围内调整。实际设立限速标志时可能还需要考虑以下的其他因素：

公路等级、特征、路肩条件、线形和视距等；路侧土地使用和环境；停车需求和行人活动；一个时间段的事故记录、设置限速标志时，可以分车型分别限速，如客车、货车；也可以分时间或天气分别限速，如专门的夜间限速标志。

对于设立了限速标志的一般公路，应对公路特征或周围土地使用情况发生了重大变化的路段的限速标志进行再评估。

3. 安全保障工程实施路段的交通标线

实施安全保障工程路段的交通标线应根据路面宽度、交通量和视距等主要因素画交通标线，并做到标准规范、线形流畅和合理衔接，充分发挥其引导交通流的功能。在交通标线中应重视中心实线的应用。在不满足会车视距的路段，如急弯、陡坡等视距不良路段，应施画中心实线，禁止车辆不安全超车行为，从而预防会车事故的发生。在易发生事故的路段，还可以同步设置突起路标和中央隔离设施等，以提高行车安全性。此外，应重视平面交叉的标线设置。根据平面交叉的形式和交通流的特点予以合理化，明确通行优先权，尽可能消除交通冲突点，引导车辆有序通过平面交叉。

（1）车道边缘线与分界线。

一级公路路段设置车道边缘线及车道分界线，线宽 15cm。

（2）双向两车道路面中心线。

双向车道路面中心线原则上画单线，下列情况可以考虑画双线：

路面宽度足够，为了规范车辆在车道内行驶而不侵入对向车道（双线的间距根据路面宽度、车道宽度确定）；

双向超车的管理规定不同，一个方向允许超车而另一方向不允许。

（3）车行道边缘线。

同方向同一断面上的机动车道与非机动车道的分界线，应视为机动车道的边缘线，画白色实线。在机动车需要跨越边缘线的地方可画白色虚线。线宽 15cm，受路面宽度限制时可采用 10cm 的线宽。

（4）立面标记。

在跨线桥、渡槽等的墩柱或侧墙端面上、隧道洞口、收费岛岛头或人行横道上的安全岛的壁面上宜施画立面标记，提醒驾驶员注意在车行道或近旁有高出路面的障碍物，以防发生碰撞。

（5）减速标线。

《道路交通标志和标线》（GB5768—2009）中将减速标线划分为车行道横向减速标线和车行道纵向减速标线。

车行道减速标线设置于弯路、坡路、隧道洞口前、长下坡路段及其他需要减速的路段前或路段中的机动车行车道内，分为车行道横向减速标线和车行道纵向减速标线，可用振动标线的形式。

①车行道纵向减速标线。车行道横向减速标线为一组垂直于车道中心线的白色标线，线宽 45cm，线与线间距 45cm。车行道横向减速标线的设置间隔应使车辆通过各标线间隔的时间大致相等，以利于行驶速度逐步降低，减速度一般设计为 $1.8m/s^2$。

②车行道纵向减速标线。车行道纵向减速标线为一组平行于车行道分界线的菱形块虚线，在车行道纵向减速标线的起始位置，设置 30m 的渐变段，菱形块虚线由窄变宽，宽度从 10cm 渐变为 30cm。当车辆通过设置了车行道纵向减

速标线的路段时，驾驶员的主观视觉会感觉到车道在逐渐变窄，提醒他们提高注意力，主动采取减速措施，缓慢前行，可以有效地防止机动车驾驶员在临近停止线前采取紧急制动的情况。

（6）轮廓标。

在视线不良、急弯、车道数或车道宽度有变化及连续急弯陡坡等路段应设置轮廓标，设计速度大于或等于 60km/h 的公路和国省道干线公路宜全线设置轮廓标；在气候条件恶劣、线形条件差和事故多发地段应设置反光性能高的轮廓标或采用尺寸较大的反射器；轮廓标一般设置在公路的土路肩上或附着在路侧护栏上。轮廓标形式可根据公路是否设置护栏以及所设护栏的形式，选用附着式或柱式轮廓标。双向行车的隧道内壁上附着的轮廓标应为双向反光。二级及二级以下等级公路，路侧轮廓标也是双向反光；轮廓标在公路前进方向左、右侧对称设置。一级公路整体式设置了中央分隔带的以及一级公路分离式，按行车方向，左侧设置黄色轮廓标，右侧设置白色轮廓标；二级及二级以下等级公路，按行车方向，左右两侧的轮廓标都是白色。

（7）线形诱导标。

在受土体、树木或房屋等阻挡，使驾驶员难以明了前方线形走向，易发生交通事故的小半径弯道外侧，可视具体情况设置一定数量的线形诱导标。

①线形诱导标的尺寸。线形诱导标的尺寸，设计速度大于或等于 80km/h，可选用 600mm × 800mm，设计速度小于 80km/h 时，可选用 400mm × 600mm，最小不得小于 220mm × 400mm。

②线形诱导标的设置数量、间距。线形诱导标的设置应根据曲线半径、长度、偏角大小确定。偏角较小（≤ 7°）的曲线路段，可在曲线重点位置设一块诱导标；偏角较大（>7°），曲线较长的弯道，可根据需要设置若干块诱导标，应保证驾驶员在曲线范围内连续看到不少于三块诱导标。

③线形诱导标颜色。一般情况下，使用指示性线形诱导标，为蓝底白图案；在经常发生驶出路外事故、事故严重度较高或需强烈警示驾驶员注意的曲线路段，可使用警告性线形诱导标，为红底白图案。黄底黑图案线形诱导标用于施工区。

④线形诱导标板的下缘至路面的高度应为 120 ~ 150m，版面应尽可能垂直于驾驶员视线。

（8）示警桩、示警墩。

作为轮廓标的一种形式，示警桩、示警墩的设置位置同轮廓标，只是间距不同。示警桩间距 4 ~ 6m，示警墩间距 2m。

4. 安全保障工程实施路段的护栏

应根据路侧危险程度、事故率、行车速度和交通流组成等主要因素设置护栏，合理选择防护栏防撞等级。护栏形式应与周边景观相协调。避免盲目设防、过度设防，最大限度减少工程对环境和景观的破坏。

护栏形式的选择还要考虑当地的养护条件、环境和气候因素。如在北方积雪地区宜采用波形梁或缆索护栏，以便于清除积雪。选用连续混凝土护栏的路段，还要考虑清扫、排水等因素。护栏设计应考虑路面加铺、罩面等因素对护栏设置高度的影响。

（1）护栏的设置原则。

护栏的设置应根据交通事故率、车辆驶出路外的可能性和路侧危险程度等条件，确定是否设置护栏。车辆驶出路外的可能性与交通量、公路的曲线半径、下坡坡度有关，上坡影响不大。可综合以上因素与技术条件，在下列路段设置护栏：

在发生过车辆驶出路外交通事故的地方，尤其是驶出路外的交通事故多发的路段，应设置防护等级高一些的护栏；急弯或连续急弯，特别是连续下坡路段小半径曲线的外侧，应设置护栏。

（2）护栏的形式选择。

①护栏形式的选择，应针对每条公路的具体情况，充分比较各种护栏的性能，分析行驶安全感、压迫感、视线诱导、瞭望的舒适性，并考虑与公路周围环境的协调，结合经济性、施工条件及养护维修等因素，在综合分析的基础上确定。

②波形梁护栏刚柔相兼，具有较强的吸收碰撞能量的能力，具有较好的视线诱导功能，能与公路线形相协调，外形美观，损坏处容易更换。波形梁护栏较混凝土护栏具有一定的通透性，可用于美观性要求较高的一般路段和沙漠、积雪地区。

③混凝土护栏防止车辆越出路（桥）外的效果好。由于混凝土护栏几乎不变形，因而维修费用很低，但当车辆与护栏的碰撞角度较大时，对车辆和乘员的伤害大。混凝土护栏可用于山区急弯路段外侧，路侧为深沟、陡崖，车辆冲出将导致严重伤亡事故的部分路段。

5. 安全保障工程实施路段的减速设施因车速快而导致交通事故的路段可设置减速设施。减速设施形式选择应考虑行车的舒适性、路面排水和日常养护等因素。使用物理减速设施应注意设置相应的标志标线进行预告、警告

6. 安全保障工程实施路段的视线诱导设施

应根据公路线形、路侧危险程度和其他实施的应用情况选择合理的设施形式。对于事故概率低、严重度小、路侧危险程度不大、线形指标较好的路段，可选用示警桩、示警墩和轮廓标等视线诱导设施；对于线形指标较差的路段，可选用线形诱导标。

7. 避险车道

根据历史事故资料，在多次发生车辆因制动失效冲出路外且地形条件许可的长大下坡路段，修建避险车道。

避险车道设置，应首选上坡制动床型避险车道。当因空间位置所限不能建造上坡制动床型避险车道时，可选择建造沙堆避险车道，但应保持沙子松散、干燥。设置避险车道，应根据连续长大下坡路段货车失控事故情况、坡度、坡长、货车占交通量的百分比以及事故的严重程度等因素，综合考虑是否设置避险车道。

（1）避险车道的设置位置。

避险车道应设置在能拦住大部分失控车辆的地方，一般设置在：

连续长大下坡或陡坡路段接小半径曲线前方（在车辆驶入小半径曲线前，宜沿曲线切线方向设置避险车道）；连续长大下坡路段的下半部。

还应考虑设置地点的具体地形条件。

（2）避险车道的组成。

一条完善的避险车道由避险车道引道、避险车道、服务车道及配套交通设施组成（见表6–3）。

表6–3 避险车道的组成

项目	内容
避险车道引道	引道连接着主线和避险车道，为主线和制动床之间提供了一定的偏移量，避免制动床砂砾飞溅回主线影响主线交通，并为驾驶员提供了充足的反应时间和空间，操作车辆安全地驶入避险车道。在引道上，驾驶员应能看清避险车道的全貌，引道的终点应设置为方形。避险车道引道长度应能保证失控车辆驾驶员有充分的反应时间、足够的空间操纵车辆驶入避险车道
服务车道	服务车道应紧靠制动床，以便拖车和维护车辆的使用。服务车道的宽度应至少为3m，其表面应硬化，也可以用砾石铺砌。应避免失控车辆的驾驶员误把服务车道作为避险车道使用
配套交通设施	为了拖出失控车辆，设置锚块固定拖车是必须的。锚块通常沿着制动床以50 ~ 100m的间距设置。在制动床之前30m也应设置一个锚块，以便于拖车拖出失控车辆。如有条件，可提供照明，以便夜间的驾驶员可以更好地识别避险车道。如有条件，可布设一定的监控设备，以便失控车辆进入避险车道后及时得到救助，并加强对失控车辆驶入避险车道的入口速度、车辆驶入轨迹等的检测

（3）避险车道交通安全设施。

在坡顶宜提供连续长大下坡路段、坡长、平面线形和避险车道位置等信息。在避险车道之前至少设置两块避险车道预告标志（前1km、前500m），在避险车道引道入口前应设置避险车道标志，引导失控车辆驶入避险车道。

（4）避险车道的运营管理和养护。

①运营管理。加强宣传，使驾驶员了解避险车道的作用、怎样使用避险车道、使用避险车道将会发生什么、怎样从避险车道出来。

②养护。在避险车道每次被使用、失控车辆被拖出避险车道制动床之后，尽快铺平制动床集料。即使没有车辆驶入避险车道，也要定期翻松集料，以免集料被压实，每次翻松至少60cm深。冬季注意防止制动床集料冻结。

8. 小型停车区及观景台

结合线形和沿线城镇分布情况，在车辆易出故障路段，或距离城镇比较远的路段，考虑交通量和车辆组成，间隔一定距离设置小型停车区或可供车辆短时停车休息的路侧休闲区域，在景色优美、路侧有条件的地方结合小型停车区的布设可设置观景台。设置小型停车区和观景台时，应充分利用施工弃方。

9. 路面防滑

在易发生车辆侧滑的路段，检查路面抗滑性能，结合路面维修养护计划确定路面防滑处理措施。

10. 其他交通工程设施

其他交通设施的选用应坚持“因地制宜、经济适用和符合标准规范”等基本原则。

三、护栏养护与维修

护栏是一种重要的交通安全设施，通常设置于公路两侧和中央分隔带，主要用于防止失控车辆越出路外或穿越分隔带闯入对向车道，同时吸收碰撞能量，保护车辆和驾乘人员生命安全。

1. 护栏的检查

日常巡查和每季度定期检查相结合，检查的主要内容如下：

各类护栏的损坏或变形情况；立柱和水平构建的紧固状况；污秽程度及油漆损坏状况；拉索的松弛程度；护栏及反光膜的缺损情况。

2. 护栏的养护与维修

护栏的养护与维修主要包括以下内容：

经常清理护栏周围的杂草、杂物等；护栏表面油漆损坏，应及时修补。反光层脱落，应随时贴补；由于交通事故或自然灾害造成护栏缺损或变形，应及时修复或更换；由于公路高程调整，原护栏不符合规定时，应对护栏的高度进行调整；侵蚀严重的金属护栏应予以更换；不能及时按原样修复，而又对交通安全威胁较大的地段，应采用应急材料临时修复。

3. 护栏的养护要求

护栏的养护应符合下列要求：

（1）波形梁钢护栏。

保持波形梁钢护栏的结构合理、安全可靠；护栏板、立柱、柱帽、防阻块（托架）紧固件等部件应完整、无缺损；护栏质量符合相关标准要求；护栏的防腐层应无明显脱落，护栏无锈蚀；护栏板搭接方向正确，螺栓紧固；护栏安装线形流畅，无明显变形、扭转、倾斜。

（2）水泥混凝土护栏。

保持水泥混凝土护栏线形流畅、结构合理；水泥混凝土护栏应无明显裂缝、掉角、破损等缺陷；水泥混凝土护栏使用的水泥、砂、石、水、外加剂、钢筋等材料质量应符合相关标准、规范及设计要求；水泥混凝土护栏的几何尺寸、基础强度、埋置深度，以及各部件之间、护栏与基础之间的连接应符合设计要求。

（3）缆索护栏。

缆索护栏各组成部件应无缺损；缆索护栏各组成部件应无明显变形、倾斜、松动、锈蚀等现象；缆索护栏使用的缆索、立柱、锚具等材料质量应符合相关标准、规范及设计要求。

四、安全保障设施的养护

交通安全设施对于保障交通安全至关重要，必须进行及时养护，保证其处于良好的服务状态。交通安全设施的养护内容主要包括：检查、保养维护和更新改造。检查包括经常性检查、定期检查、特殊检查和专项检查。平时应加强日常巡查工作。

交通安全设施养护的基本要求：

经常性检查的频率不少于 1 次 / 月；定期检查的频率不少于 1 次 / 年；遭遇自然灾害、发生交通事故或出现其他异常情况时，应及时进行附加的特殊检查；设施更新改造之后，应进行全面的专项检查；应结合设施特点，加强对交通安全设施的养护维修和更新改造；交通安全设施的养护应满足设施完整和外观质量、安装质量、技术性能等各项质量的要求；因交通事故、自然灾害或其他原因造成的设施损伤应及时进行修复；采用常青绿篱和绿色植物进行隔离和防眩时，参照本规范绿化的相关规定进行养护；对于事故多发路段和一些特殊路段，应结合公路安全保障工程的技术内容，及时改造完善各种交通安全设施；交通安全设施的养护质量参照现行《公路技术状况评定标准》（JTGH20—2007）进行评定。

第四节　其他交通安全设施养护与维修

一、中央分隔带

高速公路和一级公路上设置的中央分隔带和在城镇附近混合交通量大的公路沿线总线设置的分割行车道用的分隔带，应经常保持良好。

1. 中央分隔带的检查

（1）中央分隔带或分隔带的排水通道是否阻塞。

（2）路缘石的变形、损坏情况。

2. 中央分隔带的养护与修理

（1）排水通道阻塞应及时疏通。

（2）清理中央分隔带或分隔带内的杂物，修剪高草。

（3）修复变形的路缘石，更换损坏的路缘石。

二、隔离栅和防护网

隔离栅是为防止牲畜、行人、非机动车等进入高速公路，在路基以外设置的栅栏。其他公路在穿越城镇的路段，根据实际情况也时有设置。

1. 隔离栅的检查

除日常巡回检查外，每季度还应进行一次定期检查。检查包括下列内容：

（1）隔离栅的损坏或变形情况。

（2）污秽程度。

（3）油漆损坏及金属锈蚀情况。

2. 隔离栅的养护与修理

隔离栅的养护与维修主要包括以下内容：

（1）污秽严重的应定期清理。

（2）每年定期重新涂漆一次。

（3）损坏部分应及时修复或更换。

防护网的检查、养护与修理基本和隔离栅相同。

3. 隔离栅的养护要求

隔离栅的养护应符合下列要求：

应保持隔离栅完整无缺、功能正常；隔离栅金属网片、立柱、斜撑、连接件、基础等部件应无缺损；隔离栅质量应符合相关标准要求；隔离栅应无明显倾斜、变形，各部件稳固连接；隔离栅防腐涂层应无明显脱落、锈蚀现象。

三、标柱

标柱分为警示标柱和道口标柱两种。警示标柱是设置在漫水桥和过水路面两侧及平原地区路堤高 4m 以上、山岭地区路堤高 6m 以上路段和危险路段，以表明公路边缘及限行的示警标志。道口标志是设在公路沿线较小交叉路口两侧，表明平面交叉位置的设施。

标柱制作材料可采用金属、钢筋混凝土、水泥混凝土、木料或石料等。标柱间距 6 ~ 10m，断面 15cm × 15cm，高出地面 80cm，高出地面部分一律涂以间距为 20cm，顶端为红色的红白相间油漆。

应经常检查标柱有无歪斜、变形、缺少、损坏，油漆有否剥落、褪色。养护和修理的主要内容是及时扶正标柱，修理或更换变形、损坏部分，缺少的应填补，保持标柱位置正确，颜色鲜明、醒目。

四、防眩板

防眩板是使夜间行车的驾驶员免受对向来车前照灯眩光干扰而设置在中央分隔带的设施。

1. 防眩板的检查

在日常巡回中，应经常检查遮光栅有无缺损歪斜。钢质遮光栅有无油漆剥落、锈蚀，支柱有无变形。

2. 防眩板的养护与修理

（1）损坏部分应及时修复。歪斜的应扶正。

（2）定期重新涂漆。锈蚀和变形严重的应予以更换。

3. 防眩板的养护要求

防眩板的养护应符合下列要求：

防眩板应保持完整、清洁，具有良好的防眩效果；防眩板应安装牢固，无缺损；防眩板应无明显变形、褪色或锈蚀；防眩板的质量应符合相关标准要求。

五、隔声墙

1. 隔声墙作用

隔声墙是为了减轻高速公路行车噪声对附近居民的影响而建造在公路旁边的墙式设施。

2. 隔声墙检查

（1）经常检查其排水通道是否堵塞。

（2）墙体有无变形或损坏情况，特别是雨季中。

3. 隔声墙养护维修

（1）及时清理隔声墙周围的杂草、泥土、垃圾，疏通排水通道。

（2）对变形或损坏的隔声墙应及时修复。

六、震巅设施

1. 震巅设施作用

震巅设施是设在路面上并高出路面，用以警告驾驶人员减速的安全设施。高速公路震巅设施主要设置在收费站，当汽车通过震巅设施时受到冲击和振动，起到警告和强行减速作用。震巅设施一般为半球状、搓板、门槛等形式。

2. 震巅设施必须定期仔细检查

与路面的固定有无松动；设施本身有无裂缝、损坏。

3. 震巅设施养护维修

经常清扫设施上的杂物；对于因磨损而影响震巅性能时，应予以更换或修复；发现有松动，应立即将固定部件紧固，不易坚固时，应更换；严重缺损的震巅设施，应拆除重新设置。

七、反光镜

视距不足的急转弯和路线平面交叉处，可根据需要设置能使驾驶员从镜中看到对方来车的平曲线反光镜。由于反光镜与交通安全密切相关，应经常进行检查与养护维修。

1. 反光镜的检查

除在日常巡回检查反光镜的反射能力外，还应进行定期检查。检查包括下列内容：

反光镜的设置位置、方向和角度是否正确；支柱有无倾斜和损坏；镜面有无污秽和损坏。

在发生风雨等异常气候时，应立即进行上述相同内容的检查。

2. 反光镜的养护

（1）保持镜面清洁和反射能力。

（2）及时清除反光镜周围树枝、杂草等遮蔽物。

（3）检查出的病害，应立即修好。

对于公路交通安全设施的养护除以上内容以外，还应注意以下两点：

①应保持里程碑、百米桩、道口标柱、公路界碑、防落网、锥形交通路标、公路防撞桶、减速垫、安全岛、平曲线反光镜、声屏障、示警标柱等交通安全设施的清洁完整和功能正常。

②应选择恰当和可行的方法对里程碑、百米桩、道口标柱、公路界碑、防落网、锥形交通路标、公路防撞桶、减速垫、安全岛、平曲线反光镜、声屏障、示警标柱等交通安全设施进行养护。

第五节 机电系统养护与维修

公路机电系统包括监控系统、收费系统、通信系统、供配电系统等，其维护质量标准参照现行《公路工程质量检验评定标准（机电工程）》（JTGF80/2—2004）执行。

公路机电系统养护与维修的主要内容包括：定期对监控系统的地图屏、投影显示屏、计算机系统、区域控制器、匝道控制器、车辆检测器、可变信息标志、闭路电视、气象检测仪，交通调查数据采集设备，照明、风机、消防喷淋等设备的控制系统的工作环境、状态和性能进行检查、检测和维护；定期对收费系统的车道控制器、闭路电视、对讲系统、显示器、键盘、1C（磁）卡发卡机、1C（磁）卡读写器、杜撰打印机等收费车道亭内设备，和电动栏杆机、费额显示器、摄像机、手动栏杆、电源线、雨棚信号灯、车道通信灯、雾灯、车辆检测器、不停车收费系统的路侧读写单元和天线控制器等设备进行检查、检测和维护；

定期对通信系统的光电缆传输线路、数字传输系统（包括准同步系列 PDH、同步数字系列 SDH）、数字程控交换机、IP 网络设备、紧急电话系统和无线通信系统进行检查、检测和维护；应定期对公路专用的供配电系统（包括高压配电装置、电力变压器、低压配电装置、配电线路和照明设备等）进行检查、检测和维护等。公路养护部门应认真做好公路机电系统的检查、检测和维护工作记录。

一、通信设施养护的内容和周期

通信设施检查、检测及维护的主要项目内容和周期参见现行《公路养护技术规范》（JTGH10—2009）附录 1。具体内容见表 6-4。

表 6-4　通信系统检查、检测及维护的主要项目和周期

序号	项目	周期	备注
1	数字传输系统监测和记录	d	包括误码秒（ES）、严重误码秒（SES）事件次数，误码计数、误码率（BER）、不可用时间和各类告警等
2	电源和设备状态显示检查	d	每天交接班时检查记录，紧急电话电源每季一次
3	数字程控交换机、IP 网络设备运行状况检查	d	告警、工作电压，数字程控交换机还应包括中继闭塞、设备和电路变更等状况，IP 网络设备还应包括路由器的路由表、端口流量、交换机的 VLAN 表和商品流量等
4	机房与设备保洁、除尘	周	设备表面清扫除尘每周一次，机顶、走线架、配线架及机框内部清扫除尘每年一次
5	浪涌保护器检测	月	性能测试，夏季雷雨季节应及时检查
6	数字程控交换机、IP 网络维护	月	包括防潮滤网除尘或更换，数字程控交换机磁带机清洁、系统时间核准，后备磁带（光盘）制作、告警记录分析等
7	紧急电话总机、分机外观与功能检查维护	月	检查并进行通话试验
8	数字传输系统网管数据备份	季	数据修改后和网管系统升级前应及时做好数据备份
9	光电缆线路巡视检查	季	尾纤（缆）、终端盒、配线架外观检查每月一次，入孔内检查有无积水、垃圾每半年一次
10	数字程控交换机性能测试	季	包括告警性能、中继线电路、迂回路由、1/设备诊断等，障碍自动诊断、信号音电平、计费差错率等测试每年一次
11	无线通信设备的检查	季	转发器功率及接收灵敏度、收集机分路器隔离度及损耗、天馈系统、发信机合路器损耗和系统控制器功能等测试

续表

序号	项目	周期	备注
12	数字传输系统倒换试验、光功率测试	半年	包括与壳的滤尘网，网管无此功能可不测发送和接收光功率
13	电缆绝缘电阻测试	年	绝缘电阻测试仪抽测10%芯线
14	光纤通道后向散射信号曲线测试检查	年	OTDR测试
15	数字传输系统通道误码性能测试	年	每个组抽一个通道，在线测试24h
16	无线铁塔检查	年	天线、避雷针、地线、坚固螺钉和基础等
17	强电端与外壳的绝缘电阻测试	年	年500V兆欧表测试
18	防雷和接地检查	年	防雷测试仪和接地电阻测定仪测试

二、监视设施养护的内容和周期

监视设施检查、检测及维护的主要项目内容和周期参见现行《公路养护技术规范》（JTGH10—2009）附录1。具体内容见表6–5。

表6–5 监视设施检查、检测及维护的主要项目和周期

序号	项目	周期	备注
1	除尘、保洁	d	机房保洁每日一次，摄像机（含镜头）为每月一次，外场设备为每季一次，其他设备每周一次
2	地图屏、投影显示屏各项显示功能检查	d	键入命令观察
3	闭路电视设备检查	周	观察、检查，编解码器和视频切换器每季检查一次
4	车重测量仪设备检查	周	现场检查积水或杂物，机箱、坚固螺（栓）钉。车重测量仪应定期送检
5	一氧化碳浓度、烟雾浓度等环境检测装置	周	观察、检查、保洁与维护
6	交通调查数据采集设备检查	周	检查，检测精度测试每季一次，其中车速用手持式测速器测试对照，车型、流量与人工测试对照
7	浪涌保护器检测	月	性能测试，夏季雷雨季节应及时检查
8	计算机系统维护	月	功能测试，数据保存、备份设备整理，网络及系统目录和文件的维护，系统软件、防病毒软件升级与补丁

续表

序号	项目	周期	备注
9	隧道照明、风机、消防喷淋等的控制系统	月	实际操作，检查其控制功能
10	桥梁检测装置的检查和检测	月	试验、检查
11	通信功能与传输性能测试	季	测试
12	车辆检测器性能测试	季	车速用手持式测速器测试对照，流量与人工测试对照
13	线缆、电源、接插件检查、测试	季	万用表测试（室内为每周一次）
14	可变信息标志显示屏亮度与光控	季	亮度计检测，光控功能试验
15	区域控制器、匝道控制器功能检测	季	试验
16	视频光端机发送功率、接收灵敏度检测	年	用光功率计测试
17	气象检测仪检查	年	检查和调整灵敏度，必要时检查和校准传感器
18	外场设备的箱体、门架和坚固件	年	检查、坚固螺（栓）钉，除锈、油漆
19	绝缘电阻测试	年	500V 欧表测试
20	接地电阻测试	年	接地电阻测定仪测试

第七章　机械化施工组织设计

第一节　机械化施工组织设计概述

一、施工组织设计的基本概念

公路施工组织设计，是公路工程基本建设项目在设计、施工阶段必须提交的技术文件，它是准备、组织、指导施工和编制施工作业计划的基本依据。

施工组织设计是指对拟建的工程项目，在开工前针对工程本身的特点和工地具体情况，按照工程的要求对所需要的施工劳动力、施工材料、施工机具和施工临时设施，经过科学计算、精心比较及合理安排后编制出的一套在时间上和空间上进行合理施工的战略部署文件。

机械化施工是公路工程建设的重要保证，而要进行机械化施工更应编制好机械化施工组织设计，进行机械化施工组织设计时，应掌握以下特点：

1. 主导机械与配套机械相匹配

公路施工机械有主导机械和配套机械之分，在确定主导机械和配套机械时，其方式在很大程度上决定着整套机械生产效率的发挥。主导机械的选择主要考虑施工条件、工作面参数和工作量大小。根据主导机械的生产能力和性能参数，再选择与其配套的组合机械。机械配套原则是尽量减少配套机械的数量；各配套机械的工作能力必须与主导机械匹配；采用合理的施工组织方案；同一作业要尽量使用同一型号的机械，以便于维修管理。

用配套机械组织机械化施工时，施工段之间要保持相对平衡，工作效率、工作饱满程度、工程量大小等要保持均匀性，才能保证生产流水线的顺利进行。配套机械作业时，要合理安排备用台班，如果配套机械中一台机械突然出现故障而使得生产线停工，在没有备用机械台班的情况下，可能造成全面停工，这在施工现场是不允许的。机械选型配套时遇到困难，应考虑可否找到其他的选型配套方案。

2. 公路施工机械具有专用性

机械类型确定是机械施工组织设计的重要内容。公路施工机械具有专用性，因此，当施工条件符合机械使用性能时，才可获得较高的生产率和良好的工程质量。要正确确定机械类型，首先必须把握施工机械的性能和用途，如机械的工作容量、生产率、尺寸、质量、移动速度、机械的经济运距等，然后根据工程的具体环境，如土质、工程量、运距、道路情况等确定机械类型。

3. 根据施工现场的条件布置施工机械

根据施工现场的具体情况，布置各种机械的具体位置及用地范围。如对行走式机械应确定其经济合理的行走路线。对机械位置的布设，既要考虑使用方便，又要考虑经济合理，对用地大小也应通过计算确定。

4. 机械的日常保养与施工进度协调统一

为保证机械化施工的顺利进行，机械的日常保养不可忽视，因而在编制机械施工组织计划时应注意机械的日常保养与施工进度的协调统一。

二、施工组织设计类型

施工组织设计按不同的对象、范围、时间范畴、内容繁简等可分为不同的种类。

1. 按编制对象和范围不同分类

按编制对象和范围不同，施工组织设计分为：施工组织总设计、单位工程施工组织设计和分部（项）工程施工组织设计。

施工组织总设计是以一个建设项目为对象编制的，其重点是确定施工部署；单位工程施工组织设计以一个单位工程为对象编制的，其重点是确定施工方案；分部（项）工程施工组织设计以一个分部（项）或某一专业施工过程为对象编制的，其重点是确定施工方法，如道路工程常常要编制土石方工程（路基工程）的施工组织设计，航道、渠化工程要编制施工导流组织设计，桥梁工程要编制关键性施工过程的组织设计。

2. 按时间范畴分类

按施工组织设计的时间长短可划分为：建设期限达数年以上的施工组织设计、年度施工组织设计和季节施工组织设计。

3. 按繁简程度不同分类

按施工组织设计内容的详略程度，可分为：完整内容的施工组织设计、内容有所侧重的施工组织设计和内容比较扼要的施工组织设计。

一般情况下，凡是一个建设项目，或结构较为复杂、技术及质量要求较高的单位工程和新工艺、新技术、新结构施工的分部（项）工程和某些专业工程，均应编制较为完整的各类型的施工组织设计；凡规模较小、结构简易、技术熟悉的单位工程，可根据情况编制简略扼要的施工方案设计。

4. 按工程建设阶段不同分类

（1）施工方案。

施工方案是在初步设计阶段编制的，其内容主要包括施工方案说明；人工、主要材料及机具、设备安排表；工程概略进度图（根据劳动力、施工期限、施工条件以及施工方案进行概略安排）；临时工程一览表。其中，施工方案说明列入初步设计的总说明书中，要说明的主要内容有：施工组织、施工力量和施工期限的安排；主要工程、控制工期的工程及特殊工程的施工方案；主要材料的供应，机具、设备的配备及临时工程的安排；下一阶段应解决的问题及注意事项等。

（2）修正施工方案。

采用三阶段设计的工程，在技术设计阶段应提出修正的施工方案。修正施工方案应根据初步设计的审批意见和需要进一步解决的问题进行编制。其解决问题的深度和提交文件的内容，应介于施工方案和施工组织计划之间。

（3）施工组织计划。

不论采用几阶段设计，在施工图设计阶段都应编制施工组织计划，其内容有：说明；工程进度图（包括劳动力计划安排）；主要材料计划表（包括规格及数量）；主要施工机具、设备计划表（包括型号、规格及数量）；临时工程表（包括通往工地、料场、仓库等的便道、便桥及电力、电信设施等）；重点工程施工场地布置图（绘出仓库、工棚、便道、便桥、运输路线、构件预制场地、沥青或水泥混凝土拌和场地、材料堆放场地等工程和生活设施的位置）；重点工程施工进度图等内容。其中，在说明中要具体说明初步设计（或技术设计）审批意见的执行情况；施工组织、施工期限，主要工程的施工方法、工期、进度及措施；劳动力计划及主要施工机具的使用安排；主要材料供应、运输方案及临时工程安排；对缺水、风沙、高原、严寒等地区以及冬季、雨季施工所采取的措施；施工准备工作的意见（如拆迁、用地、修建便道、便桥、临时房屋、架设临时电力、电信设施等）。

（4）实施性施工组织设计。

在施工阶段，由施工单位编制的施工组织设计称为实施性施工组织设计。此时，施工图设计已获批准，所有施工原则和总方案已定，施工条件明确。因此，这一阶段的施工组织设计十分具体，对各分项工程、各工序和各施工队都要进行施工进度的日程安排和具体操作的设计。实施性施工组织设计文件的内容与施工图设计阶段的施工组织计划相似，但比之要更具体、更详细。

综上所述，从施工方案到实施性施工组织设计，后一阶段比前一阶段的要求更高，内容也更多，但是各个阶段是独立的，又是相互联系的。其中，施工方案、修正施工方案和施工组织计划由勘测设计单位负责编制，并编入相应的设计文件，按规定上报审批。实施性施工组织设计，由施工单位根据批准的初步设计或施工图设计中的施工方案或施工组织计划，及综合施工时的自身和客观具体条件进行编制，并报上级领导部门审批或备案。

三、施工组织设计主要内容之间的关系

理解施工组织设计文件内容之间的关系，是掌握编制基本步骤的基础，只有这样才能够在编制过程中少返工，少走弯路：根据大量的编制工作实践，用图7-1来理解工期、进度计划与施工方案、施工方法、施工措施等相互间的关系。关系图7-1只针对竞标性施工组织设计文件而言，对实施性施工组织设计文件编制和现场施工也有指导意义。

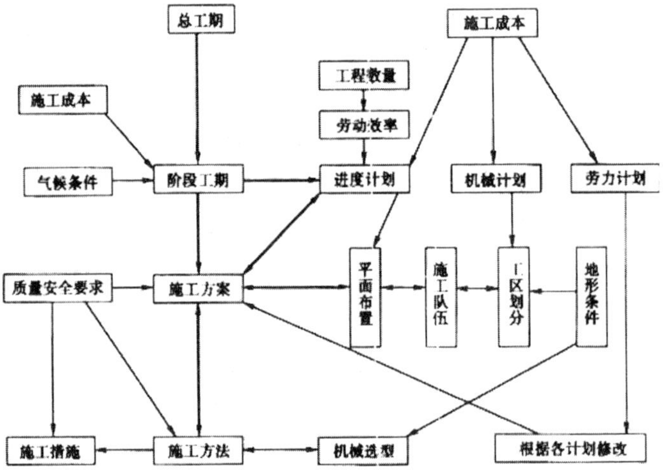

图7-1 施工组织设计主要内容之间的关系

施工组织设计主要内容之间的关系有：主控制约关系、前提条件关系、相互作用关系。

1. 主控制约关系

主控制约关系是主导内容确定次要内容的关系，图 7–1 中用粗箭头表示。比如，总工期与阶段性工期与施工进度、施工方案都是这类关系。

2. 前提条件关系

有些内容受好几个关系影响，除去主控制约关系，其他的影响关系、前提关系或顺序关系等都是前提条件关系。比如，施工进度与劳力计划，设备计划等之间的关系。图 7–1 中用细箭头表示。

3. 相互作用关系

相互作用关系是次要项目（或要素）的变化，也能影响主要项目（或要素）的变化，两者互为前提，相互作用。图 7–1 用双箭头表示，如施工方法与施工方案，施工方案与施工部署，就属于这类关系。

上述的理解并不完全正确，因工程项目条件不同，差别很大，这里只是想说明主要内容间存在三种关系，理解和划分出不同的关系，有助于作整体性的思考。

明白了主要内容之间的关系后，在编制文件时，就知道了哪些工作先做，哪些后做；哪些先确定，哪些后确定。

第二节　建设项目施工组织总设计

一、编制施工组织总设计的作用

施工组织总设计的编制，应在熟悉施工图纸和研究原始资料的基础上，根据项目的总质量目标、工期目标和成本目标，确定施工部署，编制施工总资源计划、总进度计划、总平面布置计划，最后用一系列指标对施工组织总设计进行技术经济评价。编制施工组织总设计的主要作用有以下几点：

是建设单位或主管部门编制工程计划的参考依据；是施工单位编制单位工程施工组织设计的指导控制性文件；是开展项目施工、组织物质供应、安排生产和生活基地的主要依据。

二、施工组织总设计的编制内容及步骤

施工组织总设计的具体内容和步骤如下：

（1）准备资料，熟悉情况。这是编制施工组织设计前必不可少的一步。准备资料熟悉情况包括：

工程任务文件；工程设计文件；技术数据计算资料；工地自然条件资料；地区资源潜力资料等。

（2）编写工程概况，明确任务要求。主要介绍建设工程项目的构造特点、施工现场的具体特征和条件，以及有关要求等，以作为施工组织设计的基本依据。

在工程概况中主要叙述以下内容：

①建设项目的特点。

建设地点的名称、工程性质的作用、建设规模的大小、工程投资的金额、总工期和分期分批的交工期限；总占地面积、各单项工程的建筑面积和工程量；建筑结构的特征。

②施工现场的自然条件。

最高、最低气温及所处时期；平均雨雪期及最大雨雪量；主导风向、最大风力及出现时期；冰冻层厚度及延时天数；地质土壤层和地下水位情况；有否受汛期防洪影响。

③地区资源情况。

可供水、电、气的数量及压力（水压、电压、气压），这些管线接头点与工地的距离；现有铁路、公路、桥梁和水运等的承载能力，货栈码头或分支点与工地的距离；附近地区出产哪些建筑材料，其品质和供应能力如何；该地区有哪些加工企业、商业和文卫事业。

（3）进行施工部署，拟订施工方案。它是对整个建设项目的施工，进行全面安排的一个总体规划。

①施工部署的内容。

施工机构的组成及任务分工；全场服务性工程项目的布置；分期分批施工项目的安排；主攻项目与穿插项目的施工程序等。

②施工方案的内容。

明确有关分部工程的施工工艺；对全场性垂直运输机械进行布置；阐明有关工种的施工方法等。

（4）编制施工总进度计划。施工总进度计划是为明确施工部署对各工程项目在时间上的安排，是施工部署在时间上的具体体现。

总进度计划的编制依据为：工期要求、设计图纸和工期定额等。

（5）制订施工准备工作及资源需要量计划。施工准备工作计划是为开工所做的一些准备工作在时间上的具体安排。资源需要量计划是根据总进度计划，对所需劳力、材料、机械和加工品等的数量，作出具体安排的计划。

编制依据为：概算指标和总进度计划。

（6）规划施工。施工总平面布置图是对拟建工程和施工临时设施的位置，在施工现场平面图上，按一定比例进行合理布置的一项工作，是施工部署在空间上的体现。

总平面布置图的布置依据为：施工部署和计算数据资料。

（7）拟定质量、安全技术措施。它是根据已建工程的经验教训，为防患于未然而制定的一些规章制度或要求。

第三节　单位工程施工组织设计

一、编制单位工程施工组织设计的作用

单位工程施工组织设计的编制，应在熟悉施工图纸和研究原始资料的基础上，根据单位工程的质量目标、工期目标和成本目标，确定单位工程的施工方案，编制施工资源计划、进度计划、施工平面布置计划，最后用一系列指标对单位工程施工组织设计进行技术经济评价。编制单位工程施工组织设计的主要作用有以下几点：

①是报批开工、备工、备料、备机、申请预付款的基本文件。

②是施工单位开展施工，检查控制工程进展情况的重要文件。

③是施工队组安排施工作业计划的主要依据。

④是建设单位为配合施工、监理工程、工程款项的基本依据。

二、单位工程施工组织设计编制内容及步骤

单位工程施工组织设计，包括工程概况、施工特点、主要分部（项）工程的施工顺序、流水段的划分和施工流向、主要施工方法和各项措施、施工进度计划设计、施工准备工作计划、施工资源计划设计、施工平面图设计、技术经济评价等。

1. 收集整理资料

收集和整理的资料包括单位工程的全套设计施工图、施工图预算、施工组

织总设计或单位工程合同书、工程地质气象资料和施工现场物资、交通、水电等供应条件。

2. 编写工程概况

编写的内容有以下内容：

叙述工程的主要特征。它包括工程名称和性质、建筑地点和面积、建筑总长和总高、结构类型和构造、构件的最大质量和最大体积；工程总投资和总工期等。

叙述工地的主要地质气象资料。它包括工地地形与土质，地下水位和水质、主导风向和最大风力、最低温度和持续时间、最大雨量和雨期等。

叙述现场的主要施工条件。它包括场区交通运输条件，供电供水条件、加工资源可供情况、生活设施可利用情况等。

3. 施工方案设计

施工方案设计是单位工程施工组织设计的重点，施工方案设计一旦确定，从总的方面来讲，整个工程施工进度、人力和机械需要量，人力的组织、机械运行及其布置，工程质量与安全，工程成本，现场布置等，基本上就被规定了，施工组织的各方面都无一不与施工方案发生联系而受到影响。施工方案设计得好，会为施工的顺利进行创造先决条件。

施工方案设计的主要内容包括（见表 7–1）：

表7–1 施工方案设计的主要内容

项目	内容
确定施工流向和施工顺序	施工流向和施工顺序的确定，必须符合施工工艺的要求；施工顺序应与施工方法和采用的施工机械协调一致；必须考虑施工组织安排、施工质量的要求和当地的气候条件
选择施工方法	施工方法的确定是单位工程施工方案设计的重点，且对施工机具的选择，施工组织等具有决定作用。在选定施工方法时，要考虑现实性和对其他工程施工的影响，力求找出所有可行方案，在各可行方案中进行选优，力求降低工程费用。另外也要考虑施工方法对质量、安全是否有保证
选择施工机械	在机械化施工中，确定施工方法主要就是选择施工机械。在选择施工机械时，必须在现有条件下选择机械，所选机械必须尽量满足施工要求，对机械应进行优化配套组合，尽量减少机械的闲置时间，组织大流水作业，使机械得到综合利用

4. 单位工程施工进度计划

单位工程施工进度设计的最终成果通常用图表示，根据工程的具体情况，可选用横道图、直方图或网络图。编制施工进度设计时，应以下面的资料为依据：工程建设总平面图，工程结构图，合同规定的开工、竣工日期，单位工程施工方案设计，建筑场地及地区有关的水文、地质、气象和其他技术经济资料，劳动定额及机械使用定额。

单位工程施工进度设计的步骤：熟悉、审查图纸，研究有关资料，调查施工条件；确定分部（项）工程项目；划分施工过程；计算工程量，根据施工定额、确定各施工过程所需资源及工作延续时间；安排各施工过程和工艺设备安装的施工顺序；计算单位工程施工进度；拟订资源计划。

5. 单位工程施工平面图设计

施工平面图是施工组织设计中的重要内容之一，它将点上的和面上的、线性和空间的、建筑的与安装的、静态的和动态的、永久性的与临时性的种种为施工服务的平面综合规划问题纳入其中，使之定点、定线，成为具有明确坐标的总体布置图。

施工平面图设计的依据有：工程建设总平面图；已有的和拟建的地下管网的位置；施工进度计划和主要施工方案；各种建筑材料、半成品的供应计划及运输方式；各类临时设施的性质、形式、面积和尺寸；各加工场地的规模及设备的数量；水、电等设计资料；工程概况及有关设计资料。

施工平面图设计包括：施工用地范围，水、电管网的设置；永久性、半永久性坐标位置，现场暂设工程及临时设施的布置；场内外运输设计，道路布设（指施工道路）；材料、成品、半成品的存放位置，现场加工场地的布置；大中型机械设备的停放位置。

在设计施工平面图时，应遵循下列原则：

在保证施工顺利进行的条件下，尽量少占农田，并结合土石方工程还土造田；合理使用场地，一切临时建筑设施尽量不占用拟建的永久性建筑物或设施的位置（地下和地上），以免造成不应有的二次搬迁而引起混乱，造成浪费；尽量减少材料的二次搬运，合理地布置各种仓库、各种非自行式机械设备、加工场地，合理选择运输方式、布设道路，确定材料的堆放位置，科学地计算各种资源的运输费用，优化各点布设，使转运数量、距离最小；减少临时设施的工程量，降低临时设施费；有利生产，方便生活；做好安全防火等工作，采取科学的布设措施。

施工平面图设计的步骤为：分析有关施工现场的资料，如地形、水、电、原有道路、地下工程、可供使用的建筑物等，大中型临时设施的布设材料及半成品的平面布置，运输设计，临时供电的布设。

第八章　机械化施工组织方法

第一节　施工组织基本方法

一、施工顺序的安排

施工顺序安排是编制施工方案的重要内容之一，施工顺序安排得好，可以加快施工进度，减少人工和机械的停歇时间，并能充分利用工作面，避免施工干扰，达到均衡、连续地施工，实现科学组织施工，做到不增加资源，加快工期，降低施工成本。

1. 安排好施工顺序

安排好一个施工项目的施工顺序，要考虑到多方面的因素。由于每个具体的工程项目不同，不可能有相同的模式，根据施工规律和工艺及操作要求进行具体的分析，来确定施工顺序：

应遵循和考虑以下几点：

（1）统筹考虑各分部（项）工程之间的关系。

在一个单位工程项目中，任何分部（项）工程同它相邻的分部（项）工程的施工总有先有后，有些是由于施工工艺的要求而经常固定不变的，也有些不受工艺的限制，有一定的灵活性，如桥梁施工，任何一个桥台、桥墩的施工，总是先基础后台身、墩身，最后是架梁，这是任何桥梁工程都要必须遵守的不变的施工顺序。但是，各桥台与桥墩之间，桥墩与桥墩之间都不存在哪个先施工，哪个后施工的施工顺序，一个项目的各单位工程施工也存在合理施工顺序的问题，铁道二程中路基土方采用机械化施工，路基中有桥梁工程，首先要安排小桥涵工程在施工机械到达之前完工，并达到承载强度，为机械化施工创造条件，否则预留路基缺口。若人工施工土方工程，小桥涵可与土方工程搭接作业。所有这些都有统筹安排的问题。

（2）考虑施工方法和施工机械的要求。

如桥梁工程的基础是钻孔灌注桩，施工方法采用钻孔机钻孔。在安排每个基础、每根桩的施工顺序时，相邻桩不能顺序施工，否则会发生坍孔现象，所以必须要间隔施工。采用间隔施工时，钻机移动的次数会增多，而钻机移动需要拆卸和重新安装，很费时间。此时必须采取措施保证钻机移动得最少，同时又保证钻孔安全，还能加快施工进度，采取措施就是合理安排桩基的施工顺序。

（3）考虑当地的气候条件和水文要求。

在南方施工时，应从雨季考虑施工顺序，可能因雨季而不能施工的应安排在雨季前进行，如土方工程不能安排在雨季施工，而隧道工程则可；在严寒地区施工时，则应考虑冬季施工特点安排施工顺序。桥梁工程应特别注意水文资料，枯水季节宜先施工位于河中的基础等。

（4）安排施工顺序时考虑经济和节约以降低施工成本。

安排施工顺序时应考虑经济和节约，降低施工成本。如施工中周转材料的使用，应合理安排施工顺序。可加速材料的周转次数和减少配备的数量，如桥墩、桥台，基础施工顺序安排好，可加速模板的周转次数，在同样完成任务的情况下可配备少一些，减少材料成本。合理安排施工顺序可使施工最短工期缩短，会带来显著的经济效益，因为工期缩短能减少管理费、人工费、机械台班费，且无须额外的附加资源，降低施工直接成本。

2. 合理的施工顺序

合理的施工顺序可使工程整体的施工工期缩短，不增加额外的投资，将原来的施工成本降低，即可降低工程成本和机械的固定折旧费、使用费及相应缩短工期时间内的间接费用开支。合理的施工顺序必须保证后面的一个环节工作要在前面的一个环节提供必须的工作条件才能开始，后一个环节工作的开始不应影响前面一个环节的工作，也不影响本身工作的连续与顺利进行。

确定同类工程的最优施工顺序，实际上是提高施工组织经济性的一种方法。下面介绍最优施工顺序的选择方法，即完成多项工程项目上的两个工种工程情况。

设有 n 个工程，每个工程都需进行两个组合工种工程，即 A 和 B 的施工，A 是 B 的紧前工序。

t_A 和 t_B 分别表示在第 i 个工程项目（i=1，2……n）上完成每一项工种工程的工作延续时间。欲求工程的最优施工顺序，应使拟建工程总延续时间为最短。

确定步骤：

第一步，从所有工程中取一个工种工程工作延续时间最小的工程，若得到的工程种类属于第一个工种工程 t_{Ai}，则给该工程项目放在最先施工；若得到的工程种类属于第二个工种工程 t_{Bi}，则该工程放在最后施工。

第二步，删除已排定工程项目相应行的数字。

第三步，其余数值进行相应第一步、第二步的运算，直至排完为止。

以上各步中若出现两个工种在同一工程上工作延续时间最小值相同的情况，即 $t_{Ai}=t_{Bi}$，则该工程放在最先或最后施工均可，其结果相同。

这种算法不仅可以确定最短工期，而且也可求得生产的内部损耗达到最小解，这对专业工程队停工时间最小来说，也是具有很大意义的。

二、施工作业组织

公路机械化施工作业组织的基本方法有顺序作业法、平行作业法、流水作业法和网络计划法等。选择施工组织方法，应考虑公路建设规模、工程数量及分布特点、施工机械的性能、工期要求等条件。

施工作业组织按不同形式可分为以下四种。

1. 施工顺序作业法

顺序作业就是按照一个产品生产过程中各工序的先后顺序，由同一个（组）工人一道工序接一道工序连续进行生产的一种方法。它是一种最古老、最原始的作业方法，也是一种最基本的作业方法，任何生产都包含这种作业方法，这是生产的客观过程所决定的，我们必须按照产品生产过程所要求的顺序进行。

2. 施工平行作业法

平行作业法也是一种古老的作业方法。它是在不分工的条件下进行的简单的协作劳动。它同时使用较多的人力按平行地、各自独立地顺序完成多件相同的产品，从而形成了新的生产能力，能在较短的时间生产出较多的产品。

3. 施工流水作业法

将拟建工程划分为若干个施工段。按工序和工艺要求，分别组建专业施工队，每个施工队按照一定的施工顺序依次进入各施工段上作业，这种施工组织方法称为流水作业法，流水作业法能保证工程施工全过程在时间上和空间上连续、均衡而有节奏地进行，它符合施工的客观规律，是最适合机械化施工的组织方法。流水作业法的总工期介于顺序作业法和平行作业法之间，由施工组织的具体形式确定。若 m 个施工段的工程数量及施工任务都相同，每段都有同样的 n 道工序，各工序的作业持续时间 t_i 都相等，则用流水作业法组织施工的总工期 T 为：

$$T=(m+n-1)t_i$$

与顺序作业法和平行作业法相比，流水作业法有以下特点：

科学地利用工作面，争取了时间，工期合理；专业化施工，充分发挥了人工、施工机械和设备的作用，劳动生产率和机械利用率高，工程质量好；专业工种和施工机械实现连续作业，相邻专业队之间搭接紧凑；单位时间内需要投入的劳动力、施工机械和施工材料等施工资源需用量均衡，有利于施工物资的计划、组织和供应工作；施工有节奏，为文明施工和施工现场科学而有序的管理创造了条件。

4. **网络计划法**

在工程施工中，首先根据各项工作之间的逻辑关系，绘制施工网络图，通过计算找出关键工作和关键线路，然后按照一定的目标不断调整、优化初始网络图，得到最优化的施工进度计划，并在计划的执行过程中进行有效的控制和监督，确保以最小的消耗取得最大的经济效益，按期完成施工任务。

用网络计划法组织施工有以下特点：

能充分反映施工中各项工作之间相互制约、相互依赖的逻辑关系；决定工程总工期的关键线路清楚，能反映各项工作的开始时间和完成时间，因而可以更好地调配、使用各种施工资源；网络图本身是一个确定的数学模型，计算方便，适宜使用计算机程序进行计算；既可用于施工进度控制，又可用于工程费用控制；编制大型工程的、复杂工程的施工网络计划时，工作量大。

公路工程因受地理环境、土壤地质、地形地貌等条件变化的影响，总体上讲是线性非均布工程，要普遍实现连续、均衡地施工，难度较大，而且不容易得到最佳方案。网络计划法能适应各种有规则的和随意变化条件下的施工组织，它能适应公路工程施工的特点，在我国高速公路的施工组织中正发挥着积极的作用。

第二节　流水作业施工组织

一、流水施工参数

在组织项目流水施工时，用以表达流水施工在施工工艺、空间布置和时间排列方面开展状态的参量，统称为流水参数。它包括：工艺参数、空间参数和时间参数三类。

1. 工艺参数

在组织工程项目流水施工时，用以表达流水施工在施工工艺上的开展顺序及其特性的参量，均称为工艺参数，它包括施工过程和施工过程数。

（1）施工过程。

在工程项目施工中，施工过程所包含的施工范围可大可小，既可以是分项工程，又可以是分部工程，也可以是单位工程，还可以是单项工程。施工过程的数目以 n 表示，它是流水施工的基本参数之一。

（2）施工过程数。

施工过程数目 n 的确定，主要依据项目施工进度计划在客观上的作用、采用的施工方案、项目的性质和建设单位对项目建设工期的要求等进行确定。

2. 空间参数

（1）工作面。

某专业工种在加工建筑产品时所必须具备的活动空间，称为该工种的工作面。它是根据该工程的计划产量定额和安全施工技术规程的要求确定。工作面确定合理与否，将直接影响专业工种的生产效率。主要工种的工作面参考数据可参考有关手册。

（2）施工段。

为了有效地组织流水施工，通常把拟建工程项目在平面上划分成若干个劳动量大致相等的施工段落，这些施工段落称为施工段。施工段的数目以 m 表示，它是流水施工的基本参数之一。一般情况下，一个施工段内只安排一个施工过程的专业工作队进行施工。在一个施工段上，只有前一个施工过程的工作队提供足够的工作面，后一个施工过程的工作队才能进入该段从事下一个施工过程的施工。划分施工段是组织流水施工的基础。由于建筑产品生产的单件性，可以说它不适于组织流水施工。但是，建筑产品体形庞大的固有特征，又为组织流水施工提供了空间条件，可以把一个体形庞大的“单件产品”划分成具有若干个施工段、施工层的“批量产品”，使其满足流水施工的基本要求；在保证工程质量的前提下，为专业工作队确定合理的空间活动范围，使其按流水施工的原理，集中人力和物力，迅速地、依次地、连续地完成各段的任务，为相邻专业工作队尽早地提供工作面，达到缩短工期的目的。

划分施工段的原则：施工段划分的数目要适当，数目过多势必减少工人数而延长工期，数目过少又会造成资源供应过分集中，不利于组织流水施工。因此，为了使施工段划分得科学合理，一般应遵循以下原则：

同一专业工作队在各个施工段上的劳动量应大致相等，其相差幅度不宜超过 10% ~ 15%；为充分发挥工人（或机械）生产效率，不仅要满足专业工程对工作面的要求，而且要使施工段所能容纳的劳动力人数（或机械台数）满足劳动组织优化要求；施工段数目多少，要满足合理流水施工组织要求，即有时应使 $m \geq n$；为保证项目结构完整性，施工段分界线应尽可能与结构自然界线相一致。

（3）施工层。

在组织流水施工时，为了满足专业工种对操作高度和施工工艺的要求，将拟建工程项目在竖向上划分为若干个操作层，这些操作层称为施工层。

3. 时间参数

在组织流水施工时，用以表达流水施工在时间排列上所处状态的参量，均称为时间参数。它包括：流水节拍、流水步距、技术间歇、组织间歇和平行搭接时间五种。

（1）流水节拍。

在组织流水施工时，每个专业工作队在各个施工段上完成各自的施工过程所必须的持续时间，均称为流水节拍。流水节拍以 t_i 表示，它是流水施工的基本参数之一。

流水节拍数值大小，可以反映流水速度快慢、资源供应量大小。根据流水节拍数值特征，人们把流水施工分为等节奏流水施工、异节奏流水施工和无节奏流水施工三种。

影响流水节拍的因素主要有：采用的施工方法、投入的劳动力或施工机械多少，以及工作班次的数目。为避免浪费工时，流水节拍在数值上应为半个班的整数倍。

流水节拍 t_i 用下式计算。

$$=\frac{Q}{SRN}=\frac{P}{PN}$$

式中：Q——施工段上某施工过程应完成的工程数量；

S——产量定额或每工日、每台班的实际产量；

R——专业施工队的人数或机械台数；

P——完成该施工过程的任务所需劳动量（工日）或机械量；

N——作业班数，即单班、双班或三班。

（2）流水步距。

在组织项目流水施工时，通常将相邻两个专业工作队先后开始施工的合理时间间隔，称为它们之间的流水步距。流水步距以 $K_{j,\ j+1}$ 表示，它是流水施工重要参数之一。

确定流水步距考虑的因素有以下内容：

每个专业队连续施工的需要。流水步距的最小长度，必须使专业队进场以后不发生停工、窝工的现象；技术间歇的需要。有些施工过程完成后，后续施工过程不能立即投入作业，必须有足够的时间间歇，这个间歇时间应尽量安排在专业队进场之前，不然便不能保证专业队工作的连续；流水步距的长度应保证每个施工段的施工作业程序不乱，不发生前一施工过程尚未全部完成，而后一施工过程便开始施工的现象。有时为了缩短时间，某些次要的专业队可以提前插入，但必须在技术上可行，而且不影响前一个专业队的正常工作，提前插入的现象越少越好，多了会打乱节奏，影响均衡施工。

（3）技术间歇。

它是由建筑材料或现浇构件性质决定的间歇时间，并以 $Z_{j,\ j+1}$ 表示。

（4）组织间歇。

它是由施工组织原因而造成的间歇时间，并以 $G_{j,\ j+1}$ 表示。

在组织流水施工时，技术间歇和组织间歇有时统一考虑，有时要分别考虑，但两者的概念、内容和作用是不同的，必须结合具体情况优化处理。

二、等节奏流水施工

等节奏流水也称为全等节拍流水，是最理想的组织流水方式。因为这种组织方式能够保证专业队的工作连续、有节奏，可以实现均衡施工，从而最理想地达到组织流水作业的目的。在可能的情况下，应尽量采用这种流水方式组织流水。

1. 基本概念

在组织流水施工时，如果各个施工过程在各个施工段上的流水节拍都彼此相等，此时流水步距也等于流水节拍。这种流水施工组织方式，称为全等节拍流水（也称固定节拍流水或等节拍专业流水）。

2. 基本特点

①所有流水节拍都彼此相等，即 $K=t_i$。

②所有流水步距都彼此相等，而且等于流水节拍，即 $K_{j,\ j+1}=K=t_i$。

③每个专业工作队都能够连续作业，施工段没有间歇时间。

④专业工作队数目等于施工过程数目。

组织这种流水，首先，前提是使各施工段的工程量基本相等；其次，要先确定主导施工过程的流水节拍；最后，使其他施工过程的流水节拍与主导施工过程的流水节拍相等，做到这一点的办法主要是调节各专业队的人数。

3. 基本公式

由于 t_i 和 K 均为常数，且 t_i=K，则全等节拍流水作业总工期的计算公式为：

$$T=(m+n-1)K$$

或：

$$T=(m+n-1)t_i$$

式中各符号意义同前。

当存在施工层、技术间歇时间、组织间歇时间及平行搭接时间时，得到计算全等节拍流水作业总工期公式，见下式

$$Tp=(M+N'-1)K-\Sigma C+\Sigma Z$$

式中：Tp——计划工期；

M——施工段数；

N'——工作队数；

K——流水步距；

ΣC——插入时间总和；

ΣZ——间歇时间之和。

三、异节奏流水施工

异节奏流水的优点是各工作队的工作有自己相等的节奏，无疑会给组织连续、均衡施工带来方便。

有一种情况是，各工作队的流水节拍都是某一个常数的倍数。于是，我们可以按等节奏流水的方式组织施工，产生与等节奏流水施工同样的效果。这种组织方式可称为成倍节拍流水。

1. 基本概念

在组织流水施工时，如果同一施工过程在施工段上的流水节拍都彼此相等，不同施工过程在同一施工段上的流水节拍之间存在一个最大公约数。为加快流水施工速度，可按最大公约数的倍数组建每个施工过程的专业工作队。这样便构成了一个工期最短的流水施工方案（成倍节拍流水也称为异节拍专业流水）。

2. 基本特点

①同一施工过程在各个施工段上的流水节拍都彼此相等，不同施工过程在同一施工段上的流水节拍之间存在一个最大公约数。

②流水步距等于各个流水节拍的最大公约数。该流水步距在数值上应小于最大的流水节拍，并要大于1；只有最大公约数等于1时，该流水步距才能等于1。

③每个专业工作队都能够连续作业，施工段都没有间歇时间。

④专业工作队数目大于施工过程数目，即 $n_1>n$。专业工作队数目 n_1 的计算式如下：

$$b_j=\frac{t_i^{(j)}}{K_b}$$

式中 $t_i^{(j)}$——第 i 个施工过程的流水节拍；

K_b——流水节拍的最大公约数，即流水步距。

$$n=\sum_{j=1}^{n}b_j$$

式中 n——施工过程数目。

四、无节奏流水施工

1. 基本概念

无节奏流水也称为分别流水法施工。在实际施工中，通常每个施工过程在各个施工段上的工程量彼此不相等，或者各个专业工作队的生产效率相差悬殊，造成多数流水节拍彼此不相等。这时只能按照施工顺序要求，使相邻两个专业工作队在开工时间上最大限度地搭接起来，并组织成每个专业工作队都能够连续作业的非节奏流水施工。这种流水施工组织方式，称为无节奏流水施工。它是流水施工的普遍形式。

2. 基本特点

各个施工过程在各个施工段上的流水节拍，通常不相等；流水步距与流水节拍之间存在着某种函数关系，流水步距也多数不相等；每个专业工作队都能够连续作业，施工段可能有间歇时间；专业工作队数目等于施工过程数目，即 $n_1=n$。

3. 建立步骤

（1）分解施工过程，确定施工顺序。

（2）确定施工起点流向，划分施工段。

（3）计算每个施工过程在各个施工段上的流水节拍。

（4）计算相邻两个专业工作队之间的流水步距，用累加数列最大差法求流水步距 K，计算步骤如下：

根据专业队在各施工段上的流水节拍求累加数列；根据施工顺序，相邻两累加数列错位相减；相减结果中的最大差即为所求的流水步距 K。

（5）确定计算总工期，按下式计算。

$$T=t'+t=\sum_{j=1}^{n-1}K_{j,j+1}+\sum_{i=1}^{m}t_i^{(n)}$$

（6）绘制流水施工水平指示图表。

第三节 关键线路法

一、网络计划技术

1. 施工网络计划技术

施工网络计划技术是以规定的网络符号，绘制成施工网络图，表达出计划中各项工作之间相互制约和依赖的逻辑关系，通过分析其内在规律，从而寻求出施工计划管理的最优方案。

施工网络计划技术有关键线路法（CPM）、搭接网络计划（CNT）、计划评审法（PERT）和图示评审技术（GERT）等分支系统。

2. 施工网络图

把拟建工程的所有施工过程，根据施工方法与工艺要求所确定的施工顺序和相互关系，用节点和箭线予以表示，然后绘制成的有向网状图形，称为施工网络图，简称网络图。网络图是网络计划技术的表现形式和应用工具，它既是一种科学的计划管理方法，又是一种有效的工程施工组织方法。

3. 网络图表示方法

（1）双代号表示法。

网络图中的箭线，表示一项具体的工作；工作名称标注在箭线上方，完成该项工作的作业持续时间（或需要的资源数量）写在箭线下方，箭尾表示工作开始，箭头表示工作结束，箭线两端各与一个节点（即圆圈）衔接，它表示各工作之间的相互关系；两个节点应编号，这称为双代号表示法。用双代号表示法绘制的网络图，称为双代号网络图。

（2）单代号表示法。

网络图中的节点表示一项具体工作，工作之间的相互关系用箭线表示，即施工沿箭线方向进行，工作名称、作业时间、编号等均标注在节点内，该法称为单代号表示法。用单代号表示法绘制的网络图，称为单代号网络图。

4. 网络图的构成

（1）箭线。

网络图中带箭头的线段称为箭线。

双代号网络图中，其箭线表示一项工作。工作指能单独存在的施工活动，如工序、施工过程、施工项目等。显然，工作都要占用时间并消耗资源，或只占用时间不消耗资源。既不消耗资源，也不占用时间的工作称为虚工作，虚工作用虚箭线表示，用以正确表达网络计划中各项工作之间的逻辑关系。单代号网络图中的箭线，仅仅表示工作之间的逻辑关系，与资源和时间无关。单代号网络图中无虚箭线。

（2）节点。

节点用圆圈表示。双代号网络图中的节点，表示工作的开始或结束，它不消耗资源也不占用时间，因此又称为事件。单代号网络图中的节点表示一项工作，要消耗资源和占用时间，当有多项工作同时开始，或同时结束时，常引入虚拟网络始节点和虚拟网络终节点。

（3）线路。

线路是指从网络图的始节点开始，顺箭线方向前进，经过一系列节点和箭线，到达网络图的终节点，组成线路通路。一个网络图中的线路有多条，每条线路都表示一道施工工艺流程。若线路上各项工作的作业持续时间之和最长，该条线路称为关键线路。关键线路的作业时间，即为整个网络计划的总工期。组成关键线路的所有工作称为关键工作。因为这些工作的作业时间没有机动余地，若发生施工延误，将影响总工期。

关键线路至少有一条，在网络图中常用粗实线或双箭线表示。除关键线路和关键工作外，其余都是非关键线路和非关键工作。当实际施工受到某些因素的干扰时，关键线路和非关键线路、关键工作和非关键工作可以相互转化。

二、双代号网络计划

1. 绘图基本规则

由于工程施工是不可逆过程，为了正确无误地用网络计划表达施工全过程，绘制双代号网络图时应遵守下列基本规则。

一个网络计划图中，只能有一个网络始节点和一个网络终节点；不允许出现闭合回路；两个节点之间只能有一条箭线； ·项工作不能用两条或多条箭线表示；不允许出现无箭头的线段或有两个箭头的双向箭线；箭线只能在节点处衔接；两项工作的箭线交叉，用“过桥”方式表示；合理使用虚箭线，正确表达工作之间的逻辑关系。

2. 网络计划图绘制方法

①分析各项工作之间的相互关系，列出逻辑关系表。

②尽量采用水平箭线或折线箭线，按从左到右，从上到下的方向排列。

③在保证网络图逻辑关系正确的前提下，合理布局图面，应层次清晰、重点突出，减少箭线交叉。密切相关的工作应相邻布置。

④使用虚箭线将没有逻辑关系的工作断开。

⑤网络计划图可根据使用需要按施工段排列、按专业队排列和混合（平行）排列。

⑥当网络计划图较复杂或工作数目很多时，可将其分块绘制。各块之间的分界处，应选在箭线或节点最少的部位，分界节点用双层圆圈表示。

⑦节点编号。网络计划图经绘制和调整正确后，应进行节点编号，节点编号不得重复（分块绘制时，分界节点的编号相同，以方便网络图的拼接），箭头节点号应大于箭尾节点号。为方便网络图的调整和补充，可以不连续编号。

3. 网络图时间参数计算

（1）节点时间参数的计算。

1）节点最早可能实现时间。

节点之间各项工作全部结束的最早时间，称为节点最早可能实现时间，用 ET 表示。网络始节点表示网络计划的开始，节点之前没有工作，显然，它的节点最早实现时间应为零，即

$$ET_1=0$$

式中 ET_1——网络始节点 1 的最早可能实现时间。

当从网络始节点开始顺箭线方向计算时，可由上式类推 ET_h 为已知，由下式可计算其他节点的 ET 值。

$$ET_i=\max(ET_h+t_{hi})$$

式中 i.h——分别为计算节点、前一节点的编号；

t_{hi}——工作的作业持续时间。

网络终节点表示整个网络计划的结束，因此，它的最早可能实现时间即为网络计划的总工期 T，即

$$T=ET_n$$

式中：n——网络终节点编号。

2）节点最迟必须实现时间 LT。

节点在不影响网络计划总工期的前提下，可以向后推迟实现的时间称为节点最迟必须实现时间，用 LT 表示。显然，若要网络终节点的 LT 值不影响总工期，只能令其等于总工期 T，即

$$LT_n=T$$

式中：LT_n——网络终节点 n 的最迟必须实现时间。

当从网络终节点逆箭线方向计算时，可由上式类推 LT_j 为已知，可用上式计算其他节点的 LT 值。

$$LT_i=\min（LT_j-t_{ij}）$$

式中：i，j——分别表示计算节点、后一节点的编号；

t_{ij}——工作（i，j）的作业持续时间。

（2）工作时间参数计算。

1）工作最早可能开始时间 ES 和最早可能结束时间 EF。

当工作具备了一定的施工条件后可以开始作业的时间，称为工作最早可能开始时间，用 ES 表示。根据逻辑关系，一项工作的开始必须待箭尾节点实现。由此可知，工作（i，j）的最早可能开始时间 ES_{ij} 就等于箭尾节点（i）的最早可能实现时间 ET_i，即

$$ES_{ij}=ET_i$$

工作的最早可能结束时间 EF_{ij} 等于工作的最早可能开始时间 ES_i 与它的作业持续时间 t_{ij} 之和，即

$$EF_{ij}=ES_{ij}+t_{ij}$$

2）工作的最迟必须结束时间 LF 和最迟必须开始时间 LS。

一项工作在不影响网络计划总工期的条件下的结束时间称为工作的最迟必须结束时间，用 LF 表示。箭头节点（j）表示工作（i，j）的结束，因此，箭头节点的最迟必须实现时间 LT_i 就是工作的最迟必须结束时间 LF_{ij}，即

$$LF_{ij}=LT_i$$

工作的最迟必须开始时间 LS_{ij} 等于工作的最迟必须结束时间 LF_{ij} 减去工作的

持续时间 t_{ij} 即

$$LS_{ij}=LF_{ij}-t_{ij}$$

（3）工作时差计算。

1）工作的总时差 TF。

工作（i，j）的总时差 TF_{ij}，是指在不影响网络计划总工期的条件下，该项工作所拥有的最大机动时间，由下式计算。

$$TF_{ij}=LS_{ij}-ES_{ij}$$

2）工作自由时差 FF_{ij}。

工作（D）的自由时差 FF_{ij}，是指在不影响紧后工作（j，k）的最早可能开始时间 ES_{jk} 的条件下，该项工作可以自由支配的时差，由下式计算。

$$FF_{ij}=ES_{jk}-ES_{ij}-t_{ij}=ES_{jk}-EF_{ij}$$

自由时差是总时差的一部分，因此有 FF ≤ TF。当总时差为零时，自由时差也为零。使用自由时差不会影响紧后工作。使用总时差，紧后工作不能按最早可能开始时间开始，超过总时差则可能影响总工期。

4. 关键线路

（1）确定关键线路方法。

1）路线列举法。

列出网络计划中的所有线路，计算每条线路上全部工作的作业持续时间之和，其中的最大值所在的线路为关键线路。这种方法只适用于简单的、线路条数少的网络计划。

2）关键工作法。

关键工作的总时差为零，由总时差为零的工作组成的线路为关键线路。这种方法准确无误，但必须计算完网络计划的全部参数后才能确定。

3）关键节点法。

关键线路上节点的两个时间参数相等，称为关键节点。但须注意，箭尾节点时间与工作持续时间之和应等于箭头节点时间，即同时满足下式的线路为关键线路。

$$\left.\begin{aligned} ET &= LT \\ ET_i + t_{ij} &= ET_j \end{aligned}\right\}$$

（2）关键线路特性。

关键线路上各项工作的总时差均等于零；关键线路是网络计划中持续时间

最长的线路；一个网络计划中的关键线路有时存在多条；非关键工作如果使用了总时差，就会转化为关键工作；当非关键线路的延长时间超过它的总时差，则转变成关键线路，原来的关键线路则转变成非关键线路。

三、单代号网络计划

1. 单代号网络图的基本符号

（1）节点。

在单代号网络图中，节点表示一项工作，宜用圆圈或方框表示。

（2）编号。

单代号网络图中的节点必须编号，编号标注在节点内，其号码可间断，但严禁重复。一项工作必须有唯一的一个节点及相应的一个编号。

（3）箭线。

单代号网络图中的箭线表示紧邻工作之间的逻辑关系。箭线应画成水平直线、折线或斜线。箭线水平投影的方向应自左向右，表示工作的进行方向。

2. 单代号网络图的绘图规则

①单代号网络图必须正确表述已定的逻辑关系。

②单代号网络图中严禁出现循环回路。

③单代号网络图中，严禁出现双向箭头或无箭头的连线。

④单代号网络图中，严禁出现没有箭尾节点的箭线和没有箭头节点的箭线。

⑤绘制网络图时，箭线不宜交叉。当交叉不可避免时，可采用过桥法或指向法绘制（过桥法绘图、指向法与双代号网络计划中相同）。

⑥单代号网络图中，只应有一个起点节点和一个终点节点。当网络图中出现多项无内向箭线的工作或多项无外向箭线的工作时，应在网络图的左端或右端分设一项虚工作，作为该网络图的起点节点与终点节点。

3. 单代号网络图的绘图规则

①单代号网络图的绘制比双代号网络图的绘制容易，且不易出错，关键是要处理好箭线交叉，使图形规则，以便容易读图。

②时间参数计算的基本原理与双代号网络计划相同。

③绘图时，要从左向右，逐个处理表中所给的关系。只有紧前工作都绘制完成后，才能绘制本工作，并使本工作与紧前工作用箭线相连。当出现多个“起点节点”或多个“终点节点”时，增加虚拟起点节点或终点节点，并使之与多个“起点节点”或“终点节点”相连，形成符合绘图规则的完整图形。绘制完成后要

认真检查，看图中的逻辑关系是否与表中一致，是否符合绘图规则，如有问题及时修正。

四、双代号时标网络计划

1. 双代号时标网络计划的特点与适用范围

双代号时标网络计划是以时间坐标为尺度编制的双代号网络计划。

（1）双代号时标网络计划的主要特点。

兼有网络计划与横道计划的优点。能够清楚地表明计划的时间进程；能在图上直接显示各项工作的开始与完成时间、工作自由时差及关键线路；在绘制中受到时间坐标的限制，因此不易产生循环回路之类的逻辑错误；可以利用时标网络计划图直接统计资源的需要量，以便进行资源优化和调整；因为箭线受时标的约束，故绘图不易，修改也较困难，往往要重新绘图。不过在使用计算机以后，这一问题已较易解决。

（2）双代号时标网络计划的适用范围。

双代号时标网络计划适用于以下几种情况：工作项目较少、工艺过程比较简单的工程；局部网络计划；作业性网络计划；使用实际进度前锋线进行进度控制的网络计划。

2. 时标网络计划的绘制

①绘制一般网络计划，计算节点时间参数和总工期 T，确定关键线路。

②绘制时间坐标，其形式以方便应用为主，一般采用水平间距相等的垂直分格线，或只在网络图的上、下方沿水平方向绘制分格标尺，分格一般以工作日为单位顺序编号，也可以按施工时实际的月、日、星期编号，分格线在垂直方向上的长度与时间无关。

③按节点最早时间绘制时标网络，读取各项工作的最早可能开始时间 ES、最早可能结束时间 EF 和自由时差 FF。

④按节点最迟时间 LT 绘制时标网络，读取各项工作的最迟必须开始时间 LS 和最迟必须结束时间 LF，确定总时差 TF。

3. 按节点最早时间绘制时标网络计划的步骤

各节点按最早时间 ET 值标绘在时间坐标分格线的适当位置上；从各项工作的始节点开始，沿水平方向引出箭线，其水平投影长度等于该项工作的作业持续时间 t_i 值；箭头到工作终节点之间的水平长度用波纹线、垂直长度用细实线连接；原网络计划中的虚箭线在时标网络计划中仍用虚箭线；箭尾的水平坐标值为工作的最早可能开始时间 ES，箭头的水平坐标值为工作的最早可能结束时间 EF，波纹线水平长度为工作的自由时差 FF。

4. 按节点最迟时间绘制时标网络计划的步骤

各节点按最迟时间 LT 值标绘在时间坐标分格线的适当位置上；从各项工作的终节点开始，沿水平方向引出箭线，其水平投影长度为该项工作的持续时间 A 值；箭尾与工作始节点之间的水平长度用波纹线、垂直长度用细实线连接；箭尾水平坐标值为工作的最迟必须开始时间 LS，箭头水平坐标值为工作的最迟必须结束时间 LF；比较按节点最早时间和最迟时间，绘制的两个时标网络计划，同一项工作的波纹线水平长度的较大值，一般为该项工作的总时差 TF（不直接与关键线路连接的工作，其 TF 值用读取的 LS 和 ES 值进行计算）；关键工作和关键线路在两个时标网络计划中的位置不变，用双箭线标绘。

第九章 机械化施工项目管理

第一节 机械化施工项目管理的内容和组织

一、施工项目管理的内容

为了实现施工项目各阶段的目标和最终目标，必须加强施工项目管理工作。在签订工程承包合同以后，施工项目管理的主体便是以施工项目经理为首的项目经理部，即项目管理层；管理的客体是具体的施工对象、施工活动及相关的生产要素；管理的内容包括：建立施工项目管理组织，进行施工项目管理规划，进行施工项目的目标控制，对施工项目生产要素进行优化配置和动态管理，施工项目的组织协调，进行施工项目的合同管理和信息管理，以及施工项目管理总结等。

1. 建立施工项目管理组织

由企业采用适当的方式选聘称职的施工项目经理；根据施工项目组织原则，选用适当的组织形式，组建施工项目管理机构，明确责任、权限和义务；在遵守企业规章制度的前提下，根据施工项目管理的需要，制定施工项目管理制度。

2. 进行施工项目管理规划

施工项目管理规划是对施工项目管理组织、内容、方法、步骤、重点进行预测和决策，做具体安排的纲领性文件，施工项目管理规划的内容主要有：

进行工程项目分解，形成施工对象分解体系，以便确定阶段控制目标。从局部到整体地进行施工活动和进行施工项目管理；建立施工项目管理工作体系，绘制施工项目管理工作体系图和施工项目管理工作信息流程图；编制施工管理规划，确定管理点，形成文件，以利执行，这个文件类似于施工组织设计。

3. 进行施工项目的目标控制

施工项目的目标有阶段性目标和最终目标。实现各项目标是施工项目管理的目的，所以，它因此应当坚持以控制论原理和理论为指导，进行全过程的科学控制，施工项目的控制目标有以下几项：

进度控制目标；质量控制目标；成本控制目标；安全控制目标。

由于在施工项目目标的控制过程中会不断受到各种客观因素的干扰，各种风险因素都有发生的可能性，故应通过组织协调和风险管理对施工项目目标进行动态控制。

4. **生产要素管理和施工现场管理**

施工项目的生产要素是施工项目目标得以实现的保证，它主要包括：劳动力、材料、设计资金和技术。施工现场的管理对于节约材料、节省投资、保证施工进度、创建文明工地等方面都至关重要。这部分的主要内容如下：

分析各项生产要素的特点；按照一定原则、方法对施工项目生产要素进行优化配置，并对配置状况进行评价；对施工项目的各项生产要素进行动态管理；进行施工现场平面图设计，做好现场的调度与管理。

5. **施工项目的组织协调**

组织协调为目标控制服务，其内容包括：

人际关系的协调；组织关系的协调；配合关系的协调；供求关系的协调；约束关系的协调。

二、施工项目管理特点

施工项目管理是施工企业对具体的施工项目进行计划、组织、指挥、控制和协调的过程。

施工项目的管理具有以下特点：

（1）施工项目的管理者是建筑施工企业。建设单位、设计单位、监理单位虽然从不同角度对施工项目实施管理和监督，但都不能称作施工项目管理。

（2）施工项目管理对象是施工项目，它的生命周期包括工程招投标、签订工程项目承包合同、施工准备、施工及交工验收，是一个长时间有序的生产过程，因此管理的难度和艰巨性是其他生产管理不能比拟的。

（3）施工项目管理内容复杂。一个施工项目从开始到结束要经历准备阶段、施工阶段以及交工验收阶段等，管理内容差别很大。因此，必须进行有针对性的管理，才能提高效率和效益。

（4）施工项目管理要求强化计划、组织和控制工作，由于施工项目的特点使得对产生的问题难以补救，或虽可解救，但后果严重，加之参与施工项目的人员不断流动，组织工作量大，又涉及复杂的经济关系、技术关系、法律关系和人际关系等，因此需要加强计划、组织和控制工作。

工程建设监理是工程项目管理的一个重要分支，如果一个工程项目的项目法人将施工项目委托给咨询或监理部门实施施工项目管理，被委托单位对施工项目的管理就是施工监理。

公路工程施工监理，是强化质量管理、控制工程造价、提高投资效益及施工管理水平的有效方法。实践证明，一项工程实行了全委托监理，不但减少了不合理的额外支出，保证了工程质量和工期，还避免了过多的合同纠纷，并能确保国家建设计划和工程合同的顺利实施，对业主和承包人双方均有利。

三、施工项目管理组织

项目管理组织机构的主要形式有：工作队式项目组织、部门控制式项目组织、矩阵制项目组织、事业部制项目组织。选择什么样的项目组织形式，应由企业作出决策。要将企业的素质、任务、条件、基础，同施工项目的规模、性质、内容、要求的管理方式结合起来分析，选择最适宜的项目组织形式，不能生搬硬套某一种形式，更不能不加分析地盲目作出决策。一般说来，可按下列思路选择项目组织形式：

（1）大型综合企业，人员素质好，管理基础强，业务综合性强，可以承担大型任务，宜采用矩阵制、工作队制、事业部制等项目组织形式。

（2）简单项目、小型项目、承包内容专一的项目，应采用部门控制项目组织。

（3）在同一企业内可以根据项目情况采用几种组织形式，如将事业部制与矩阵制的项目组织结合使用，将工作队式项目组织与事业部制结合使用等。但不能同时采用矩阵制及混合工作队式，以免造成管理渠道和管理秩序的混乱。表 9-1 可供选择项目组织形式时参考。

表9-1 选择项目组织形式参考因素

项目组织形式	项目性质	施工企业类型	企业人员素质	企业管理水平
工作队式	大型项目，复杂项目，工期紧的项目	大型综合建筑企业，有得力项目经理的企业	人员素质较强，专业人才多，职工和技术素质较高	管理水平较高，基础工作较强，管理经验丰富
部门控制式	小型项目，简单项目，只涉及个别少数部门的项目	小建筑企业，任务单一的企业，大中型基本保持直线职能制的企业	素质较差，力量薄弱，人员构成单一	管理水平较低，基础工作较差，项目经理难找

续表

项目组织形式	项目性质	施工企业类型	企业人员素质	企业管理水平
矩阵式	多工种、多部门、多技术配合的项目，管理效率要求很高的项目	大型综合建筑企业，经营范围很宽实力很强的建筑企业	文化素质、管理素质、技术素质很高，但人才紧缺，管理人才多	管理水平很高，管理渠道畅通，信息沟通灵敏，管理经验丰富
事业部制	大型项目，远离企业基地项目，事业部制企业承揽的项目	大型综合建筑企业，经营能力很强的企业，海外承包企业，跨地区承包企业	人员素质高，项目经理强，专业人才多	经营能力强，信息手段强，管理经验丰富，资金实力强

第二节　施工进度控制

在工程项目的实施过程中，由于受到种种因素的干扰，经常造成实际进度与计划进度的偏差。这种偏差得不到及时纠正，必将影响进度目标的实现。为此，在项目进度计划的执行过程中，必须采取系统的控制措施，经常地进行实际进度与计划进度的比较，发现偏差，及时采取纠偏措施。进度计划控制的具体内容包括：对造成进度变化的因素施加影响，以保证这种变化朝着有利的方向发展；确定进度是否已发生变化，在变化实际发生或正在发生时，对这种变化实施管理。

一、工程项目进度控制的依据

1. 项目进度计划

批准的项目进度计划，称为进度基准计划。进度基准计划在技术和资源方面都必须是可行的。

2. 进度报告

进度报告提供了项目有关进度绩效的信息，如哪些计划的日期已经达到，哪些还没有。进度报告还可提醒项目管理班子注意将来有可能引起问题的事项。

3. 变更申请

变更申请可以是直接的或间接的，也可以从外部或内部提出。变更申请可能是请求延缓进度或加快进度。

4. 进度管理计划

二、项目进度控制的方法

1. 进度监测的方法

在工程项目实施过程中，应经常地、定期地对进度计划的执行情况进行跟踪检查，发现问题后，及时采取措施加以解决。

（1）进度计划执行中的跟踪检查。

对进度计划的执行情况进行跟踪检查是计划执行信息的主要来源，是进度分析和调整的依据，也是进度控制的关键步骤。跟踪检查的主要工作是定期收集反映工程实际进度的有关数据，收集的数据应当全面、真实、可靠，不完整或不正确的进度数据将导致判断不准确或决策失误。为了全面、准确的掌握进度计划的执行情况，应认真做好以下三方面的工作。

①定期收集进度报表资料。

进度报表是反映工程实际进度的主要方式之一。进度计划执行单位应按照进度管理制度规定的时间和报表内容，定期填写进度报表。通过收集进度报表资料掌握工程实际进展情况。

②现场实地检查工程进展情况。

现场检查进度计划的实际执行情况，这样可以加强进度监测工作，掌握工程实际进度的第一手资料，使获取的数据更加及时、准确。

③定期召开现场会议。

定期召开现场会议，管理人员通过与进度计划执行有关人员面对面地交谈，既可以了解工程实际进度状况，同时也可以协调有关方面的进度关系。

一般来说，进度控制的效果与收集数据资料的时间间隔有关。究竟多长时间进行一次进度检查，这是管理人员应当确定的问题，如果不经常、不定期地收集实际进度数据，就难以有效地控制实际进度。进度检查的时间间隔与工程项目的类型、规模、咨询对象及有关条件等多方面因素相关，可视工程的具体情况，每月、每半月或每周进行一次检查。在特殊情况下，甚至需要每日进行一次进度检查。

（2）实际进度数据的加工处理。

为了进行实际进度与计划进度的比较，必须对收集到的实际进度数据进行加工处理，形成与计划进度具有可比性的数据。例如，对检查时段实际完成工作量的进度数据进行整理、统计和分析，确定本期累计完成的工作量、本期已完成的工作量占计划总工作量的百分比等。

（3）实际进度与计划进度的对比分析。

将实际进度数据与计划进度数据进行比较，可以确定工程项目实际执行状况与计划目标之间的差距。为了直观反映实际进度偏差，通常采用表格或图形进行实际进度与计划进度的对比分析，从而得出实际进度比计划进度超前、滞后还是一致的结论。

实际进度与计划进度的比较是工程项目进度监测的主要环节。常用的进度比较方法有：

①横道图比较法。

横道图比较法是指将项目实施过程中检查实际进度收集的数据，经加工整理后直接用横道线平行绘于原计划的横道线下，进行实际进度与计划进度的比较方法。其特点是形象、直观。

根据工程项目中各工作的进展是否匀速，可分别采取以下两种方法进行进度比较：

匀速进展横道图比较法。该法指在工程项目中每项工作在单位时间内完成的任务量相等。比时，每项工作累计完成的任务量与时间成线性关系，完成的任务量可以用实物工程量、劳动消耗量或费用支出表示，或用其物理量的百分比表示。

非匀速进展横道图比较法。该法指当工作在不同单位时间里的进展速度不相等时，在用涂黑粗线表示工作实际进度的同时，还要标出其对应时刻完成任务量的累计百分比，并将该百分比与其同时刻计划完成任务量的累计百分比相比较，判断工作实际进度与计划进度之间的关系。

②S形曲线比较法。

S形曲线比较法以横坐标表示时间，纵坐标表示累计完成任务量，绘制成按计划时间累计完成任务量的S形曲线，然后将工程项目实施过程中各检查时间实际累计完成任务量的S形曲线也绘制在同一坐标系中，进行实际进度与计划进度比较的一种方法，项目实施过程中，每隔一段时间就应将实际进展情况绘制在原计划的S形曲线上进行直观比较，通过比较可以获得如下信息：

实际工程进展速度；进度超前或拖延的时间；工程量的完成情况；后续工程进度预测。

③“香蕉”形曲线比较法。

在工程项目进度计划制订一节中，我们提到过网络图中的时间参数有最早开始时间和最迟开始时间。在“香蕉”形曲线中，各项工作均按最早开始时间开始而绘制的S形曲线称为ES曲线；各项工作均按最迟开始时间开始而绘制的S形曲线称为LS曲线。两条曲线具有相同的起点和终点所以形成了闭合曲线，一个科学合理的进度计划优化曲线应处于香蕉曲线所包络的区域之内。

“香蕉”形曲线能直观地反映工程的实际进展情况，比S形曲线能获得更多的信息。利用“香蕉”形曲线可进行：

进度计划的合理安排；实际进度与计划进度的比较；对后续工程进度进行预测。

2. 进度控制的过程

在项目进度监测过程中，一旦发现实际进度偏离计划进度，必须认真分析产生偏差的原因及其对后续工作及总工期的影响，并采取合理的调整措施，确保进度目标的实现。

3. 分析产生偏差的主要原因

进度拖延是工程项目建设过程中经常发生的现象。对进度拖延原因分析可采用因果关系分析图，影响因素分析表，工程量、劳动效率对比分析等方法，详细分析进度拖延的各种影响因素，及各因素影响量的大小。进度拖延的原因是多方面的，常见的有：

（1）工程项目各相关单位之间的协调配合。

工程项目是一个多专业、多方面协调合作的复杂过程，如果政府部门、建设单位、咨询单位、设计单位、物资供应单位、贷款单位、监理单位等各单位之间，以及土建、水电、通信、运输等各专业之间没有形成良好的协作，必然会影响工程建设的顺利实施。例如，工程设计通常是分阶段进行的，如果初步设计不能顺利得到批准，必然会影响到后续详细设计中的施工图设计、施工方案设计进度。又如，资金方面，如果业主在工程预付款或进度款的支付中有所延迟，则会对承包商的施工进度造成影响。

（2）工程变更。

边界条件的变化，如设计变更、设计错误、外界（如政府，上层机构）对项目提出新的要求或限制。当工程项目在已施工的部分发现一些问题，或者由于建设单位提出了新的要求而必须进行工程变更时，会影响设计工作进度。例如，材料代用、设备选用的失误将会导致原有工程设计失效而重新进行设计。

（3）风险因素。

风险因素包括政治、经济、技术及自然等方面的各种预见或不可预见因素、政治方面有战争、内乱、罢工、拒付债务、制裁等；经济方面有延迟付款、汇率浮动、换汇控制、通货膨胀、分包单位违约等；技术方面有工程事故、试验失败、标准变化等；自然方面有地震、洪水等。

（4）工期及相关计划的失误和管理过程的失误。

计划工期及进度计划超出现实可能性；管理过程中的失误，如计划部门与实施者之间，总、分包商之间，业主和承包商之间缺少沟通，工作脱节等。

4. 分析进度偏差是否影响到后续工作和总工期

当某项工作发生实际进度偏差时，要分析该进度偏差是否影响到后续工作的进展以及是否影响了总工期，这在实际工作中需要借助网络计划进行判断。根据该项工作是否处于关键线路，其进度偏差是否超过该项工作的自由时差和总时差来判断对后续工作和总工期的影响。例如，由于建设单位对某即将投入施工的工程材料的要求发生改变而需要重新进行采购时，如该工作不是关键工作（即不在关键线路上），其材料的重新采购不一定会影响到总工期和后续工作；如再继续分析发现采购时间超过了该项工作的自由时差而未超过总时差，则此次变更只影响到了后续工作而未影响到总工期。

三、进度计划的调整方法

1. 调整工作顺序，改变某些工作间的逻辑关系

当工程项目实施中产生的进度偏差影响到总工期且有关工作的逻辑关系允许改变时，可以改变关键线路和超过计划工期的非关键线路上的有关工作之间的逻辑关系。在工作面及资源允许的情况下组织流水作业是其中的典型方法。

2. 缩短某些工作的持续时间

这种方法通过采取增加资源投入，提高劳动效率等措施来缩短某些工作的持续时间，使工程进度加快，以保证按计划工期完成该项目。这些被压缩了持续时间的工作是位于关键线路和超过计划工期的非关键线路上的工作。如果某项工作进度拖延的时间超过其总时差，那么无论它是否处于关键线路，都将会对后续工作和总工期产生影响，在这种情况下，为了减少对总工期的延误，应采取措施缩短关键线路上后续工作的持续时间，并用工期优化的方法对原网络计划进行调整。

3. 调整项目进度计划

这种方法就是对用于管理项目进度的资料进行更新。必要时，要将变更通知送给项目的利害关系者。近年来，随着各种项目管理软件的日渐成熟和完善，工程项目的进度控制也越来越多的需要借助于计算机，尤其对于规模庞大的工程项目，项目管理软件为其进度的安排提供了广泛的支持。大部分系统能根据任务和资源清单及其相关信息制作横道图及网络图，对于工作清单上信息的变化自动反映在进度安排中。

第三节 施工质量控制

一、项目施工质量控制原理和方法

项目施工阶段是形成工程项目实体和最终产品质量的重要过程，施工质量控制必然是项目质量控制的最重要环节。由于构成最终工程产品质量过程是一个复杂的系统工程，所以对项目施工质量控制，也必须按照该系统的进展阶段进行分解，它通常可分为施工准备质量控制、施工过程质量控制和竣工验收质量控制。

施工项目质量控制的基本原理就是按照项目施工程序，制订项目施工质量规划，运用全面质量管理的 PDCA 循环和七种数理统计方法，以及相应施工质量监控手段，对项目施工准备质量、施工过程质量和竣工验收质量进行全过程控制。

项目施工质量控制方法主要有：全面质量管理的 PDCA 循环方法，以及直方图法、排列图法、因果分析图法、控制图法、相关图法、分层法、调查分析表法七种数理统计方法。

二、施工质量因素控制

1. 人员因素控制

人员因素控制就是对直接参与工程施工的组织者、指挥者和操作者的各种行为进行控制，充分调动施工人员主观能动性，尽量避免人为失误。坚持以其工作质量确保工序质量，以工序质量保证工程项目质量。

在人员因素控制中，必须充分考虑人的素质，如技术水平、生理缺陷、心理行为和错误行为对项目质量的影响；要本着量才录用和扬长避短的原则，加以综合考虑和全面控制。要加强政治思想、劳动纪律和职业道德教育，树立“质量第一和用户至上”的思想；全面进行专业技术知识培训，提高技术水平，严禁无技术资质人员上岗操作；建立健全岗位责任制、技术交底、隐蔽工程检查验收和工序交接检查等规章制度和奖罚措施。尽量改善劳动条件，杜绝人为因素对项目质量的不利影响。

2. 材料、制品和构配件质量因素控制

材料、制品和构配件是项目施工的基本物资条件，如果其质量达不到要求，工程质量就不可能符合标准，因此必须加以严格控制。材料类质量控制内容包括：材料质量标准、性能、取样、试验方法、适用范围、检验程度和标准，以及施工要求等内容。所有材料、制品和构配件，均需有产品出厂合格证和材质化验单；钢筋和水泥等主要材料还需进行复试；现场配制材料，必须先提出试配要求，经试验合格后方可采用。

3. 机械设备因素控制

施工机械设备是实现施工机械化的重要物质基础，机械设备类型、性能和操作要求、施工方案和有关组织管理因素，均将直接影响项目施工进度和质量，因此必须从机械化施工方案制订、机械设备选型、主要性能和操作要求等方面严格控制其质量。

4. 施工方案因素控制

施工方案是项目施工规划的基础，它具体包括确定施工起点流向、确定施工程序、确定施工顺序、确定施工方法和施工机械五项。施工方案优劣，将直接影响项目施工质量、成本和进度控制目标实现，对施工方案的控制，主要是保证施工方案在技术上可行和经济上合理，有利于提高工程质量。

5. 施工环境因素控制

影响项目施工质量的环境因索有：自然环境，如气温、雨、雪、雷、电和风；工程地质和水文条件，如地形、地质、地震、地下水和地面水；技术经济环境，如地方资源条件、交通运输条件、供水和供电条件；管理环境，如质量保证体系和质量管理制度；劳动环境，如劳动组织和工作面，以及前道工序成果为后道工序提供的操作环境。环境因素对项目施工质量的影响，具有复杂多变特点，必须结合项目施工实际作出具体分析，对影响项目施工质量的环境因素实施有效控制；在进行控制时，必须与施工方案和技术措施相结合。

三、项目施工质量控制方法

本节只介绍施工质量控制方法中的 ABC 分析法和控制图。

1. ABC 分析法

ABC 分析法，又称主次因素图、帕累托图、排列图，是一种按次序排列引起缺陷的各种原因的条形图。按次序是为了指导纠正行动应首先采取行动纠正引起缺陷数目最多的问题。主次因素图的原理即绝大多数缺陷一般是由相对少数的几个原因引起的。

利用因果分析法可以找出产生质量问题的原因，进一步分析其主要原因是什么，要用到主次因素图。

排列图一般有两个纵坐标和一个横坐标、左边纵坐标表示频数，即不合格品件数；右边为频率，即不合格品累计百分数。横坐标表示影响质量的各种不同因素，按各因素影响程度的大小，即按造成不合格品数的多少，从左到右排列。直方图的高度表示某个因素影响的大小；曲线表示各影响因素大小的百分数。通常把累计的百分数分为三类：0 ~ 80% 为 A 类，80% ~ 90% 为 B 类，90% ~ 100% 为 C 类。A 类为影响质量的主要因素，B 类为次要因素，C 类为一般因素。

制作排列图的方法与要点包括以下三个方面。

（1）制图的主要步骤：

确定调查对象、范围、内容等；通过实测实量收集一批数据，并根据内容和原因分类；按频数大小重新排列项目，计算频数总值，并算出各项目的频率和累计百分比；绘制直方图，画出累计百分比曲线。

（2）通过对排列图的分析，弄清影响质量的主要因素与次要因素。一般认为影响质量的主要因素有 1 ~ 3 个，不太重要的因素可合并在“其他”项，以减少项目数。

（3）纵坐标除用质量问题的次数来表示外，也可用经济损失来表示。

2. 控制图法

控制图又称管理图，目前已成为质量控制常用的统计分析工具。

控制图是利用生产过程处于稳定状态下的产品质量特性值分布服从正态分布这一统计规律识别生产过程的异常因素，控制生产过程由于系统性原因造成的质量波动，保证工作处于控制状态。

控制图一般有三条线：上面的一条线为控制上限，用符号 UCL 表示；中间的一条叫中心线，用符号 CL 表示；下面的一条叫控制下限，用符号 LCL 表示。生产过程中，按规定取样，测定其特性值，将其统计量作为一个点画在控制图上，然后连接各点成一条折线，即表示质量波动情况。根据质量数据种类，控制图分为两大类：计量值控制图和计数值控制图。

第四节　施工成本控制

一、项目施工成本控制原理

根据项目承包合同要求、工程特点、工程内容和项目组织管理方式，以及项目成本控制方法，分解项目成本控制目标，并将其落实到每一笔支出费用的控制上；根据已批准的施工方案、进度规划和投标报价时所使用的工料分析资料，编制每个分部（项）工程或施工作业项的各项费用预算；按照规定的进度报告制度，联系每个分部（项）工程或工序的费用预算，测算其进度状况和费用发生情况；对项目实际成本和预算成本进行分析和评价；预测项目竣工尚需的费用，以及项目成本的发展趋势；采取相应项目成本控制措施，以保证项目实际成本与规划成本相符。

二、项目施工成本控制程序

项目施工成本控制随着项目规模、特点及合同形式不同而变化，但其控制形式大致相同，如图 9-1 所示。

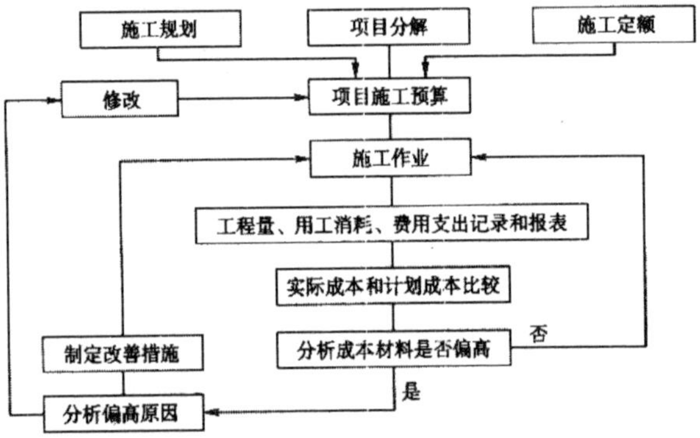

图 9-1　项目施工成本控制程序

三、项目成本超支原因

1. 因果分析图法

因果分析图又叫树枝图，是用来寻找某项成本偏离原因的有效工具，如图 9-2 所示。因果分析图做法是：首先明确项目成本偏离的结果，画出项目成本偏离分析的主干线，然后再逐层确定影响费用偏离的大原因、中原因和小原因。影响某项费用超支的原因可能有多个，也可能只有一个，有主要原因也有次要原因；小原因不等于是次要原因，也可能是最根本的原因。通常要对主要原因作出标记（*），以引起重视。

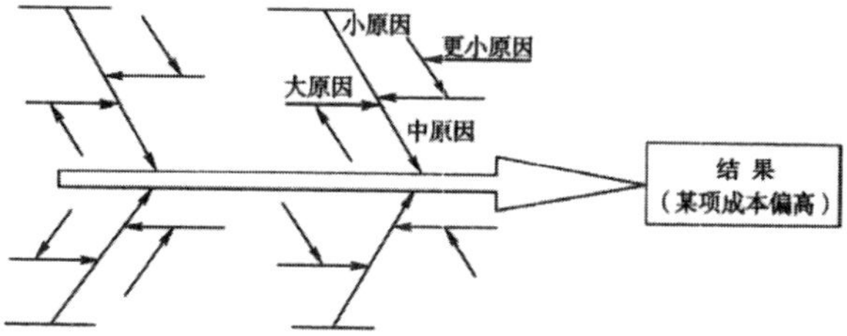

图9-2 因果分析示意图

2. 因素替换法

因素替换法可用来测算和检验有关影响因素对项目成本作用力的大小，从而找到产生成本偏离的根源。其具体做法是：当一项成本受几个因素影响时，先假定一个因素变动，其他因素不变，计算出该因素的影响效应；然后再依次替换第 2、第 3……第 n 个因素，从而确定每一个因素的影响额。

四、工程变更与成本控制

工程变更是指在项目施工过程中，由于种种原因发生了事先没有预料到的情况，使得工程施工的实际条件与规划条件出现较大差异，需要采取一定措施作相应处理。工程变更常常涉及额外费用损失的承担责任问题，因此项目成本控制人员必须能够识别各种各样的工程变更情况，并且了解发生变更后的相应处理对策，最大限度地减少由于变更对承建单位带来的损失。

1. 工程变更种类

（1）施工条件变更。

施工条件变更系指项目设计文件与现场不符或表达不清而引起的变更。例如，设计图纸和说明书互相矛盾，以及设计文件出现遗漏或错误；施工现场地质或水文条件使施工作业受到限制；设计文件标定的自然或人为施工条件与实际情况不符；在设计文件中明确指出的设计条件，与实际出现的情况有显著差异。

（2）工程内容变更或停工。

通常由于建设单位要求，向设计单位提出修改设计而变更工程内容，致使承包单位暂时停止全部或部分工程。

（3）延长工期。

由于天气等客观原因的影响，而使工程被迫暂时停工或降低作业效率，项目经理可向建设单位提出延长工期的要求。

（4）缩短工期。

由于建设单位要求缩短工期，其项目增加的费用应由业主承担。

（5）物价变动。

在项目施工过程中，由于工资或物价发生较大变动，引起承包费用发生较大偏差，项目经理可向建设单位提出追加承包费用的要求。

（6）天灾或其他不可抗拒因素。

它包括：暴风、大雨或洪水等恶劣气候；地震、火灾、滑坡或动乱等不可抗拒因素。这些因素都会对已完工程、临时设施、现场的材料、机械和人员造成严重损失。

2. 工程变更处理

当工程变更超过合同规定的限度时，常常会对项目的施工成本产生很大影响，如不进行相应的处理，就会影响承建单位在该项目上的经济效益。工程变更处理就是要明确各方的责任和经济负担。

在处理工程变更问题时，要根据变更的内容和原因，明确承担责任者。如果承包合同有明确规定，则按承包合同执行；如果合同未作规定，则应查明原因，根据相应仲裁或法律程序判明责任和损失的承担者。通常由于建设单位原因造成的工程变更，损失由建设单位负担；由于客观条件影响造成的工程变更，在合同规定的范围内，按合同规定处理，否则由双方协商解决；如属于不可预见费用的支付范畴，则由承包单位解决。

在明确损失承担责任之后，还要准确统计已造成的损失和预测变更后可能带来的损失。经双方协商同意的工程变更，必须做好记录，并形成书面材料，由双方代表签字后生效，这些材料将成为工程款结算的合同依据。

第五节　施工安全管理

一、施工安全管理的主要内容

施工安全是关系到施工企业经济效益、施工人员生命安全的重要内容，如何作好安全管理是每个项目都应该非常重视的一件大事。施工安全管理的一个重要原则是“安全第一、预防为主”。施工安全管理更重视的应是事前管理，一旦发生了安全事故应及时组织解决，将损失降到最低。施工安全管理的主要内容涉及以下几个方面：

1. 施工现场供用电安全管理

主要是为在建设工程施工现场供用电中贯彻执行“安全第一、预防为主”的方针，确保在施工现场供用电中的人身安全和设备安全，并使施工现场供用电设施的设计、施工、运行及维护做到安全可靠，确保质量，经济合理。

2. 施工机械使用安全管理

主要为保障施工机械的正确、安全使用，发挥机械效能，确保安全生产。

3. 施工现场临时用电安全管理

主要应以贯彻国家安全生产的方针政策和法规为主，保障施工现场用电安全，防止触电事故发生，促进建设事业发展。

4. 施工高处作业安全管理

主要对施工中高处作业，如临边、洞口、攀登、悬空、操作平台及交叉等，为贯彻安全生产的方针，做到防护要求明确，制定出相关的管理规定条例。

5. 施工脚手架安全管理

主要保障施工中脚手架的设计、制作符合安全要求，确保在施工中得到正确使用，在新建、整修、拆除等工程施工中保证施工及人身安全。

二、施工机械使用安全管理

施工机械使用安全管理是施工企业做好安全管理的重要内容之一，而且施工机械使用的安全涉及很多方面，包括机械操作人员、机械本身状态及机械使用的环境要求等。

1. 施工机械操作人员的管理

为保证安全操作的基本要求，机械操作人员应具备基本条件和持证上岗，如应对操作人员进行体格检查，看其是否有妨碍作业的疾病和生理缺陷，如无身体缺陷，还应对其进行专业培训，考核合格取得建设行政主管部门颁发的操作证或公安部门颁发的机动驾驶执照后，方可持证上岗；应对机械操作人员制定严格的纪律要求。因为很多事故是由于操作人员思想不集中、麻痹、疏忽等因素及其他违规行为所造成的，所以应要求操作人员在作业过程中集中精力正确操作，不得擅自离开工作岗位或将机械交给其他无证人员操作；操作人员应遵守机械有关保养规定，认真及时地做好各级保养工作，经常保持机械的完好状态。

2. 机械应保持良好的工作状态

为保证机械的良好工作状态，管理人员应确保机械必须按照出厂使用说明书规定的技术性能、承载能力和使用条件，正确操作，合理使用，严禁超载作业或任意扩大使用范围。

为保证机械的安全工作，机械上的各种安全防护装置及监测、指示、仪表、报警等自动报警、信号装置应完好齐全，有缺损时应及时修复。

新机、经过大修或技术改造的机械，必须按出厂使用说明书的要求和现行国家标准进行测试和试运转，才能确保机械的安全使用；机械使用的润滑油，应符合出厂使用说明书所规定的种类和牌号，并应按时、按季、按质更换。

3. 机械使用环境的安全管理

现场施工负责人应为机械作业提供道路、水电、机棚或停机场地等必备的条件，并消除对机械作业有妨碍或不安全的因素。夜间作业应设置充足的照明。

机械集中停放的场所，应有专人看管，并应设置消防器材及工具；大型内燃机械应配备灭火器；机房、操作室及机械四周不得堆放易燃、易爆物品。

变配电所、乙炔站、氧气站，空气压缩机房、发电机房、锅炉房等易于发生危险的场所，应在危险区域界限处设置围栅和警告标志，非工作人员未经批准不得入内；挖掘机、起重机、打桩机等重要作业区域，应设立警告标志及采取现场安全措施。

在机械产生对人体有害的气体，液体、尘埃、渣滓、放射性射线、振动、噪声等场所，必须配置相应的安全保护设备和三废处理装置；在隧道、沉井基础施工中，应采取措施，使有害物限制在规定的限度内。对于每一种类型的机械和每一种型号的机械都有相应的安全使用具体要求，在具体操作施工中应参照要求认真执行。

第十章　施工机械选择与机械化施工方案

第一节　施工机械的使用性能

一、牵引特性

牵引特性是反映施工机械牵引性能和燃料经济性最基本的指标。牵引特性以牵引特性图解曲线形式表示，它反映在一定的地面条件下，在水平地段以全油门做等速运动时，机械各档速度下的牵引功率、实际速度、牵引效率、发动机油耗量、发动机功率等。它直接影响着机械的作业性能与作业效率。

牵引特性曲线是施工机械的基本技术指标，无论在机械设计中还是机械的使用中都是十分重要的。在使用过程中，牵引特性有助于合理地使用机械，有效地发挥它们的生产，在组织机械化施工时，牵引特性也常常是解决各种机种进行合理配合的基本依据。

二、动力特性

动力特性是反映铲土运输机械在运输工况下动力性的基本特性曲线，用来评价铲土运输机械的速度性能、加速性能和爬坡能力。

铲土运输机械动力性指标用动力因素 D 来评价，动力性直接影响机械的生产效率。

$$D = \frac{F_K - F_W}{m_s}$$

式中：F_k——切线牵引力；

F_w——风阻力、坡度阻力、惯性阻力等阻力总和；

m_s——机械总质量。

动力因素反映了在除去风阻力后，机械单位机重所能获得的用于克服滚动阻力、坡道阻力、惯性阻力的切线牵引力。因此在机械使用中应注意利用低档起步，中档作业、高档行驶。在机械设计规定的最大坡度角度内工作，才能充分发挥机械的效能，确保机械稳定、安全生产。

三、机动性

机动性是反映施工机械在直线行驶时的稳定性和狭窄地点转向和通过的能力。机动性与操纵性有很大关系。操纵性是以最小转弯半径来评价的。机动性影响施工机械的适用程度。

四、稳定性

稳定性是表明施工机械作业时，在坡道上行驶时抵抗纵向和横向倾翻和滑移的能力。

五、经济性

经济性主要表示施工机械在作业过程中燃料消耗是否经济合理。它通常用两个指标来评价：一个是发动机油耗率，即每千瓦 / 小时所消耗燃料的克数。这一指标可以用来比较相同机种不同型号机械经济性的好坏。另一个指标是发动机油耗量，即发动机每小时所消耗燃料的千克数，这一指标可以用来核算作业成本。

第二节 施工机械的生产率

一台施工机械 1h 或一个台班（以 8h 计）完成的工作量称为生产率。它是编制施工计划、估算施工费用以及进行机械组合配套的依据。

一般在施工现场所配备的施工机械，由于作业情况和生产故障，并不是所有机械都在运行中，即使运行中的机械，其实际作业时间也不尽相同，作业效率也不一样。假定运行效率为 K_n、作业时间利用率为 K_B、作业效率为 k_q、机械工作装置的容量为 V_q，则一台施工机械在单位时间内完成的工作量为：

$$Q=V_qK_nK_Bk_q$$

假定运行效率 $K_n=1$，则：

$$Q=V_qK_Bk_q$$

如以台班计算，则：

$$Q_B=\left(\frac{8\times 60}{t_r}\right)V_qK_Bk_q$$

式中：Q_B——一个机械台班的生产率，m^3/d 或 m^2/d；

t_r——机械每工作一个循环的时间，min。作为施工计划基础的生产率，还可以细分为三种：

1. 理论生产率 QL

理论生产率是指机械在设计的标准条件下，连续不断地进行工作的生产率。理论生产率与机械的构造有关，它不考虑施工的具体条件。一般机械使用说明书上的生产率即为该机械的理论生产率。

$$Q_L=\left(\frac{8\times 60}{t_r}\right)V_q$$

2. 技术生产率 QJ

技术生产率是指在具体施工条件下，机械连续工作的生产率。它考虑了工作对象的性质、状态以及机械能力发挥的程度等因素。这种生产率是可以争取达到的生产率。如在某一时期内，测定到的正常损失时间为 t_R，实际作业时间为 t_N，则在具体的施工条件下，正常作业时间效率 K_w 可用下式表示。

$$K_W=\frac{t_N}{t_N+t_R}$$

用正常作业时间效率修正后的施工机械理论生产率称为技术生产率。它与理论生产率之间的关系见下式。

$$Q_J=K_wQ_L$$

3. 实际生产率 Qs

实际生产率是指在具体的施工条件下，考虑施工组织及施工现场的具体生产条件时，机械所能达到的生产率。

$$Q_s=K_BQ_J$$

式中：K_B——时间利用系数，即机械的作业时间利用率。

如上所述，施工机械的生产率有理论生产率、技术生产率和实际生产率三种。在编制施工计划时应选用哪种生产率较为合适呢？通常在编制施工组织计划和平衡各项工程的施工机械作业能力时，应使用理论生产率和技术生产率，而实际生产率可作为工程计划和估价的基础。

第三节　施工机械的选择与机械化施工方案的形成

施工机械种类、规格繁多，各种机械又有着自身独特的技术性能和作业范围。一种机械可能有多种用途，而某一施工内容往往可以采用不同机械去完成，或者需要若干机种联合工作。为了获得最佳的技术经济效果，根据具体的施工条件，对施工机械的合理选择和组合，使其发挥尽可能大的效能，是机械化施工中的一个非常重要的环节。

一、选择施工机械的原则与机械化施工方案的形成

工程量和施工进度是合理选择机械的重要依据。一般地，为了保证施工进度和提高经济效益，施工量大时采用大型机械，而施工量小时则采用中、小型机械。选择施工机械应遵循下述原则：

1. 施工机械与工程项目的具体实际相适应

在路基工程中，施工范围非常广泛，施工条件千变万化，选用的施工机械一方面应适合于具体工程项目的地形、土质、气候、施工场地大小、运输距离、施工断面形状尺寸、工程质量要求等；另一方面机械的容量要与工程进度及工程量任务相符合，尽量避免因机械工作能力不足或剩余，造成延缓工期或机械利用效率太低的现象，在条件允许的情况下，尽量选择最能满足施工内容的机种和机型。

2. 使用机型应有较好的经济性

施工机械经济性选择的基础是施工单价，主要和机械固定资产消耗及运行费等因素有关。固定资产消耗与施工机械的投资成正比，包括折旧费、大修费和投资的利息等费用；而机械的运行费用则是与完成施工量成正比的费用，包括劳动工资、直接材料费、燃料费、润滑材料费、劳保设施费，等等。采用大型机械进行施工，虽然一次性投资大，但它可以分摊到较大的工程量当中，对工程成本影响较小。因此在选择机械时，必须权衡工程量与机械费用的关系，同时要考虑机械的先进性和可靠性，这是影响经济效益的重要因素。

3. 应能保证工程质量要求和施工安全

根据工程项目的技术要求，选择合适的施工机械是保证工程质量的重要因

素之一。对于技术要求高的作业项目，应考虑采用性能优良或专用的机械，以保证工程质量和较高的生产率。但应注意不可片面追求高性能专用机械，应在满足工程质量要求的前提下，与机械的通用性相结合。同时，机械应具有可靠的安全性能，如行驶稳定，有翻车或落体保护装置、防尘隔音、危险施工项目可遥控作业等。此外，在保证施工人员、设备安全的同时，应注意保护自然环境。施工现场及其附近已有的其他建筑设施，不因应所采用机械施工而受到破坏或质量降低。

4. 机械的合理组合——机械化施工方案的形成

合理地进行机械组合是发挥机械设备效能、形成机械化施工方案的重要因素，也是机械化施工的一个基本要求，它包括技术性能和机械类型及其数量两个方面配置。

（1）主要机械与配套机械的组合。

与主要机械相配套的配套机械，其工作容量、数量及生产率应稍有储备。机械的工作能力应配合适宜，以充分发挥主要机械的生产率。例如，挖掘机与运输车辆配合作业，挖掘机的铲土容量与运输车车厢容量应协调，一般以 3 ~ 5 斗能装满运土车车厢为宜，以保证作业的连续性。

（2）牵引车与配套机具的组合。

路基施工中，经常会有些没有独立动力行走装置的辅助性机具或拖式机械，需要配以另外的牵引车牵引工作，这时，两者组合要协调和平衡，避免动力剩余过大，造成浪费，或动力不够而不能完成要求的作业。

（3）配合作业机械组合数尽量少。

作业机械组合数越多，其总的效率就越低。例如，两台效率均为 0.9 的机械组合时，其总效率只有：$0.9 \times 0.9=0.81$，而且每一组合中，当其中一台发生故障停车时，组合中的其他机械便无法正常工作。因此，在能完成作业内容的前提下，应尽量减少机械组合的数量。

为了避免上述不利情况的发生，应尽可能地组织多个系列的组合，并列进行施工，从而减少因组合中一台机械停驶而造成全面停工的现象，减少配合机械工作能力的损失。

（4）尽量选用系列产品。

机械化施工中，应减少同一功能机械的品种类型，力求尽可能使用统一、标准化的系列产品，以便于维修和管理。

除此之外，施工单位要结合机械装置情况及完好率、新购机械的可能性等具体实际，选择和组合。因地制宜，机械化、半机械化相结合，切实做到技术上合理和经济上有利，达到两方面的有机统一。

二、施工机械的选择方法

在公路工程施工中，选择机械时有各种各样的考虑。根据机械的技术性能，针对各项作业的具体情况，可从下述几个方面出发，进行机械的合理选择。

1. 根据作业内容选择

路基工程施工作业内容包括土石方挖掘、装载、运输、填筑、压实、整形及挖沟等基本内容，以及伐树除根、松土、爆破、表层清理和处置等辅助性作业，每种作业都由相应的施工机械完成。表 10–1 列出各项作业内容选择机械的种类，可供参考。

实践表明，对于中小型工程，选择通用性较好的机械较为经济合理，而大型工程，应当更注重根据作业内容进行选择，才能获得最佳的技术经济指标。

表 10–1 根据作业内容选择施工机

工程类别	作业内容	选择的机械设备
准备工作	（1）清基（树丛、草皮、淤泥、黑土、岩基、冰雪等清除）和料场准备 （2）松土、破冻土（<0.2m）	伐木机、履带式拖拉机和推土机、挖掘机、装载机、水泵、高压水泵、松土器、平地机
土方开挖	（1）底宽>2.5m的河渠、基坑、池塘、港口、码头、采土场等 （2）小型沟渠和基坑	推土机、铲土机、挖掘机、装载机、冲泥机、吸泥机、开挖机、清淤机
石方开挖	（1）砾石开采 （2）岩石开采 （3）石料破碎	挖掘机、推土机 移动式空气压缩机、凿岩机、挖掘机、推土机、爆破设备等 破碎机、筛分机
冻土开挖	河渠、基坑、池塘、港口、码头	推土机、冻土犁、冻土锯、冻土拍、冻土钻、冻土铲
土石填筑	（1）大型堤坝、高质量路基、场地、台阶等 （2）小型堤坝、路基、梯田、台阶	推土机、铲运机、羊足碾、压路机 夯板碾压机、洒水车、平地机、推土机、平地机、铲运机
运输	（1）机械设备调运 （2）土石运输	火车、轮船、自卸汽车、汽车、起重机、推土机、铲运机、装载机、汽车
整形	（1）削坡 （2）平整	平地机、大犁、推土机、铲运机、挖掘机、平地机、推土机、铲运机、大犁

2. 根据土质条件选择

土质是机械施工的主要对象，其性质和状态直接影响施工机械作业的质量、工效及成本等，因此，土质条件是选择机械的一个重要的依据。

（1）根据机械通行性决定。

所谓通行性是用以表示车辆，特别是工程车辆在土质等条件限制下，在工地行驶的可能程度。

（2）根据土质的工程特性选择。

土质条件不仅对机械的通行性有影响，而且也左右着进行各种作业的机械施工可能性和难易程度，各种工程特性不同，施工时应选择不同的机械。

为了便于选择施工机械，我们称较为干燥的黏土、砂石、砂粒石、软石、块石和岩石等为硬土；称淤泥、流沙、沼泽土和湿陷性大的黄土、黑土及软弱黏土（含水率较大）等为软土。硬土的开挖、运输、压实时，机械选择见表 10–2。软土开挖机械的选择见表 10–3。各种土壤的压实机械选择可参考表 10–4。

表 10–2　硬土开挖和运输机械的选择

施工机械土质	推土机	铲运机	正铲挖掘机	反铲挖掘机	装载机	松土器	开沟机	平地机	自卸汽车	底卸汽车	钻孔机	凿岩机
黏土和壤土	√	△	√	√	√	√	√	√	√	√		
砂土	√	√	√	√	√	√	√	√	√	√		
砂砾石	√	×	√	√	√	×	△	△	√	△		
软岩和块岩	△	×	√	△	△	×	×	×	√	×	√	√
岩石	×	×	×	×	△	×	×	×	√		√	√

表 10–3　软土开挖机械选择

机械水分状况	通用推土机	低比压推土机接地比压（kPa）			水陆两用挖掘机	挖泥船
		19.6 ~ 29.4	11.8 ~ 19.6	<11.8		
湿地	△	√	√	√	√	×
轻沼泽地	×	√	√	√	√	×
重沼泽地	×	×	△	√	√	△
水下泥地	×	×	×	√	√	√

表 10-4 适合于相应土质的压实机械

土质名称 机械名称	块石、圆石、砾石	砾石土	砂	砂质土	黏土、黏性土	混杂砂石的黏土、黏性土	非常软的黏土、黏性土	非常硬的黏性土	备注
静力式压路机	B	A	A	A	B	B	C	C	用于路基、路面
自行式轮胎压路机	B	A	A	A	A	A	C	B	最经常使用
牵引式轮胎压路机	B	A	A	A	A	A	C	B	用于坡面、坡长5 ~ 6m时最有效率
振动式压路机	A	A	A	A	C	B	C	C	用于路基、基层
夯实机	A	A	A	A	C	B	C	C	用于狭窄地点的碾压作业
夯锤	B	A	A	A	B	B	C	C	用于狭窄地点的碾压作业
推土机	A	A	A	A	B	B	C	A	用于推平作业
沼泽地区推土机	C	C	C	C	B	B	A	C	用于含水率高的土

3. 根据运距选择

根据运距选择机械，主要针对铲土运输机械而言，考虑上述土的状态、性质及工程规模，结合现场和条件，可参考表 10-5 选用。

表 10-5 施工机械经济运距

机械	履带推土机	履带装载机	轮胎装载机	拖式装载机	自引式铲运机	轮式拖车	自卸汽车
经济运距（m）	<80	<100	<150	100 ~ 500	200 ~ 1000	>2000	>2000
道路条件	土路不平	土路不平	土路不平	土路不平	土路不平	平坦路面	一般路面

4. 根据气象条件选择

气象条件也是影响机械施工的因素之一，如雨季、冬季施工时，应特别加以考虑。

雨或积雪融水会直接影响土的状态，从而导致机械通过性下降，工作性能变坏。我国大部分地区都有程度不同的连续降雨天气，即雨季。在此期间，如不停工就不得不考虑使用效率较差的履带式机械，代替干燥条件下机动灵活、效率较高的轮胎式机械进行作业。

5. 冬季施工使用的机械

冬季施工所使用的机械，应考虑进行冻土开挖、填筑、碾压等作业时，机械施工能否达到规定的技术要求，同时，应选用与破冻土等特殊作业相适应的机械，如松土器、冻土犁等。选择合适的施工机械，还要考虑与工程间接有关的条件，如对较大的单位来说，同时可能承担几个不同的施工任务，这时应考虑机械设备相互之间的协调与配合。此外，诸如电力、燃料、润滑材料的供应，机械维修与管理，机械的迁移等，都对选择机械有一定的制约。要综合分析，抓住主要矛盾，选择经济适用的机械。

6. 作业效率

在计算施工机械生产率时，一般都是在假定的标准工作条件下进行的，但实际工程施工中，各种条件是千变万化的，那么，在特定的施工条件下，机械的工作能力（生产率），应是在计入作业效率后而确定。

对于不同的机械，在相同条件下，作业效率是不相同的，准确地求出作业效率值是困难的，表 10–6 是在不同作业条件和机械技术状况下作业效率的参考值。

表 10–6 施工机械作业效率参考值

作业条件	机械技术状况				
	优秀	良好	普通	较差	很差
优秀	0.83	0.81	0.76	0.70	0.63
良好	0.78	0.75	0.71	0.65	0.60
普通	0.72	0.69	0.65	0.60	0.54
较差	0.63	0.61	0.57	0.52	0.45
很差	0.52	0.50	0.47	0.42	0.32

第四节 施工机械的购置、租赁与更新、改造

无论是新建的施工企业，还是已经营多年的老企业，都存在着如何使企业的施工机械适应企业施工生产的问题，即企业技术装备结构合理化的问题。它所涉及的范围有技术装备政策、技术装备规划，新增设备以及更新、改造等方

面的装备（或称机械）管理问题。

一、装备结构合理化的要求

装备管理的目的是保持并提高施工企业技术装备结构的合理化，使企业的施工机械适应企业施工生产需要。

装备结构的合理化应符合以下要求：

1. 技术先进性

构成施工企业机械化施工能力的主要机械应具有与当代平均水平相匹配的技术先进性。具体地说，应具有平均先进程度的消耗水平、生产效益、耐用性、安全性、环保性、可靠性、维修性等。

2. 较高的利用率及机械效率水平

在正常情况下，施工企业的主要机械设备应基本上达到或超过国家规定的利用率、年出勤率及机械效率指标，但由于公路施工本身的特点，要求机械设备全面达到或超过国家指标是不可能的，但至少要做到基本上完成定额。

要使施工企业的技术装备结构达到高利用率和高效率的要求，要处理好以下关系：

（1）常用机械与非常用机械之间的关系。依据机械设备的长远利用率的高低，将施工机械区分为常用与非常用两大类。施工企业自有机械原则上只能由常用机械来组成。非常用机械与施工企业只能是一种临时的结合关系。

（2）凡具有综合机械化组合关系的机械设备之间，必须有正确的配套关系。例如，自卸汽车的厢斗容积一般以等于 3 ~ 4 倍挖掘机铲斗容积为宜，过大或过小都将导致总的生产效率的下降。匹配关系不仅仅指生产能力之间的匹配，还有技术性能、工艺性能等之间的匹配关系。一个匹配关系失调的装备结构达不到高效的目的。

3. 机械化程度的均衡性

机械化程度的均衡性，对综合性施工企业来说，是指工种工程之间机械化程度的均衡性；对专业化施工企业来说，是指工序之间机械化程度的均衡性。施工企业是作为一个服务整体作用于工程项目，如内部之间机械化程度很不均衡，那么就不能充分体现总的机械化施工的优越性。所谓“均衡性”，并不是相等的意思，事实上不同工种工程之间，或不同的工序之间，要具有完全相同的机械化程度是很不容易做到的。但至少达到机械化程度都占明显优势的程度。不能在众多的机械化施工环节之间夹杂少数几个依靠手工劳动的薄弱施工环节，以便使总的装备结构达到完善的程度。

4. 大、中、小型施工机械及动力机具具有合理比例的多层结构

一个规模较大的道路工程，不仅有大量的常规土石工程、路面铺筑工程，而且存在大量人工构筑物。因此，要提高总体工作的机械化程度，必须注意小型机具的配备，否则整体的机械化优势还是不能充分发挥，也影响整个工程项目质量的提高。

5. 便于使用与维修

使用与维修方便、机型厂牌单一，防止一种机型各单位平均使用。

综上所述，一个合理的技术装备结构应该具有平均先进水平的、高效的、机械化程度均衡的、具有合理多层次结构，又便于使用与维修的装备结构。要做到这一点并非容易，即使一时做到了，也会随着生产形势的变化产生新的不合理因素，需要适时地加以调整、提高，这就是技术装备规划的任务。

二、装备管理的常用术语

在一个预定的时期内，根据预定的目标将有关提高技术装备结构合理化程度的各项工作或措施加以综合考虑而安排的计划形式便是技术装备规划。施工企业赖以充实、调整、改进技术装备结构的主要手段有“新增”、“报废与更新”、“改造与改装”、“自制设备、标准设备、非标准设备”等。

1. 新增

新增是指施工企业增加了在原有的装备结构中所没有过的同类机械设备。它不是通常的新旧替换，所以，一般来说，企业对这种机械设备不太熟悉，缺乏实践经验，故要特别慎重，若决策失误，那么将成为降低企业技术装备合理化程度的主要因素。

2. 报废与更新

报废是指设备退役。报废后的机械设备已不再是企业固定资产的一个组成部分，应从资产账上予以注销。

更新是指以新代旧。根据更新内容的不同分为役龄更新与技术更新两种。役龄更新指用新出厂的完全同样的机械设备去填补由于旧机械设备报废退役而留下的空缺，不包含或不要求技术性能上的任何改进提高；技术更新则指用在技术性能上完全新型的新设备去替换或淘汰已经陈旧落后的旧设备，也就是所谓的“换代”。在当今社会，单纯的“役龄更换”情况很少出现，现在也主张逐步消灭这种做法。因此，在本书中凡提到“更新”一词而又不作特别说明的

地方，一律指“技术更新”。

更新与报废互相对应，因为更新总是有对象的，没有报废，何来更新。某一设备可以只报废不更新，而不能只更新而无报废。

3. 改造与改装

改造是指机械设备局部的技术更新。经过改造后的机械设备并没有变更设备的机种，只不过在技术性能上得到了提高。

改装是利用旧机械设备的主体部分或全部，再增加某些附加装置，使其用途发生变更，成为另一种设备。在这个过程中，技术上有无提高改进不是主要问题。

4. 配套

配套是指二者之间具有比较严格稳定的匹配关系。

配套关系有三种情况：

（1）同一台设备中主机与副机之间的配套关系。

（2）综合机械化施工组列中前后工序机械设备之间的配套关系。

（3）施工对象与适用设备之间的配套关系。

5. 自制设备、标准设备、非标准设备

凡是国家批量生产的定型设备称为“标准设备”。凡是由于工程需要而由企业自制或委托制造的专用设备即为“非标准设备”。不提倡或不允许施工企业自制定型产品，故在通常情况下，可把“自制设备”与“非标准设备”看成是同义词。

三、技术装备规划的意义和内容

公路施工企业在国家技术装备政策指导下，根据未来施工形势的预测、评价结果，以及本企业技术装备结构的现状，应制定出技术装备规划，以便在预定的时间内（一般以 3 ~ 5 年为宜）有目标、有步骤地使企业的技术装备结构和装备水平日趋合理化。

技术装备规划包括三方面的内容：

（1）作出规划期内生产形势发展变化的预测，提出预计的生产能力目标。这是最主要的一项内容，是制定规划的最根本的依据。

（2）分析现有的技术装备结构的状况。这种分析除了研究装备本身内部配套关系及比例关系等情况以外，还要根据主要考核指标（完好率、利用率、装备生产率等）的统计资料，运用统计分析的方法，找出装备结构方面存在的主要问题，确定调整装备结构或提高其水平的要点。

（3）提出规划期内分期分批新增、改造和淘汰的主要机械设备的方案。还应结合工程承包和机械租赁市场情况，做出机械租赁的安排。对关键机械应具体落实到机种、机型、数量、成新度和主要的技术性能指标等。

四、新增设备与租赁设备

新增设备的管理程序一般可分为必要性审核、适用性审核、法规性审核、综合比较评选四个步骤。

1. 必要性审核

所谓必要性审核，又称为常用性审查，是指施工企业有无必要自己来购置这种设备，也就是说施工企业有无必要采用自有机械的方式来满足施工生产需要的问题。

必要性审核的基本依据便是预测的长期利用率。如果某项机械设备只能短期使用而看不到长期使用可能，或即使可以长期使用而利用率并不很高的情况下，一般来说，企业自行购置在经济上是不合算的，在这种情况下，为了解决施工生产需要，最好采用租赁或将工程局部分包出去的办法。

在具有长期利用可能的情况下，设备的利用率应达到何种水平才能使企业在经济上合理地拥有该种设备，可以利用下面两种方法来提供决策的依据。

（1）计算法。

其原理为以设备的有效使用期为分析期，计算自有与租用两者总费用现值相等的利用率，由此求得企业拥有该设备所必须达到的利用率的经济界限。

设：C_g——设备年运行维持费中与利用率无关的固定部分，由大修、经常修理（维修）、安装拆卸及辅助设施四项费用组成，元 / 年；

C_b——设备年运行维持费中与利用率有关的可变部分，由人工费、动力燃料费、养路费及车船使用费等几项费用组成，元 / 年；

R_1——定额台日（台班）利用率，即租赁公司及租用单位用以计算台班成本的依据；

R_2——实际利用率（假定每年相等）或企业自有机械经济利用率的下限；

Ep——自有方式在有效使用期内总费用的现值，元；

E’P——租用方式在有效使用期内总费用的现值，元；

f——台班租用费，元 / 台班；

D——年制度台日数（按我国现行规定 250 天），天；

P——资金的现值（包括机械购置、安装费），元；

Ln——至 n 年后预期可以回收的设备残值，元；

i——资金的年利率；

n——使用期年数，年；

［P/F，i，n］——一次支付现值系数，为$\frac{1}{(1+i)^n}$；

［P/A，i，n］——等额支付系列现值系数，为$\frac{(1+i)^n-1}{i(1+i)^n}$。

并假定一班制作业，即台班就是台日。

若施工企业拥有该机械设备，则在 n 年内，总费用现值为：

$$E_p=P-L_n\ (P/F,i,n)\ +C_g\ (P/A,i,n)\ +C_b\frac{R_2}{R_1}(P/A,i,n)$$

若租用设备，则租用 n 年共需付出租用费总和现值为：

$$E_p=fDR_2(P/A,i,n)$$

令：Ep=E’P，则有：

$$P-L_n\ (P/F,i,n)\ +C_g\ (P/A,i,n)\ +C_b\frac{R_2}{R_1}(P/A,i,n)\ =fDR_2(P/A,i,n)$$

故：

$$E_p=P-L_n\ (P/F,i,n)\ +C_g\ (P/A,i,n)\ +C_b\frac{R_2}{R_1}(P/A,i,n)$$

$$R_2=\frac{P-L_n\ (P/F,i,n)\ +C_g\ (P/A,i,n)}{\left(f\cdot D-\frac{C_b}{R_1}\right)[P/A,i,n]}$$

若施工企业对该项设备的预测长期利用率 $R=R_2$，那么自有与租用在经济上一样，考虑自有设备使用较为方便，可考虑购买；只要 $R>R_2$，就以购置为宜；否则，则租用为宜。

这里有一点说明，上述经济定额中台班数据是为了计算机械使用成本费用的，并不包括利润。而租赁公司在出租机械设备时，实际收取的台班租费要大于国家规定的机械台班费用定额。为便于计算，此处假定它与经济分析所用值相一致。

在定额中，台班费包含了折旧费，故引用定额台班费时，应注意扣除折旧费，这样台班费租用费即为：

$$f=\frac{1}{D\cdot R_1}\left[P\ (A/P,i,n)\ -L_n\ (A/F,i,n)\right]+(f'-d)(1+i)$$

式中： f'——定额台班数；

d——折旧费；

（f'–d）（1+i）——修正台班费。

（2）查表法

利用施工设备经济利用率下限来确定自有或租用机械。施工企业自有机械预测利用率的经济界限，大致在 60%。施工设备经济利用率下限见表 10–7。

表 10–7 施工设备经济利用率下限表

	预测长期经济利用率下限（%）	适用机种示例
Ⅰ	50	履带挖掘机、拖车车组、打桩机、锻压设备
Ⅱ	55	推土机、拖拉机、履带起重机
Ⅲ	60	轮胎起重机、装载机、电动卷扬机
Ⅳ	65	塔式起重机、汽车起重机、机动翻斗车、自卸汽车、混凝土搅拌机、金属切削机床
Ⅴ	70	载货汽车

当预测的长期利用率 R 大于经济利用率下限时，就可考虑购买该机械。

企业自购设备的优点：

自有自用，当施工需要时可以立即投入使用，特别方便。而租用机械则必须临时联系租赁来源，因而包含着一定程度的不可靠性；拥有人对自用的设备往往更精心一些。故而在延长使用寿命及节约开支方面都有一定的潜力。

企业自购设备的缺点：

自购设备需要一次投入巨额的资金，而租用设备只需陆续支付小量的资金。很明显，前者要比后者更难筹集一些；当社会上出现新型的先进设备时，租赁方式可以允许施工者随时选择最先进的设备施工，而自有机械则往往促使施工者倾向于继续使用陈旧设备，相比之下，增加了维持费用，阻碍了技术进步；限制了施工企业承接各种不同施工任务的自由，因此可能使企业失去获得较高收益的机会。

以上有利或不利因素，有时难以用定量方法来表示，只能依靠决策人员的综合分析能力进行经济分析与决策。

当上述利用率考查通过后，并不等于必要性审查已全部过关。还要进一步考查企业外部还有没有其他方法可以在更经济的条件下解决同样的施工生产需要，而无须企业直接添置设备，这方面情况较为复杂，也无法运用分析计算方法来解决。下面以具体实例来说明。

2. 适用性审查

适用性就是考查机械设备全面技术性能（包括其细节在内）能否满足施工生产的需要。即使是同一类型的机械设备在生产性能方面往往有很大的差异，加之在施工方面，无论是施工工艺或作业环境等，也都各不相同，因此如果选择不当，两者之间便可能产生不匹配的情况而使新增的机械设备无法使用。

适用性审查不是一个单纯的数字计算或指标对比所能解决的问题，最好能由同时通晓施工及机械两个方面知识的人员通盘考虑予以决定。在不具备这样的条件下，可以由这两方面的作业人员协商解决。但这样的方式往往容易出现一些双方都没有注意到的漏洞而导致选择失误。适用性审查比较复杂，可用以下几方面考虑：

机械设备的技术性能与施工工艺之间的匹配关系；机械设备的技术性能与设备作业环境之间的匹配关系；机械设备的技术性能与综合机械化组列之间的匹配关系；其他方面的匹配关系。

3. 法规性审核

在国家装备政策及有关法规中，往往对企业选用设备作某些具体的规定。如果违反了这些规定，则不能投入使用，所以它也是一个必须的步骤。故在企业选用机械设备时，应了解国家的有关法规，以免投资失误。

4. 综合比较评选

在经过前述三个阶段审查后，如果只剩下一种机械可供选用，或者虽尚有多种机械可供选择，但主要的优点都明显地集中在一种机械上，那么就不再进行综合比较选择，根据直观判断就可以作出决定。当由于结构，厂牌号不同在各个方面上互有长短时，需要通过综合比较，决定取舍。

机械设备的综合比较评选，可从以下几个方面考虑：

（1）经济性。包括一切可以直接用货币单位表示或可能转化为货币单位的定量指标，如设备的生产率、原值、年运行维持费、使用寿命等。

（2）可靠性。可靠性是一台机械的生产性能在时间上的稳定程度。施工企业对机械设备的可靠性信息来源可以来自设备的可靠性试验资料，另外，对制造厂的质量管理水平的了解也很重要。施工企业选用的机械设备应该是机械设备制造厂正常投入批量生产的某台出厂产品。

（3）维修性。取决于机械设备的零件标准化程度，设备停修时间的长短，拆装的难易，配件供应渠道的稳定程度，以及企业已有的同类设备之间的厂牌统一型号程度等。

（4）安全性。

（5）环保性。

（6）适应性。与前述的适用性不同，适应性是指机械设备对不同使用要求的适应能力。

（7）宜人性。各种操纵驾驶装置的布设位置、采光、照明、视野、保温等性能有利于驾驶员的工作。

（8）其他评选人员认为有必要列入的指标。

对于不同的机械设备，上述指标的范围允许有增减，据具体情况确定。下面讨论具体评选方法。

若通过前述三个阶段审查后，还剩下若干机械设备可供选择，且它们在除了经济性外其他几项指标并无明显差别，或有差别在特定使用场所条件下不会产生值得注意的影响（如在旷野地区使用，振动、噪声等就不是主要因素），这时可以将这些不同的机械设备看成是不同的选择方案，用单纯经济比较评选法对这些方案进行评价。

（1）单纯经济评选法。

①当各方案的服务时限相同时，视年维持费用 C 的不同分为两种情况：C 为定值或逐年递增，可视为均匀梯度系列。

a. 年费用单位成本比较法。

当 C 为定值时，有：

$$S_a=\frac{P\ (A/P,i,n)\ -L_n\ (A/P,i,n)\ +C}{W}$$

或：

$$S_a=\frac{(P-L_n)\ (A/P,i,n)\ +L_n i+C}{W}$$

式中：S_a——年费用单位成本；

W——设备年产量。

当 C 可视为一个均匀梯度系列时，有：

$$S_a=\frac{(P-L_n)\ (A/P,i,n)\ +L_n i+C_1+G\ (A/G,i,n)}{W}$$

式中 C_1——设备第一年的维持费用；

G——梯度年金。

$$G=\frac{C_n-C_1}{n-1}$$

或 $G=C_n-C_{n-1}$

式中 C_n——预计的第 n 年维持费用。

评选：以 Sa 最低者为最优设备。

b. 现值单位成本比较法。若年运行维持费 C 呈不规则变化，则采用现总值比较法为宜，这样可以节省一些计算工作量。

$$S_b=\frac{P-L_n\ (P/F,i,n)\ +C_1\ (P/F,I,1)+C_2\ (P/F,i,2)+\cdots\cdots+C_n\ (P/F,i,n)}{nW}$$

$$=\frac{P-L_n\ (P/F,i,n)\ +\sum_{i=1}^{n}C_j\ (P/F,i,j)}{nW}$$

式中：S_b——现总值单位成本。

评选：以 S_b 最低者为最优入选设备。

②各种方案服务年限不同时，可用年费用单位成本法比较，方法同上，也可以采用研究期法，以各方案中短的那个年限为研究期。

当 C 为定值时：

$$S_c=\frac{P\ (A/P,i,n)\ (P/A,i,n_o)\ +C\ (P/A,i,n_o)}{n_oW}$$

式中：S_c——研究期现值单位成本；

n_o——选定的研究期，n_o=min（nA，nB……）

当 C 为均匀梯度系列时：

$$S_c=\frac{[P\ (A/P,i,n)\ +C_i+G\ (A/G,i,n_o)]\ (P/F,i,n_o)}{n_oW_O}$$

当 C 呈不规则变化时：

$$S_c=\frac{P\ (A/P,i,n)\ (P/A,i,n)+\sum_{j=1}^{n_o}C_j\ (P/F,i,n_o)}{n_oW}$$

用研究法比较机械时，一般不考虑残值。

评选：以 S_C 最低者为最优入选设备。

（2）全面综合评比法。

若参加比较的各个机械设备，除了经济性指标，其他各方面的性能差异很大，而且其重要性并不亚于经济性指标，这时就应采用全面综合评比法对各个设备评分，以得分总和最多为最佳设备，采用综合评分的原因是因为有许多非经济性指标很难将其转换成统一的计量单位来表达，而只能作定性的描述。

在进行上述评分时，有几点说明如下：

（1）权数是各类指标在综合比较中所占重要性大小的一个标志。也就是说，对所有参加评分的各类指标不能一视同仁，必须有所侧重。权数的选定及评分由评比者根据本人的观点，吸收其他专业人员的意见而定。对于特别重要的设备，甚至可以采取背靠背的方法收集意见，避免由于面对面的会议方式而产生的顾及情面、资历等不良影响，一般情况下权数的总和应为 10 或 100。

（2）凡是通过计算可以求得具体数值的指标，不能把计算结果当成分数直接应用，应采取分等给分的方法将其转化为分数。

（3）为了使评分工作做到更细致、更正确一些，可以把每一个大指标分解成若干个指标分别评分，以便取得更接近实际的结果。但应注意的是将分指标的评分总和乘以系数 1/”，这样做更合理一些。

（4）每一项指标可以采取 10 分制或 5 分制予以评定，除了有确定的定量数字出现，其余部分可采用与确定权数相同的方法予以评定。

从以上过程可以看出，权数与分数虽其表现形式都是以确定的定量数值出现，但实质上已包含了大量的人的主观因素。为使个人主观性的影响尽量减低，参加评分的人员应多一些为好，这样每个人的主观性相互作用，可使结果更实际一些。这种方法由于有此不足之处，故在理论上讲并不十分完善。

以上便是施工企业对新增设备管理的全过程，简单地说，这四个步骤的中心内容是：

（1）必要性审查是解决一个该不该购买（包括调进在内）的问题。

（2）适用性审查是解决一个买来以后能否适用的问题。

（3）法规性审查是解决投产运行时是否会触犯国家的有关法规问题。

（4）综合比较评选是解决在所有可供选择的机械中哪种综合效果最佳，以利购买的问题。

五、设备更新

在没有特别说明的情况下，所谓“更新”就是指“技术更新”。

设备是否及时更新关系到企业技术设备总体的先进程度，关系到企业的整个营运经济效益。如果企业机械设备的预定使用年限（有效寿命周期），在制订时已经考虑了技术进步的因素，那么设备更新的问题就比较简单。否则就会由于强制淘汰而使占相当比重的折旧余额无法回收，使企业及国家遭受额外损失，同时也增加了更新的阻力。

更新设备一般不需要对利用率及适用性详加考查，因为企业对这类设备已经拥有丰富的使用维修经验。如果本来是常年积压或利用率很低的机械设备，一般不会产生更新的要求。

对设备更新的管理可归纳为两大步骤，即

①更新必要性审查。

②更新机型或更新技术选择。

由于更新是指技术性能先进的机械设备替换或淘汰陈旧落后的旧设备，所以被更新的对象往往有不少正处于“自然寿命的壮年阶段”。因此，若无充分的论证及明显的优势，是不容易下决心将使用寿命尚未终了的旧设备予以淘汰的，这就是更新必要性审查所要解决的问题。

对于某类设备是否需要更新，从企业自身的角度来考虑与从整个国民经济角度出发来考虑，其结论不总是一致的。

作为企业来讲，对设备更新必要性审查的依据来自两个方面：

①国家及上级主管部门制定、颁发的有关设备更新方面的规定。

②企业根据社会上出现的新型设备的性能资料作出的技术经济比较计算。

当前，关于施工企业设备更新方面的国家规定是：

设备在技术上已经陈旧落后，耗能超过标准 20% 以上者；设备役龄长，已经四次以上大修或一次大修费用超过正常大修费用的一倍者；设备损耗严重，大修后性能、精度仍不能满足规定要求者。

凡符合上述更新条件的机械设备，经过技术鉴定，报请上级主管部门批准后即予以报废更新。

在正常情况下，设备是否需要更新，主要应根据技术经济分析的结果而定，一般应用的方法有投资回收期法、最小年费用法以及收益率比较法。

1. 投资回收期法

由于在施工企业中单独机械的年收益数据不确定，故通过计算新旧机械年收益的差值 ΔR 来求投资回收期。

设：C_N——新设备的等额年维持费用；

C_0——旧设备的等额年维持费用；

W_N——新设备的年产量；

W_0——旧设备的年产量。

有：

$$\Delta R=\left(\frac{C_O}{W_O}-\frac{C_N}{W_N}\right)W_N$$

故：$N=\dfrac{\lg\left(\dfrac{\triangle R}{\triangle R\ (P-L_1)\ i}\right)}{\lg(1+i)}$

式中 L_1——旧设备使用到末期时的转让处理价格；

N——投资回收期。

将N与标准回收期(国家有专门规定)N_H相比，若N小于N_H，则更新方案成立。

2. **最小年费用法**

最小年费用法是通过比较新旧机械设备的年单位产值的费用，进行更新决策。

设 n'——旧设备剩下的使用年限；

L'——旧设备残值；

P'——旧设备目前的处理价格。

则旧机械设备年成本费为：

A' =（P' –L'）（A/P，i，n'）+L' i+C。

又设：

$$K=\frac{W_N}{W_O}$$

则新机械设备年成本费为：

$$A=\frac{(P-L)(A/P,i,n)+L_i+C_N}{K}$$

评价：当 A<A' 时，更新成立。

3. **收益率比较法**

用收益率比较法来研究设备更新问题，由于要求有相同的分析研究期（使用年限），所以在一般情况下不太适用。当现有设备尚有可使用的年限还相当长，由于出现了性能特别优越的新型设备；或者原有设备在当初选型时有失误，致使启用后就发现使用情况很不理想，这时新旧设备的服务年限相差无几。可以旧设备的尚可使用年限作为分析研究期，用收益率比较研究更新问题，其结果还是可以信赖的。

设：R——新设备年收益；

R_o——旧设备年收益；

P——新设备初始投资；

P_o——旧设备现转让处理价。

则用差额投资收益法，有：

$$R-R_o=(P-P_o)(A/P,\ i,\ n)$$

故：

$$(A/P,i,n)=\frac{R+R_o}{P-P_o}=\frac{\triangle R}{\triangle P}$$

用试算法求出结果之后，与企业的规定的收益率 MARR（Minimun Acceptable Rateof Return，一般比银行利率至少高 50%）相比较：当 i>MARR 时，更新合理。

六、设备改造

设备改造实质上是设备的局部技术更新。随着生产的发展及科学技术的进步，设备的技术更新步伐越来越快，产品一代又一代地更替着，更新周期越来越短。按理讲，既然已经出现了性能优越的新型设备，就应该将落后陈旧的老设备淘汰掉。但是，设备的社会拥有量要比新设备的供应量大得多，所以，世界上没有哪一个国家能够按着更新周期的步伐一代接一代地把旧设备全部予以更新。怎样解决这一矛盾，采用局部更新的改造办法便是一条既快又省的有效途径。所以，设备改造并不是企业缺乏资金，无力购买新设备而被迫采取的一种凑合办法，不是临时的权宜之计，而是提高企业装备现代化程度的一个主要手段，是设备管理中的长远方针。

设备改造一般具有如下优点；

以较少的投资，获得较高的经济效益。这是因为机械的更新换代，除非是彻底性的技术突破，一般情况下只是在某些方面有所改进。因此在实行技术改造时，机械的绝大部分结构可以保持不变，与整机更新相比，能节约大量的资金；技术改造的内容、程序、规模，完全可以由企业根据需要来决定，因此在技术上针对性强，在生产上适用性较好，使资金得到最有效的利用。在与生产要求紧密结合这一点上甚至可以超过新设备；可以加快企业装备结构的现代化程度，使设备拥有量的构成比例有所改善；技术改造一般是由企业自己进行，有利于设备维修的标准化。

设备改造分为以下步骤：

（1）经济可行性审查。

设备的技术改造，通常具有投资少、效益高的优点，所以在经济可行性审查中，一般都是能够通过的。以前介绍的各种分析方法，原则上都可以用于改造项目的分析比较，特别以投资收益率比较法为宜。这是因为设备通过改造，旧设备与新技术融为一体，旧设备的使用寿命也随之延长，所以不存在旧设备的剩余使用寿命及转售处理价格等不确定因素，结果较可靠。

（2）技术可行性审查。

技术可行性审查，一般可以从两个方面考虑：

①所引用的新技术本身是否已经成熟，施工企业对该项新技术的全面情况及其细节是否已彻底了解和掌握。

②施工企业是否具备自行加工、改造及研制的技术水平及管理能力。即使在找厂委托加工的情况下，也应对所委托的工厂在技术上加以考察。在通常情况下，最好引用比较成熟的先进经验的技术，以免发生技术失误现象。原则上不提倡施工企业自搞一些在技术上较为复杂的项目，更不允许自行仿制一些可以通过正常渠道获得供应的定型产品。

凡是经过技术可行性审查之后，该设备改造项目才能成立。

第十一章　施工机械使用管理

第一节　施工机械运输安装与试运转

一、机械运输的方法和选择

机械在施工前或使用过程中，常要从基地或厂队运出或运入，此时必须进行运送工作。

1. 机械运输的方法

机械运输的方法，根据运送方式不同可分为陆运、水运和空运。根据公路施工机械的特点，其中陆运是最常用的方法。

根据运输道路不同，陆运可分为公路运输和铁路运输。公路运输又可按其机械本身结构和运送方式的不同，分为自行式机械自驶、用牵引车拖运或大平板车装运等方式。

2. 机械运输方法的选择

机械运输方法的选择必须从机械本身的结构（体积大小、质量、固定式还是机动自行式等）要求、机械使用时间、运输路程长短、起讫地点的装卸设备以及运输费用等各方面去考虑。自行式机械自驶是最方便和经济的，但必须是轮胎式机械。履带式的低速行驶机械不宜长途行走，因为这些机械底盘的传动、行走结构不宜于长途行驶，所以应用大平板车或利用铁路运输。

二、机械的安装

在公路工程机械施工中，大部分独立工作的机动机械不需要在施工现场安装或拆卸，所要进行安装和拆卸的主要是像沥青混凝土搅拌机这样的大型设备。

机械的安装包括以下几个阶段：编制安装施工设计，机械准备工作，修筑机械和设备基础，安装主要机械设备和辅助设备，设备的调试、试运行与交付使用。

安装施工设计包括：

1. 初步设计

草拟安装方法、各个总成与部件的安装简图及安装总平面图，所需的安装机械、设备与劳动力等。

2. 施工图

安装部件的外形尺寸、质量以及气候与土的条件应予考虑。要拟订安装方法，做好安装前的准备工作，确定安装用机械设备。

安装前的准备工作包括修筑临时运输道路、平整场地、搭盖机房和机棚、运料和卸料等。准备工作完成后，根据安装总平面图确定安装位置，放好机械和设备安装中心线，预制安装基础（基础要牢固可靠）。机械安装到基础上以后，应进行调平，调平后固定。在完全消除所发现的故障现象后，机械才能进行负荷试运转，负荷应由小到大直至满载。待一切正常后即可交付使用。

三、机械的试运转

为了更好地摸清机械质量和工作能力，必须进行机械试运转。机械的试运转分为无负荷试运转、有负荷试运转及机械试运转后的检查和要求三个步骤。

1. 无负荷试运转

无负荷试运转主要是检查机械各部分连接紧固和运转情况，保证试验操纵、调节、控制系统以及安全装置的使用。

2. 有负荷试运转

有负荷试运转是机械出厂验收的重要内容，其目的是通过有负荷试运转，以确定机械的动力性能、经济性能、运转情况以及操作、调整控制和安全等装置的作用是否达到运用的要求。有负荷试运转必须具备生产能力、转速、振动、温度以及油耗等所必需的试验设备，这些仪器设备制造厂和修理厂都具备，对于在用或调用的机械负荷试运转，一般可以根据经验统计法和随机驾驶员的反映情况进行核实，如核查机械使用记录（生产能力、燃料润滑油消耗、故障记录以及安全记录等）。与此同时，对照无负荷运转的情况即可做出经验性的判断。

3. 机械试运转后的检查和要求

机械经过无负荷、轻负荷或重负荷运转后，各部件受到强度和稳定性的考验，故必须对各部分可能产生的变形、松动及密封性等情况进行彻底检查。内燃机装备的施工机械试运转后，运转情况一般应符合下列要求：

柴油机运转正常，无异常声响；离合器的分离和接合正常，不发抖、不打滑、无异响；变速箱、分动箱以及各传动部分，不跳档、不漏油、不过热、无异响；制动器的制动鼓与摩擦片磨损均匀，制动效率符合要求；行走机构行驶平衡，不跑偏，转向灵活、准确、轻便，无剧烈振动或晃动，轮式机械车轮不偏拖，履带式机械不啃轨、不脱轨；操纵机构及安全装置动作灵敏可靠；工作装置效率不降低，运转正常，不发生破裂，无严重磨损和不正常的运转声响；机架、机身不松动和变形。

第二节　施工机械合理使用与运行工况

一、施工机械运行工况

机械设备的合理使用与实际运行工况有直接的关系。不合理使用的运行工况大致有以下几种情况（见表 11–1）：

表 11–1　不合理使用的运行工况

项目	主要内容
降低性能范围使用	企业从装备管理角度出发，以综合效益最佳为原则选用的机械由于降低性能范围使用，会使原来的设想无法实现（本来可以实现），使综合效益下降，机械投资很大部分被白白浪费
低载、低负荷使用	即所谓“大马拉小车”，这是机械设备低效使用的常见现象
超性能范围使用	机械设备去从事有害的、超过原设计性能范围以外的作业项目，使机械损坏严重。例如，履带式推土机本来是一种铲土设备，但由于机械振动及履带板传振机能的关系，在砂质土上对 40 ~ 60cm 深度范围内的土层有较好的压实作用，但这种压实作用只能作为在工地上铲土、运土过程中的一种副作用，而不能把推土机作为一种压实机械来使用
超载、超负荷使用	机械设备的超载或超负荷使用不仅造成零部件的过度磨损，机械寿命降低，而且还会导致主要受力部位的永久性变形，甚至损坏机械。在道路施工中要求杜绝超载、超负荷现象

二、技术服务措施

为了保证机械设备不致受到不正常因素的损耗，在某些特定的条件下需要采取相应的技术服务措施。

1. 严格执行磨合期规定

新出厂或新大修的机械设备在投产使用初期，必须经过运行磨合（即走合）过程。因为新加工的零件表面比较粗糙，装配表面也不一定达到良好配合的程度，虽然在出厂前已经进行了工厂磨合，但这种磨合一般都是空运转，而且时间短，达不到可以满负荷使用的要求，必须在生产条件下再进行一定时间的运行磨合。机械设备的运行磨合就是在使用初期的摩擦表面作高度精密的加工，使配合表面逐渐达到良好的配合状态。机械设备在运行磨合期一般规定为 100h，汽车及机动机械为 100km。在磨合期内应按下列规定执行（原厂有规定的，应按原厂规定执行）。

（1）机械设备在磨合期内，应减载运行，负荷应减少 20% ~ 30%，汽车的行驶速度在公路上不超过 30 ~ 40km/h，在工地上不超过 20km/h，不得拖带挂车。内燃机上的限速装置的铅封不得拆除。

（2）操作要平稳，避免突然加速或增加负荷，防止传动机构承受急剧的冲击。

（3）在磨合期内，应注意各部机构的运转情况，如声响、振动、连接部件的松紧程度、工作温度、压力等，如发现异常现象，应分析情况，找出原因，并及时消除。

（4）磨合期完成后，应按规定进行一次全面的检查保养，并加注（传动机构）及更换润滑油（内燃机）。填写运转磨合记录，由技术主管人员审查合格后，拆除限速铅封，正式投入正常使用。

2. 注意换季保养和供电质量

凡露天作业机械，在进入严寒季节前，要进行一次换季保养，检查全部技术状况，换用冬季润滑油及液压油，加装预热保温装置；按照不同地区的不同要求，准备好机械的预热防寒设备，如保温车库、保温被、防滑链条等。并做好冬季燃油、润滑油、防冻液等的供应工作；对停用的内燃机械，入冬前要进行一次检查，确认是否已彻底放尽内燃机内部存水；注意供电质量，对以电动机作为动力的机械，在运行中一定注意电压的高低，对电动机来讲，超压与欠压均对其不利。

第三节　施工机械检查与使用管理原则

一、机械设备大检查

1. 机械设备大检查的分类

机械设备检查分日常检查、年度检查和定期检查。

（1）日常检查。

施工季节，日常检查一般按月进行，主要把握机械的运行性状态。通过听、看、查、问、试的形式，对操作和保修人员平时的保养和小修工作进行监督，促使驾驶员自觉地贯彻执行保养制度，合理地使用机械，保证施工不受影响。

（2）年度检查。

年度检查是每年进行一次的、自上而下的、逐级开展的全面性的检查和评比活动，通常在年中或年末进行。它是积累机械技术状况动态数据和经营绩效资料的重要工作。通过检查发现问题，纠正问题，表彰先进和交流经验。

（3）定期检查。

定期检查是一种按规定周期（一般每隔 1 ~ 4 年）、在非施工期机械保修工作完成以后，分期分批进行的机械检验和操作人员审查工作。其目的是使机械设备在下一个施工期开始之前，能够具有良好的技术状况，提高机械设备的完好率，保持与提高机械操作人员的技术素质。定期检查合格的机械，其技术状况原则上应达到二类以上（含二类）水平。

2. 机械设备检查的主要内容

检查各级机管机构、人员配备、规章制度的建立与执行情况；检查主要机械设备的使用、保养情况以及三率指标（完好率、利用率、效率）的完成情况；检查技术档案以及其他技术资料的管理和使用情况；检查经济核算建立、推广及实际效果；检查维修计划的执行、保养修理质量、修旧利废和配件管理情况；检查机械设备的挖潜、革新、改造情况；检查节约能源的措施、方法和效果。

3. 机械技术状况的分类和标准

通过检查对机械的技术状况评定等级，标准如下（见表 11–2）：

表 11-2 机械技术状况的标准

类别	内容
一类机械	即完好机械。技术性能良好，消耗正常，各部机件完备，附件仪表齐全、完整，能随时出勤投入生产
二类机械	即尚好机械。部分机件磨损达不到一类机械要求，但主要部分基本正常，能继续安全运行，附件仪表基本齐全
三类机械	即待修或在修机械。动力性能显著下降，超耗不进行修理无法正常安全运行
四类机械	既待报废机械。损坏严重，已无法修复

4. 机械设备大检查的组织实施

机械设备技术状况大检查应与竞赛评比结合进行。施工队每半年进行一次，施工公司每年进行一次。

每次检查应组织有经验的技术人员、操作人员和维修人员参加，明确检查部位，检查方法和评分标准，科学组织分工，最好是同一人员检查同一部位，还应做好记录和总结，对检查中发现的问题应立即采取措施，限期整改，以提高机械设备的完好率和利用率。

二、使用管理原则

机械设备使用保养得好与坏，在一定的条件下能否得到合理的使用，关键在于使用管理中执行“人机固定”的使用管理原则。定机、定人、定岗位责任制（以下简称三定制度）就是人机固定原则的具体化。

1. 三定制度的主要优点

人机固定、责任明确，有利于增强定机人员的责任心及爱机心理，有利于保持机械设备的良好技术状况，有利于落实奖惩制度；每台机械设备，除了由安全操作规程及使用说明书所说明的操作使用要点外，往往还有其独自的使用特点。人机固定原则有利于定机人员熟悉本机的这些特点，这对发挥机械效率，预防及排除机械故障，避免事故的发生具有十分重要的意义；三定制度有利于开展单机经济换算、机械设备评比等以单机为对象的评比考核活动，提高机械管理水平；有利于实现机械设备运行原始资料的正确性、完整性及连续性。提高机械统计工作水平，便于开展分析研究工作；有利于做好机械定员工作，加强劳动管理。

2. 三定制度的实施

（1）凡是多人多班作业或单人多班作业的机械设备，应以机械为单位，任命一人为机长，其余人员则为机组人员，在机长领导下共同对机械负责。任命机长应有一定的形式，以示慎重，而且轻易不要更换。

（2）一人一机单班作业的机械设备，或是一人管理多台的机械设备，驾驶员就是机长，对机械负全责。

（3）一些小型设备不可能有专职操作或保修人员，应固定在班组里，由班组长对机械设备负责，并实行班组长领导下的分工负责制。

（4）机械设备在建制单位内部调拨流动时，原则上规定定机人员应随机调动；要注意技术培训工作，消灭机多人少的现象。否则，由于人手不够，很容易造成临时调用非定机人员去支援操作，或使用不合格人员，从而打乱了三定关系；各机械操作人员配置见表 11-3。

表 11-3 机械操作人员配备表

机械名称	规格	操作人员配备数（人）
履带式推土机	58.8 ~ 235.2kW	2
履带湿地式推土机	102.9kW	2
轮胎式推土机	154.4kW	2
自行轮胎式铲运机	4 ~ 23m^3	2
液压式挖掘机	0.6 ~ 2m^3	2
机械式挖掘机	1 ~ 2m^3	2
履带式装载机	1.5m^3以内	2
轮胎式装载机	1 ~ 2m^3	1
轮胎式装载机	3 ~ 3.5m^3	2
自行式平地机	88.2 ~ 147kW	2
拖式羊足碾（含头）	3 ~ 6t	2
静作用压路机	6 ~ 20t	1
手扶振动式压路机	1t以内	1
振动压路机	1.3 ~ 1.5t	2
拖式振动碾（含头）	–	2
风动凿岩机	–	2
装岩机	0.3 ~ 0.5m^3	2
稳定土拌和机	88.2 ~ 235.2kW	2

续表

机械名称	规格	操作人员配备数（人）
稳定土拌和设备	50 ~ 250t/h	3 ~ 4
沥青乳化机	1000 ~ 6000t/h	1
沥青乳化设备	6000	2
石屑撒布机	8m以内	2
液态沥青运输车	5000 ~ 10000L	1
沥青洒布车	2000 ~ 8000L	1
沥青混合料搅拌设备	15 ~ 250t/h	3 ~ 4
沥青混合料搅拌设备	30 ~ 150t/h	5 ~ 6
沥青混合料摊铺机	不带自动找平3.6 ~ 4.5m	2
沥青混合料摊铺机	带自动找平4.5 ~ 12.5m	3
轮胎式压路机	9 ~ 20t	1
手推式路面划线机	2.2 ~ 5.1kW	1
滑模式水泥混凝土摊铺机	2.5 ~ 4.5m	3
散装水泥运输车	5 ~ 15t	1
混凝土搅拌运输车	3 ~ $6m^3$	1
混凝土输送泵车	60 ~ $90m^3/h$	2
混凝土搅拌设备	15 ~ $50m^3/h$	5
载货汽车	4 ~ 8t	1
载货汽车	10 ~ 15t	2
自卸汽车	4 ~ 8t	1
自卸汽车	10 ~ 20t	2
半挂列车（平板拖车）	15 ~ 100t	2
油车	5000 ~ 8000L	1
工程洒水车	4000 ~ 10000L	1

3. **三定操作人员的职责规定**

在三定制度内部，要明确机组人员与机长的职责和班与班之间的责任。

（1）机组人员的责任。

努力钻研技术，熟悉本机的构造原理、技术性能、安全操作规程及保养规程等，要具有过硬的技术本领；正确操纵使用机械设备，发挥机械效率，完成各项定额指标，保证安全生产及降低各项消耗；认真执行每班例行的保养工作，使机械设备经常处于清洁、润滑良好、调整适当、紧固件无一松动的状态，经常检查设备的附件附具，保持完好无损；及时、准确地填写各项运行记录，并保持完整及完好；认真执行以岗位责任制为中心的各项管理制度。

（2）机长的责任。

机长是不脱产的，因此机长本身就是操作人员之一。机长除作为一名操作工人应完成的上述各项任务外，还应做到：

督促、检查全组人员对机械设备的合理使用及定期保养工作；检查及汇总各项运行记录；对本机组人员的技术考核提出意见；搞好本机组内及其他机组之间的团结协作与劳动竞赛。

（3）多班制作业的机械设备班与班之间的交接班规定。

为了使多班作业的机械设备不至于由于班与班之间交接不清而发生操作事故、附件丢失或责任不清等现象，必须建立交接班制度作为岗位责任制的组成部分。机械设备交接班时，首先应由交方填写交接班记录，并作口头补充介绍，经接方核对相符签收后方能下班。

交接班的内容如下：交清本班生产任务完成情况、工作面情况及其他注意事项或要求；交清机械设备运转及使用情况，特别应注意介绍有无异常情况及处理经过；交清机械设备保养情况和存在的问题；交清随机工具及附件情况，填好各项原始运转记录。

第四节　施工机械油料

施工机械使用的油脂有：燃料油、润滑油、液体传动油、润滑脂和特种油液等。正确选用油的牌号对充分发挥施工机械的技术性能、减轻零部件的自然磨损、降低使用费用、提高经济效益有着十分重要的意义。

一、燃料油

燃料油主要是柴油和汽油，道路施工机械主要使用柴油。柴油有重柴油与轻柴油之分。重柴油主要用于中、低速柴油机，轻柴油一般用于高速柴油机。

轻柴油按其凝点分为 10 号、5 号、0 号、–10 号、–20 号、–35 号和 –50 号七个牌号。

1. 柴油机对轻柴油的要求

（1）燃烧性能。

柴油的燃烧性能用十六烷值表示。十六烷值越高，燃烧性能越好，但如果值过高则会使柴油机油耗明显增大。柴油机转速越高，要求柴油的燃烧时间越短，应使用十六烷值高的柴油，否则会使柴油的燃烧恶化或燃烧不完全。

（2）供给和喷雾性能。

供给和喷雾性能实际上是柴油的低温流动性和雾化性。它们直接影响着供油和喷雾的状况，而决定这个性质的主要因素是柴油的黏度（柴油的流动难易和稀稠程度）、浊点、凝点和冷滤点（三者反映柴油低温下的流动性能和过滤性能）。

（3）水分和机械杂质。

水分和机械杂质也是评定柴油供给性能的指标。柴油中的水分在0℃以下容易结冰或生成小颗粒的冰晶，会冻结油管或堵塞过滤口，造成供油中断或供油不畅。同时，水分与柴油燃烧形成的氧化物生成硫酸，腐蚀机器。此外，还会加剧燃油系精密机件的磨损或引起卡塞，导致供油压力降低、雾化性能变坏或不能供油。在国家标准中，对油品生产所含的水分和机械杂质作了严格规定。

（4）腐蚀性。

柴油中含有的硫分、碱分、水分、灰分和残炭等杂物，都会对发动机的零件产生腐蚀作用，其中以硫分影响最大。使用硫分较多的柴油，不但增加发动机的腐蚀，而且由于含硫油料燃烧后生成硬质积炭，还会增加机械磨损。

（5）柴油的闪点和燃点。

闪点表示油料的蒸发倾向和安全性指标。燃点是油料蒸汽与空气的混合气，在引火后能继续燃烧不熄火的最低温度。

2. 轻柴油的选用

原则上要求柴油的凝点应略低于当地最低气温，以保证在最低气温时不致凝结；柴油使用前要进行沉淀和滤清；从10号开始，牌号越低适用的地区越寒冷。如10号适用于有预热设备的高速柴油机，–50号适合于最低气温在–29℃ ~ –44℃的地区使用；供高寒地区严冬使用。

二、润滑油

1. 内燃机油

（1）发动机润滑油使用性能分类。

柴油机润滑油按质量等级分为CA、CB、CD、CE、CF–4、CG–4六级。越往后其质量越好，即具有更好的防积沉、抗腐蚀、抗磨损和低排放等性能。

（2）内燃机油按黏度分类。

冬用机油按 -18℃时的黏度分为 0W、5W、10W、15W、20W、25W（W 指低黏度），春季、夏季用机油按 100℃时的黏度分为 20、30、40、50、60 五个等级。对 -18℃和 100℃所测的黏度值只能满足其中之一者，称为单级油；同时能满足两个温度下黏度要求的机油称为多级油。如 5W/20、10W/30、15W/30、20W/30 等，分母表示 100℃黏度等级，分子表示低温黏度等级（以 W 表示）。

（3）内燃机油的选用。

①选用的一般原则。

在保证液体润滑的条件下，尽量选用黏度小的润滑油，这样能减轻摩擦和磨损，节油、冷却和清洁作用好。

②柴油机油的选用。

按施工机械使用说明书提供的质量等级和黏度牌号选用柴油机油；根据施工机械负荷和使用条件选择柴油机油的质量等级（表 11-4）；根据气温选择柴油机油的黏度牌号，气温高时选黏度较小的机油；气温低时选黏度牌号中带有“W”字样的机油，“W”前数字越小的机油具有更好的低温流动性。

表 11-4 国产柴油机油的质量等级

质量等级	使用性能说明
CC	中等及重载荷柴油机使用。用于中等及苛刻条件下工作的非增压或低增压柴油机。该油在低增压柴油机中使用，有防止高温沉积的能力，可替代CC级以下柴油机油
CD	重载荷柴油机使用。用于要求严格控制磨损和沉积物的高速大功率增压柴油机。具有防止轴承腐蚀、抗高温沉积等性能，广泛适用于燃用各种优质、劣质燃料的增压柴油机。油品符合APICD级油使用性能要求，可替代CC级柴油机油
CD-II	重载荷二行程柴油机使用。用于要求严格控制磨损和沉积物的二行程柴油机上，油品符合API-CD-II和CD级油作用性能要求
CE	重载荷柴油机使用。用于增压重载荷柴油机的低速、高载荷和高速、高载荷工况下，油品符合API-CC、CD级油使用性能要求
CF-4	用于1990年以后生产的苛刻条件柴油机，比CE级油有更好的改善油耗及活塞积物的性能，也可用于推荐用CE级油的柴油机，符合APICF-4级油使用性能要求

2. **车辆齿轮油**

（1）车辆齿轮油的分类、牌号和规格。

①车辆齿轮油的分类。

我国车辆齿轮油分为 CLC、CLD 和 CLE 三个使用级，分别相当于 GL–3（普通车辆齿轮油）、GL–4（中负荷车辆齿轮油）和 GL–5（重负荷车辆齿轮油）。

②车辆齿轮油的牌号。

我国车辆齿轮油分为 70W、75W、80W、85W、90W、140W 和 250W 七个黏度牌号。

③车辆齿轮油的规格。

车辆齿轮油的规格由使用级和黏度牌号组成。

a.CLC 级普通车辆齿轮油。

适用于中速和负荷比较苛刻的变速齿轮箱和螺旋锥齿轮驱动桥。按黏度分为 80W/90、85W/90 和 90 三个牌号。

b.CLD 级中负荷车辆齿轮油。

适用于高速冲击负荷和低速高扭矩条件下操作的各种齿轮。按黏度分为 90、85W/90、14C 和 85W/140 四个牌号。

c.CLE 级重负荷车辆齿轮油。

适用于高速冲击负荷和高速低扭矩、低速高扭矩条件下工作的齿轮，CLD 无法满足的、在苛刻条件下工作的双曲线齿轮，根据暂行技术要求，按黏度分为 75W、90、140、80W/90、85W/90 和 85W/140 六个牌号。

（2）选用原则。

车辆齿轮油的选定需从质量等级和黏度牌号两方面考虑，缺一不可；确定车辆齿轮油质量等级的最主要依据是车辆使用说明书，其次是依据有关用油手册进行查询；车辆齿轮油的黏度牌号选择主要是根据车辆使用地区的环境温度来确定；齿轮油质量等级和黏度牌号的选择分别见表 11–5 和表 11–6。

表 11–5 国产车辆齿轮油质量等级选择表

齿形齿廓	齿面载荷	车型及工况	国产油品质量等级	API 分类标准
双曲线	压力 <2000MPa 滑动速度 1.5 ~ 8.0m/s	一般	CLD	GL–4
双曲线	压力 <2000MPa 滑动速度 1.5 ~ 8.0m/s	拖挂车山区作业	CLE	GL–5
双曲线	压力 <2000MPa 滑动速度 1.5 ~ 8.0m/s 油温 120℃ ~ 130℃	不限	CLE	GL–5
螺旋锥齿	–	国产车	CLC	GL–3
螺旋锥齿	–	进口车或重型车	CLD	GL–4

表 11-6 几种黏度牌号的选择

黏度牌号	使用环境温度（℃）	黏度牌号	使用环境温度（℃）
75W	-40 ~ +20	90	-10 ~ +40
80W/90	-30 ~ +40	140	0 ~ +45
85W/90	-16 ~ +40		

3. 液压油

液压油是液压系统传递动力的介质，也是相对运动零件的润滑剂，它除了传递动力外，还具有润滑、冷却、洗涤、密封和防锈等用途。液压油具有抗乳化性、消泡性、抗压缩性等使用性能。

液压油分石油基液压油和难燃液压油两大类。石油基液压油可分为普通液压油、专用液压油、抗磨液压油和高黏度指数液压油等。目前，工程机械的液压传动大多采用普通液压油和抗磨液压油。

选用液压油时应考虑使用条件、油泵类型、液压机构的结构、工作压力、工作温度和气温等因素。

①普通液压油有 YA-N46、YA-N68、YA-N150 等牌号。它适用于环境温度为 0℃ ~ 40℃的各类中高压系统，适用工作压力为 6.3 ~ 21MPa。

②抗磨液压油有 YB-N32、YB-N46、YB-N68 等牌号。适用于环境温度为 -10℃ ~ 40℃的高压系统，适用工作压力可大于 21MPa。

③抗凝液压油有 YC-N32、YC-N46、YC-N68 等牌号。适用于环境温度为 -20℃ ~ 40℃的各类高压系统。

④机械油有 HJ-10、HJ-30、HJ-40 等牌号。可用作液压系统的代用油，适用于工作压力小于 6.3MPa 的系统，适用的环境温度为 0℃ ~ 40℃。

三、润滑脂

润滑脂是在润滑油中加入稠化剂、稳定剂等制成，按加入稠化剂的不同分为钙基、钠基、钙钠基、锂基以及二硫化铝润滑脂等。润滑脂常温下为黏稠的半固体油管，一般润滑油占 80% ~ 85%，它的梯度决定了润滑脂的润滑性。稠化剂是动植物油（如钙皂、钠皂等），它的作用是增加油的稠度。

1. 润滑脂的牌号

（1）钙基润滑脂。

钙基润滑脂按针入度分 1、2、3、4、5 五个牌号，号数越大针入度越小，脂质越硬，滴点越高。该脂具有良好的抗水性，遇水不易乳化变质，广泛应用于在潮湿环境下工作或易与水接触的各机械零部件的润滑。

（2）复合钙基润滑脂。

复合钙基润滑脂按针入度分为 1、2、3、4 四个牌号。它具有良好的机械和胶体安定性，耐高温和极压性能好，有良好的抗水性，一般适用于较高温度范围和负荷较大以及经常在潮湿环境下工作的滚动轴承的润滑。

（3）钠基润滑脂。

钠基润滑脂按针入度分为 2、3、4 三个牌号。它具有很强的耐热性，可以在 120℃高温条件下长时间使用，在熔化时不会降低其固有的润滑性能；已熔化的钠基润滑脂在冷却后能重新凝成胶状，搅拌后可继续使用；对金属的附着力强，可用于振动较大、温度较高的滚动或滑动轴承的润滑。

（4）钙钠基润滑脂。

钙钠基润滑脂又称轴承润滑脂，按针入度分为 1、2 两个牌号。该脂的特点介于钙基润滑脂和钠基润滑脂之间，其耐热性优于钙基润滑脂，而又不如钠基润滑脂；抗水性优于钠基润滑脂而又低于钙基润滑脂；具有良好的输送性和机械安定性，滴点在 120℃左右，适用于工作温度在 100℃以下易与水接触的条件下机件的润滑。

（5）锂基润滑脂。

锂基润滑脂按针入度分为 1、2、3 三个牌号。其特点是滴点较高（不低于 180℃），使用温度范围较广（-30℃ ~ 150℃），具有良好的低温性、抗水性以及机械和胶体安定性；使用周期长，可代替钙基润滑脂、钠基润滑脂和钙钠基润滑脂等，而且性能优于上述各种润滑脂，广泛应用于工程机械的各类轴承和摩擦交点处的润滑。

2. 润滑脂的选用

由于润滑脂的种类、牌号较多，而且性能也有较大的差异，所以选用润滑脂应根据工程机械各部件所处的环境温度、运动速度和承受负荷等因素综合考虑。

（1）温度。

若机件工作时温度过高或接近润滑脂的滴点，会导致润滑油基础油蒸发、流失严重而失去润滑性能；若环境温度过低，则润滑脂会失去流动性，使机件运动阻力增大，加速机件的磨损。选用润滑脂时，其滴点应高于最高工作温度 30℃左右，凝点应低于最低环境温度 10℃左右；冬季应选用针入度大的润滑脂，而夏季则相应降低一些。

（2）黏度。

润滑脂黏度会随剪切速度而改变，机件运转速度越高，润滑脂所承受的剪切力越大，有效黏度下降也越多。

（3）负荷。

重负荷条件下（$>5\times10^3$MPa）应选用稠化剂含量较高即针入度小的润滑脂，如果负荷过大则应选用加有极压添加剂的润滑脂，如锂钙基润滑脂、复合钙基润滑脂等；中小负荷条件下应选用中等黏度的矿物油作基础油，如钙钠基润滑脂、锂基润滑脂等。

（4）环境条件。

若机械经常在潮湿、与水接触或污染严重的环境下工作时，应选用抗水性能好的润滑脂（如钙基润滑脂、锂基润滑脂等），以及加有防锈添加剂的润滑脂（如二硫化钼润滑脂等）。

第十二章　施工机械维修管理

第一节　施工机械故障类型与维修

一、故障率指标

机械的故障率是指机械在单位作业时间内发生故障的次数。这一指标可以反映机械发生故障的频繁程度，也是评价机械可靠性的依据之一。正常机械故障的变化规律如图 12–1 所示，图中的横坐标为机械的工作时间，纵坐标为机械发生故障的次数。由图 12–1 可见，机械故障变化规律。分为三个阶段，即早期故障期，偶然故障期和晚期故障期（见表 12–1）。

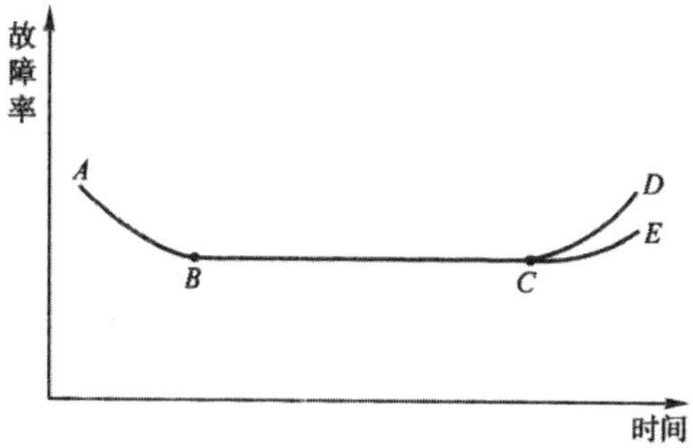

图 12–1　机械故障的变化规律示意图

表 12–1　机械故障变化规律的阶段

项目	内容
早期故障期	早期故障期是指新机械或大修后的机械在最早使用时期内故障的变化规律，如图 12–1 中曲线的段。这一时期相当于机械的磨合期。在磨合的初始阶段由于配合表面粗糙、材料缺陷、设计不合理、维修和制造工艺不合理等原因，故障率较高。随着磨合时间的延长，配合表面质量得到改善，有故障的部件得以更换，故障率逐渐降低

续表

项目	内容
偶然故障期	偶然故障期是指机械经磨合后投入正常使用发生随机故障的时期，如图 12–1 中 BC 段曲线。这一时期相当于机械的使用寿命，故障的发生是随机的，即没有一种特定的、起主导作用的故障。偶然发生的故障往往是由于使用不当、操作疏忽、管理不善、润滑不良、维护欠佳以及材料缺陷、结构不合理、设计不周等原因所致
晚期故障期	晚期故障期是指机械经长期使用后技术状况变坏时其故障的变化规律，如图 12–1 中 CD 段曲线所示。这一时期由于机械零件磨损，各处配合间隙增大，零件疲劳，材料老化等原因，随着使用时间的延长，故障率逐渐升高

根据机械故障变化的规律，使用、维护部门应把握时机，确定机械的使用极限点。在晚期故障期出现之前采取有效的维修措施，更换疲劳、老化、磨损的零件，使机械性能不致急剧恶化（如 CE 曲线段）。当机械确已达到使用极限，只靠维护已不能保证正常运行时，应及时进行大修，以使机械性能得以恢复。

二、施工机械故障类型

机械技术状况变坏或丧失工作能力的现象叫机械故障。机械故障按其原因及性质不同可分为自然性故障和事故性故障两大类。自然性故障是指机械在使用中由于自然磨损、变形、老化、蚀损、疲劳等原因引起机械失去工作能力的现象；事故性故障是指机械由于意外事故而丧失工作能力的现象。施工机械发生故障后，其技术指标就会显著降低，如发动机功率下降，工作装置的工作能力降低，燃油及润滑油消耗量增加，以及主轴不正常的声响等。机械故障的表现形式多种多样，发生故障的原因也大不相同，但归根结底是机械零件失效。

1. 零件的磨损

这是机械零件失效最普遍、也是最基本的形式。磨损性损伤主要是由于摩擦而引起的，凡是两互相接触或与外界其他物体相接触，而又具有相对运动的零件都会发生由于摩擦而引起的损坏。这是因为任何一个零件，不论采取何种精密程度的加工方法，都永远不可能得到一个理想的、平整的表面。那些直观看来已经十分完美的平滑表面，实际在加工表面上存在着无数细微的沟峰与沟谷，如图 12–2 所示。若把自沟谷至沟峰的高度用 h 表示，把峰与峰或谷与谷之间的平均距离用 d 表示，那么一般机械加工表面 h 在 0.05 ~ 50μm 之间，而 d 为 0.5 ~ 5.0mm 之间，因此，若把两块接触到一起，两者之间真正接触的不过是若干个点。设这些互相接触的微小面积分别为 a1、a2……an，则 Σan/A 的值一般也不过为 1/10000 而已。

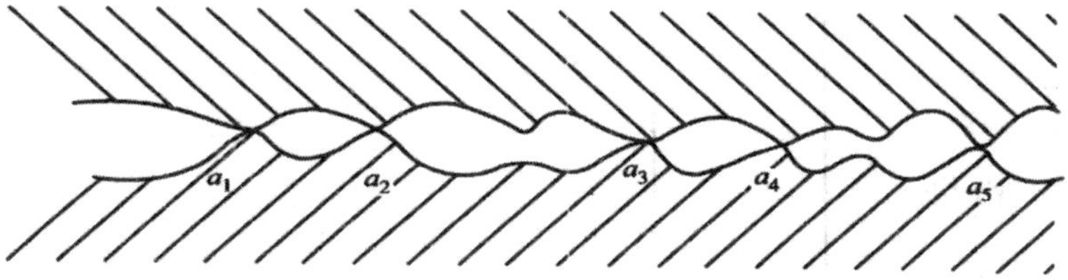

图 12-2 机械加工表面微观接触情况示意图

零件的磨损，由于发生的机理不同，又可以分为四种类型（见表 12-2）。

表 12-2 零件的磨损类型

磨损形式	内容
磨料磨损	硬质颗粒进入摩擦表面所引起磨损称为磨料磨损。磨料磨损是机件失效的主要原因之一，磨料的来源可以是由于摩擦本身所产生的磨屑，也可能是来自周围环境中的砂土尘埃以及油料在高温作用下形成的积炭等。施工机械大都工作在尘土飞扬的地方，工作对象以岩石或土壤为主，在尘土中所含有的石英细末硬度极高，是一般钢铁材料硬度的 2 ~ 4 倍。这些尘土一旦进入摩擦表面，会使磨料磨损的作用表现得十分强烈
摩擦磨损	由于摩擦表面的微观凸凹不平，在相对运动过程中互相干涉而引起的。凸起部分互相碰撞，产生弹性、塑性变形，甚至直接被刮削、断裂而脱落，也可能由于多次重复变形而疲劳剥落，形成摩擦磨损。这种类型的磨损一般只引起尺寸、形状、体积等几何性质的变化。摩擦表面越粗糙，磨损也越严重。如果在摩擦表面之间存在着某种润滑物质，则可以大大减轻磨损的程度
黏着磨损	两个物体在载荷作用下作相对运动时，实际接触面积很小，应力很大，接触点产生塑性变形，使接触点处的温度升高。当温度升高到材料的熔化温度时，便产生了黏着现象。黏着点温度降低而凝固时，并在随后的相对运动中撕脱下来。这种现象叫黏着磨损。黏着磨损总是在特别严苛的摩擦条件下发生，一旦发生、发展特别迅速，能使配合件在极短的时间内遭到严重破坏
其他性质的磨损	还有一些由于物体间相对运动而引起的磨损，如腐蚀磨损、微动磨损、疲劳磨损等在施工机械上也经常遇到

2. 零件的疲劳与断裂

零件在交变应力作用下工作时间较长而出现裂纹、变形、折断等现象称为零件的疲劳损坏。疲劳断裂与静载荷下的断裂不同，其特点为破坏时的应力远低于材料的强度极限，甚至低于屈服极限。塑性材料和脆性材料零件在交变应力作用下的疲劳断裂，都不产生明显塑性变形，断裂是突然发生的，因此具有很大的危险性。

3. 热损伤

这种性质的损伤主要是零件在铸造焊接时，各部受力不均而引起的内应力，在使用中由于外界振动使内应力逐步释放而产生的变形或裂纹，最后导致零件损坏。

4. 零件的蚀损与老化

零件受周围介质作用而引起的损坏现象叫腐蚀。如化学腐蚀、电化学腐蚀。

用塑料、尼龙、橡胶等合成材料制成的零件经过一段时间的使用后，其表面质量、强度、硬度等性能都发生了很大变化的现象叫零件的老化。它们的特点是发展进程较缓慢，而且对前一类、二类损伤有诱发或促进作用。

以上不同类型的故障中，有的在零件制作中采取某种措施可以事先加以防止，也有的在设计过程中可以设法使其在正常情况下不致发生，但是摩擦磨损一般来说是无法绝对避免的，而且这种故障占有极大的比例。因此，机械设备的技术状况总是随着时间的延续而日趋恶化。

但是，仅仅是零件部件的故障还不是维修的必要性的充分条件，因为如果组成整机的所有零件都具有相同的有效使用寿命，也不会产生维修的概念。之所以要产生维修是因为除了零件不可避免的磨耗外，同一台机械的零部件之间还有一个损耗的不均衡性问题。零件的损耗加上零部件之间损耗的不均衡性，才是维修概念产生的全部原因。

三、现代维修的涵义

一般来说，现代维修的涵义至少应包括以下三个方面的内容：

（1）维修或恢复机械设备的设计性能，保持其良好的技术状况，提高设备的运行可靠性，保证生产的正常进行，此种维修又称“驱除维修”。

（2）实行改善维修，开展情报反馈工作。通过维修，不仅要消除故障或隐患，而且要进一步消除发生故障的原因，如改进零件的材质、局部的结构等，同时，应积极开展情报反馈工作，力求在设计阶段从根本上提高设备的维修性，实施预防预修。

（3）维修工作讲求经济性。在保证设备性能的前提下，力求以最少的人力物力，取得最佳的经济效果。维修的经济性主要由以下内容组成：

维修的经济界限。在我国目前的情况下，维修的经济性主要是针对大修而言的，也就是设备大修经济界限的确定。

最佳维修工作量的确定。这是包括所有维修作业在内的，其目的是要求得到经济效果最好的预防维修工作量，避免过度维修。

提高维修作业效率。指在具体的维修作业过程中以及在维修工作组织等方面，如何采用新技术、新方法、合理的劳动组织、科学的宏观维修体制等，达到减少浪费、节约费用、提高效率的目的。

研究并实施如何使维修工作达到上述三个目标的一切活动及措施，总称为维修管理工作。其中经济性目标又是维修管理的核心内容。

四、机械维护与修理

当构成机械设备零件的不均衡损耗使机械的局部功能或整机功能失效时，为了消除这种不均衡的失效状况，甚至全面地恢复设备的整机功能而采取的一切活动称为维修，维修包括维护与修理。

机械维护是一种延缓或避免机械发生故障的技术措施，是以清洁、紧固、润滑、调整、故障诊断与排除为主要内容的作业形式。机械维护及时、方法及内容适当，可以大大延长机械的使用寿命，提高机械的可靠性和利用率。

机械修理是一种恢复机械性能的技术措施。机械经长期使用，各部件都会出现不同程度的自然故障，或由于事故性故障，机械的动力性、经济性、行驶安全性、工作可靠性等主要性能指标恶化，使机械部分或完全失去工作能力，且只靠维护性措施不能保证机械正常工作时，应对机械进行全面修理，以彻底恢复其工作性能。

机械修理必须根据机件的工作特点及损坏情况和原因，按照一定的修理工艺，采取适当的修理方法，恢复到出厂时的技术标准。

五、公路工程施工对机械维修的要求

公路工程的施工与养护受许多客观条件的制约，如季节性条件、气候条件、材料供应条件、机械设备条件等。机械设备的可靠性、完好率等因素对现代公路的施工进度、施工成本、施工质量影响极大。有时由于某一台关键机械突然出现故障，会使整个工程停工。因此，现代公路工程施工，特别是大规模的公路工程机械化施工对机械维修有特殊要求，以保证正常施工进度和施工质量，降低施工成本。

1. 季节性要求

公路工程施工受季节性条件的限制。例如，我国北方地区每年 5 月以后才能铺筑路面，10 月就不再进行路面施工，否则会因气温过低而影响路面施工质

量。我国南方地区在梅雨季节不仅不能进行路面施工，甚至路基施工也不能正常进行。这就要求在非施工季节维修机械设备，使其技术性能恢复到最佳状态，而在施工季节则要求机械设备时刻保持良好技术状况，否则将影响公路工程的正常施工。

2. 及时性要求

在道路施工中，特别是大规模机械化施工中，个别机械出现故障会影响整个工程的正常流水作业。因此，正常施工的机械一旦出现故障，须在最短的时间内加以维护、修理，必要时要在夜间加班加点抢修机械设备，以保证正常的施工进度。

3. 现场维修要求

公路施工机械，特别是履带式机械，自转移能力较差，出现故障时最好就地维修，否则转移运输时间过长，不仅对公路工程施工进度影响较大，而且增加费用。因此，每个施工现场应拥有一定数量的机械维修技术人员和技术全面的修理工，配备相应的工程修理车及机动性较好的维修设备，在施工现场维护、修理有故障的机械设备，为施工机械设备提供技术服务，保证机械的正常运行。

第二节　施工机械维护和修理制度

一、机械维护制度

机械维护制度是根据统计资料及技术规范对机械维护周期和项目制定的需强制执行的技术性法规，以保证机械经常保持良好的技术状况。具体规定如下：

1. 日常维护

在每一工班前后都要进行的维护措施叫日常维护。它的作业内容包括：

保证正常运转所必要的条件；外部清洁；安全运转的检查；一般故障的排除。

2. 定期维护

定期维护是指机械经过一定的运转小时后，停机进行清洗、检查、调整以及故障排除，和对某些零件进行修理和更换等。定期维护根据作业内容的不同可分成三个等级。

（1）一级维护。

以润滑、紧固为中心。主要作业内容是：检查、紧固机械外部螺纹件；按规定加注润滑脂，检查各总成内润滑油平面，并加添润滑油，清洗各种滤清器；

排除所发现的故障。

（2）二级维护。

以检查、调整为中心。主要作业内容是：除执行一级维护作业项目外，检查、调整发动机及电气设备；拆洗机油盘和机油滤清器；清洗柴油滤清器；检查调整转向、制动机构；拆洗前、后轮毂轴承，添加润滑脂（油）；拆检轮胎并进行换位。

（3）三级维护。

以总成解体清洗、检查、调整、换件为中心。主要作业内容是：拆检发动机，清除积炭、结胶及冷却系污垢；视需要对底盘各总成进行解体清洗、检查、调整，消除隐患；对机架、机身进行检查，视需要进行除锈、补漆。

3. **特殊维护**

（1）磨合期维护。

凡新机械或经过大修的机械，在正式使用前和磨合期结束后都要进行维护。使用前的维护包括外部检查、清洁、润滑和充油、充水、充气、充电等。磨合期结束时，又要进行一次全面维护，内容包括解除最大供油的限制，清洗润滑系和更换发动机润滑系的润滑油，并对各连接部位进行一次全面检查与紧固。

（2）换季维护。

凡冬季最低气温在0℃以下的地区，在入夏和入冬前都要进行换季维护。其主要内容有：检查节温器，更换润滑油、燃油（柴油机），调整蓄电池电解液密度等。

（3）停驶维护。

停用的机械每周外部清洁一次，每半月摇动发动机曲轴10转以上，每月将发动机发动一次。停用的机械应使弹簧钢板卸载，履带式机械应停放在枕木上或水泥地面上。

（4）封存维护。

长期不用的机械在封存前应进行一次维护，其主要内容有：排除气缸中的废气，向每个气缸注入30～50g脱水机油，摇动曲轴数转，使润滑油均匀地涂在缸壁上；封闭通向外部的通道；清除锈蚀并对可能生锈部位涂抹防锈脂。封存机械每半年发动一次并重新封存。

二、机械修理制度

我国现行的维修制度是计划预期检修制度，其实质是规定新机械或经过大修后的机械，使用到规定的大修间隔里程或工作时间后，通过技术鉴定确定机械送修或继续使用。凡准予继续使用的机械，应规定其继续使用里程或时间。当到达续驶里程，再进行技术鉴定，以确定其送修或使用。这样机械在大修前进行技术摸底，有计划地安排机械大修，同时，由于定期进行技术鉴定，及时掌握机械的技术状况，预防机械出现事故性的损坏，因此称为计划预期检修制度。

计划预期检修制度的另一目的是使机械得到充分利用，适时修理，既要防止应修不修致使各零件过度磨损，造成修理困难、成本增加，又要防止提前送修，造成浪费。

计划预期检修制度包括机械大修、总成大修、零件修理（见表 12-3）。

表 12-3 计划预期检修制度的内容

项目	内容
机械大修	机械大修是对部分或完全丧失工作能力的机械，通过技术鉴定后按需要、有计划地以恢复机械的动力性、经济性、可靠性和原有装置，使机械的技术状况和使用性能达到规定技术要求的恢复性措施
总成大修	总成（由零件组装而成的具有一定的独立功能及完整性的组合件）大修是对部分或完全丧失工作能力的总成，经技术鉴定后按需要、有计划地以恢复总成的动力性、经济性、可靠性和原有装置，使总成的技术状况和使用性能达到规定要求的恢复性措施
零件修理	零件修理是对不符合技术要求的零件采取适当的修复工艺，使零件的技术状况达到规定技术要求的恢复性措施

三、机械维修检验制度

1. 送修制度

公路工程施工的季节性要求很高，为了在非施工季节有计划地维修机械，必须根据本单位的实际情况编制年度计划，并同承修单位签订合同，作为全年送修的依据。由于情况的变化，计划内容不可避免地会有局部变更，一般可以在年度计划中调整。

2. 检验、交接制度

（1）进厂检验。

当机械达到规定的大修周期时应对机械进行全面的技术检验。经检验确认技术状况较好，且可继续使用一个施工期，则可暂时不修。一个施工期结束后，应重新对机械进行检验。确认需要大修时，按机械送修合同送承修部门，并按照送修要求办理交接手续。

除特殊原因外，送修的机械应在尚可运转的情况下入厂，各总成、附件应齐全；机械的技术文件（出厂说明书、机械履历书、运转记录）应随机入厂；认真填写进厂检验书，并由双方当事人签字。

（2）过程检验。

机械在维修过程中必须遵守自检、互检和抽检的原则。自检就是维修人员根据修理标准自己检验；互检就是相关工位的检验人员对上一工位修毕的机件或总成进行检验；抽检就是维修单位的专职检验人员对维修过的机件或总成进行抽样检查，确保维修质量。

（3）出厂检验。

修竣的机械，必须进行出厂质量检验。经检验合格的机械应将修理情况及主要零、部件规格记入履历书中，连同其他技术文件进行交接，并填写交接单。修理质量不合格的机械一律不得出厂。出厂的机械要实行“保修制度”。使用中发现属于修理质量问题的，承修单位应负责返修，并应承担由于返修而消耗的一切费用（包括往返运输费用等）。

第三节　施工机械检修制度的实施

一、技术维护计划的编制

技术维护计划应按照维护时间的计划进行具体安排。一般情况下，由于维护工作量较少、时间较短，其费用直接摊入当日成本，通常都是按月编制，并作为施工生产作业计划的一个组成部分。在下达施工任务的同时，一起下达主要施工设备的维护任务，这样做也有利于机械设备安排生产时间与保养时间上的协调配合。

二、大修计划的编制

机械设备的大修理作业，由于工作量较大，停机时间较长，而且需要一定的组织准备及物质准备，所以要分别编制年度的控制性计划及季、月的实施计划。它们的具体内容及编制方法如下：

1. 年度大修计划

年度机械设备大修计划是控制性计划，它的编制目的是：

掌握施工企业年度机械设备的大修类别及台数，大致的进度（按季度）安排，为审定年度施工生产、机械使用计划提供依据；统筹平衡全年检修力量，发现问题，及时研究解决办法，如组织外修或对外承揽修理任务；为编制年度配件供应计划提供依据；核定大修理费用。

编制大修计划的依据是：

上年度的运转台时与修理类别；日常掌握的机械设备的实际技术情况；年度施工生产计划中，机械使用计划内对机械设备的使用安排；机械设备的大修计划由公司一级编制，按规定期限报局。由局审查汇总后分送施工生产、财务、材料、配件等部门与大修厂。大修厂根据上级下达的年度修理计划，可以大体安排并平衡本厂全年的检修任务。

2. 季度大修计划

季度大修计划中，机械设备的送修时间已明确到季度，但由于施工及设备本身可能出现的某些变化，到时候该送的送不了，不该送的反而提前进厂，季度计划就是根据实际情况作最后的调整，所以，季度计划就是年度计划的季度落实。季度计划由公司一级编制，于季度前 15 日上报局并分送有关修理单位，作为机械设备送修的依据。

3. 月份大修计划

月份大修计划是实施性的作业计划，一般由修理厂编制。根据最后落实的季度计划编制出当月的实施性作业计划。各使用单位必须按照规定的日期保证机械设备按时送厂。月末后 5 日，大修厂应将月份计划完成情况填表报送上级主管部门。

一般规定，季度计划的调整量不超过年度计划框限的 20%，否则，年度计划将失去其指导性或约束性意义。月份计划更要尽可能服从季度计划的安排，否则将打乱检修力量及配件供应的安排部署。此外，还要加强单位和单位之间的联系及配合，才能使计划得以顺利执行。

由于计划的编制也需要消耗大量的人力和时间，而施工生产的特点又是变化多、变得快，所以目前有的单位有取消季度计划的倾向，而根据年度计划及实际情况直接安排月份计划，但总的检修工作量仍应在年度计划的季度框限之内。

三、大修费用的结算

机械设备的修理费用由工时费、材料费和辅助材料费组成。

工时费是按综合工时单位计算的，并包括动力费、车间经费及企业管理费等在内；材料费包括外购配件、自制配件、油料、燃料、油漆等。其中配件费在新机每一次大修时间按定额乘 0.85 系数，第三次大修时按定额乘 1.15 系数。

费用结算的具体办法应按本部门或本地区的技术经济定额及合同条款执行。结算方式主要有两种：

（1）按修理费用定额执行。

（2）按预算核定修理费用，包括工时、配件、机械费等。

实践证明，实行修理合同制、按台签订修理合同是一种较好的方法，可以避免许多不必要的争执和不良的后果。

第四节 施工机械维修经济分析

施工机械维修的经济分析主要有两个内容：

①机械设备大修经济界限的计算。

②最佳预防维修工作量的确定。

一、机械大修经济界限的确定

机械设备大修是设备有形损耗的一次全面性补偿。一般来说，修理作业的劳动生产率比批量的整机生产低得多，零部件的零售价又要比整机出售的成本价格高得多。在这两个不利因素的共同作用下，为什么大修还能够得以存在？

一般设备在有形磨损后，可以把机械的零件分为三个类型：A 类是不能继续使用，必须予以更换；B 类是可以修复的零件，这类零件只要稍加修理，就可以恢复或基本恢复其原有的使用性能；C 类是原件不动，仍可继续使用的零件。根据对金属切削机床的大量数据调查表明，在大修时（B+C）/（A+B+C）的平均值为 2/3 ~ 4/5。同时，A 类零件往往都是价格较便宜的零部件，所以若按价值计算，其比值将更进一步高于前述数值。这就是为什么在设备使用的前期，大修在经济上还得以成立的理由。

但是，反复无休止地进行大修，虽能延长设备的使用寿命，却并不是一件值得提倡的事，这是因为：

随着耐用周期较长的基础件、关键件的逐渐老化，大修理费越来越高。在一定的年限后，甚至还会出现跳跃性的增加；设备的日常维护费用、能耗费用等将日益增加，设备的性能（如生产率等）将日益降低，使换算后的等值使用费越来越高；以恢复原机性能为目标的大修多次循环，将严重地阻碍技术的进步，使企业的装备日益失去其先进性；在国民经济的结构中形成一个庞大而落后的修理行业。

基于上述原因，对大修要有一个限值，这就是大修经济界限计算所要解决的问题。企业在面临设备需要大修时，不外乎有以下三种选择：

①大修与役龄更新间的比较——大修留用，或用同型新设备替换。

②大修与技术更新间的比较——大修留用，或用技术先进的新型设备替换。

③大修与技术改造间的比较——大修留用，或结合大修进行技术改造，使原机获得新的性能。

在以上三种比较中，只要有一种经济效益高于大修留用，那么大修在经济上就不能成立。

设备每经过一次大修，如果不考虑技术性无形损耗的因素，一般来说应该至少再使用一个大修周期，这样可以使大修理费用的年分摊成本降为最低。所以，经过了几次大修的设备，其使用寿命应为（n+1）个大修周期。

从长远观点看，机械设备的使用年限以基本上只包含一次大修和两个大修周期为宜。总的来说，一台设备可以允许进行再修的次数是极为有限的。有的设备，甚至连一次大修都难以成立。所以企业在安排设备大修理计划时，最好应逐一进行大修经济性的分析论证，至少也要在第二次大修的前夕进行这项工作，以避免由于盲目实施大修而在经济上得不偿失。

大修经济界限的计算，实际情况是比较复杂的，不仅大修的费用逐期发生变化，而且每次大修的间隔期以及每次大修后设备的技术性能等都在发生变化，因此，为简化运算，这里作几点假设：

①按规定，新机到第一次大修的间隔期要比标准的大修间隔期延长 20% ~ 30%，自第三次起每次缩短 10% 左右。这里，我们只考虑前者的影响，而把每三次以后的大修间隔看成是等同的，因为四次以上的大修实际上是很少的。

②按规定第一次大修的配件费用为定额的 85%，自第三次起每次比定额增加 15%。

③每个大修间隔期内的年运行维持费假定在同期是等额的，不同期内的运行维持费作适当增长。以第二个大修周期为准，第一个周期按 80% 计，自第三

个周期起每次递增 10% ~ 15%。

④每次的大修理费用，在按规定将配件费调整后，再乘 1.13 系数，作为超定额范围换件的加价因素。

以上仅仅是为了可以利用定额资料而进行的假设，如分析人员拥有本企业积累的统计整理数据，应使用企业自有数据，其结果更能符合实际情况。

以 n 为分期研究期，且 n < n'，则有：

$$(E_o)p=\frac{1}{K}[P'+L'+C_o(P/A,i,n)(P-L_n)]$$

$$(E_n)p=P(A/P,i,n')(P/A,i,n)+C_n(P/A,i,n)$$

$$C_n=0.8C_o$$

式中：P——设备原值；

P'——大修理费用总额，此外为追加投资性质；

n——旧设备的下一个大修周期，即选用的研究期；

n'——新设备的第一个大修周期，按假设为定额中标准周期的 120% ~ 130%，这里取 125%；

C_o，C_n——旧设备与新设备的年运行维持费，为台班费用经常修理费、安装拆卸及辅助设施费等费用的总和乘年额定工作台班；

K——使用价值换算系数，为旧设备与新设备的生产率之比，且 K<1；

i——利率；

$(E_o)P$、$(E_n)P$——研究期内，旧设备与新设备的等值总费用现值；

L'——旧设备的现时处理价。

若对旧设备实施大修，则意味着旧设备将继续使用，使旧设备的现时处理价款 L' 损失掉了，故应作为大修的损失费计入旧设备的总费用中。

若 $(E_o)P<(E_n)P$，则大修成立；

若 $(E_o)P>(E_n)P$，则大修不成立，应以同型新机置换旧机。

二、最佳预防维修工作的确定

很明显，维修机械越频繁，意外故障就越少。另外，由于维修作业本身而支出的费用，以及由于维修而停机所造成的损失也要增加。所以维修工作安排得过多或过少，都是不合适的。怎样安排最为经济，便是最佳预防维修工作量或最佳维修预防方案所要解决的问题。

与预防维修有关的费用由以下三个部分组成：

（1）实际支出的用于预防维修活动的费用。这部分费用用来支付由于对机械设备进行检查、测试以及发现隐患后实施预定项修理的费用。很显然，预防维修的越频繁，这项费用也就越多，一般认为它与预防维修工时成正比关系，或接近正比关系，如图 12–3 中的 a 线所示。

（2）用于排除故障的维修费用。即使实施了预防维修，也不能保证机械设备完全不发生任何故障。但是，随着实施预防维修工作量的增长，可能发生的故障在萌芽时期就被预防维修措施所消除，因此故障发生的频率随着预防维修工作量的增长而下降，如图 12–3 中的 b 线所示。

（3）由于停机而造成的损失费用。停机有两种情况：机械发生故障当然要停机，而进行预防维修作业也需要停机。这两种性质不同的停机结果却是一样的，即使企业丧失了由于机械运转生产所能获得的利益，这虽不是费用上的直接支出，却是一种经济上的损失，在意义上是相同的。这两种停机损失加在一起，其演变过程是这样的：一开始，由于实施少量的预防维修而不得不付出的停机代价很大（故障频繁）。随着预防维修的增加，故障频率下降，总的停机损失逐渐下降，且故障停机损失对总停机损失的影响效果减弱。过了平衡点后，由于增加预防维修工作量而导致的停机反而超过了得到的降低故障停机的时间，维修引起的停机损失对总的停机损失影响效果增强，于是总的停机损失反呈上升趋势。如图 12–3 中的 c 线所示。

把这三种费用曲线叠加起来，就可求得预防维修总经济曲线。如图 12–3 中的 d 线所示，最低点 G 相对应的 G’点，便是总的费用损失最少，也就是生产经济效果最好的预防维修工作量，称为最佳预防维修方案。

由于曲线 d 比较平缓，没有十分明显的最低点，故可以在 G’点前后若干距离内划定一个范围，只要预防维修工作量安排在这一个范围内，都可以得到基本相同的最佳经济效果，这个范围称为最佳预防维修范围。

需要说明的是，以上关于预防维修经济性的分析只适用于以经济效益为主要目标的机械设备。公路施工企业的机械设备，基本上适用这一原则，但由于施工生产受气候、季节及其他客观因素的制约较大，往往存在着一定程度的允许停机检修，并不招致额外的停机损失的机会或可能，在作具体分析时要顾及这些因素。

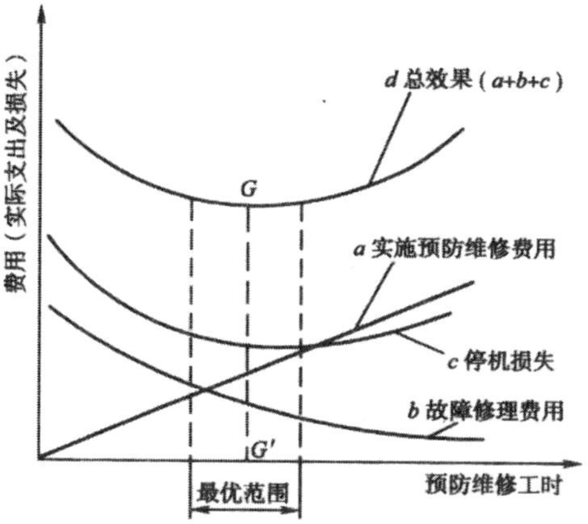

图12-3 预防维修工作量与费用关系示意图

第五节 施工机械经济寿命

施工机械的价值是在其有效使用期内，随着生产过程中的损耗程度逐步转移到产品成本中去的。因此，首先要对损耗的性质及成因加以研究。

一、四种不同性质的损耗

1. 有形损耗

有形损耗是指机械设备的实体所发生的损耗，其中：

（1）使用性损耗。

使用性损耗是由于机械的运行所引起的，使用的强度越大，持续的强度越大，持续的时间越长，损耗的程度也就越严重。使用性损耗主要有磨损、腐蚀、冲击损伤、疲劳裂纹、原材料的附着以及尘土、污物的污染等。使用性损耗是有形损耗的主要原因。

（2）闲置性损耗。

闲置性损耗主要是由于自然力的作用而引起的，如金属的氧化锈蚀、木材的腐朽、绝缘的老化变质等。闲置性损耗与生产过程无关，所以机械即使一天也不用并不能使闲置性损耗的进程完全停顿下来。

2. 无形损耗

无形损耗是指固定资产在其有效使用期间由于非自然力的原因而引起的价

值上的损失，分为以下两种损耗：

（1）经济性损耗。

经济性损耗是指机械在结构与性能基本不变的情况下，由于制造部门、劳动部门劳动生产率的提高，生产同样产品的社会必要劳动时间减少了，使原有机械的价值相应降低。

（2）技术性损耗。

技术性损耗是指由于新技术的发明和应用，出现了性能更为优越的新型设备，和原有的相比，使原有的设备贬值。

有形损耗和无形损耗结合在一起，用价值形态表现出来，称为综合损耗。不同类型的设备，综合损耗的构成比例是不相同的，施工机械的综合损耗还是以使用性有形损耗为主。

为了在价值上补偿机械设备的损耗，以便在机械设备的实物形态不能使用时更新和重置，必须从销售产品的收入中提取一定比例的资金。这部分要提取的资金就叫作折旧基金，这是保证按照原来的规模不断再生产的基本条件。

理想的提取折旧的方法是按照在每个单位时间内机械的实际损耗程度来提取该段时间的折旧额，但实际上难以做到。所以，实际工作中只能根据机械设备的预计使用寿命及某种预定的简单规律计算，并提取按年（月）的折旧额，以便在寿命到期时能够积累够重置基金。因此必须解决两个问题：

①机械设备有效使用寿命的确定。

②在已确定的使用寿命期限内，应该按何种规律来提取折旧额。该内容将在第十五章讨论。

二、机械设备的四种寿命

从不同的角度出发，机械设备共有四种不同意义的寿命，即自然寿命、技术寿命、功能寿命和经济寿命。

1. 自然寿命

自然寿命指机械设备的物质寿命，它是由机械设备的设计者，根据机械的结构、材质、受力情况、使用环境及磨损理论等确定的机械损坏至其使用价值用常规修理方法不能恢复时经历的时间。也就是说，自然寿命是由有形损耗决定的，当有形损耗发展到完全损耗时，即认为自然寿命终止。一般来说，由于机械设备的主体部分不作为更新件看待，也无备件可以供应，所以机械的自然寿命都是根据机械主体部分确定的。当机械的主体部分由于使用磨损、老化变质、腐蚀等原因损坏至不能修理恢复时即认为整机的自然寿命终止。例如，锅炉的自然寿命是由炉体损耗程度确定的。

具体地计算一台设备的自然寿命是一个复杂而专业性强的问题。除了理论计算以外，还要借助于某些经验公式或经验资料。不少国家对主要机械的自然寿命都有规定的指标，一般来说，以第一次大修期作为基数指标。例如，对于履带式液压挖掘机，美国规定的第一次大修期，在恶劣情况下为4年，8000小时；在一般情况下5年，10000小时；在良好情况下为6年，12000小时。日本规定铲斗容量在 $1.2m^3$ 以下者为9100小时；$2.3m^3$ 以上为10500小时。前苏联规定 $1 \sim 1.25m^3$ 者为15000小时。有了这个基数，再乘以适当的倍数，就可以得出整机的自然寿命。对于某些大型的机械设备，甚至对其中一些关键性零部件的寿命都是由国家规定的。例如，前苏联规定大型挖掘机的环形轨道为7 ~ 8年，推压齿轮为4 ~ 5年，推压齿条为6 ~ 7年，履带板为4年等。这些数据对确定机械的自然寿命有很大的参考价值。一般来说，施工机械的自然寿命有几十年的时间（30 ~ 50年），是所有寿命中最长的一种。

自然寿命一般应从设备的投产时间作为起算点。如新设备不投入使用，并加以妥善保管，那么虽然不能使闲置性损耗完全停止下来，但由于进程已降低到最缓慢程度，所以其自然寿命可以无限期延长，已不能包括在通常所说的寿命概念范围内。

2. **技术寿命**

技术寿命是设备的技术有效时间，它是技术性损耗的结果。机械设备在自然寿命结束前，由于技术上的进步，原机技术性能太低而被淘汰掉。机械设备从制成起到被淘汰掉所经历的时间称为技术寿命。请注意，技术寿命与自然寿命的起算点是不同的。

机械设备的技术寿命主要取决于该领域技术更新速度的快慢。例如，电子设备的技术寿命就非常短，据统计，每隔5 ~ 8年，电子计算机的计算速度就提高10倍，而体积则缩小10倍，成本也降低10倍。现在第一代使用电子管及第二代使用晶体管的电子计算机早已相继被淘汰。相对来说，施工机械的技术寿命比较长，比较稳定。但也能找到一些比较典型的例子来说明技术寿命对施工机械有效使用期的影响。例如，大型隧洞全断面开挖的有轨钻孔台车，我国在20世纪60年代末期才研制出来试用于生产，但很快就被高臂强力钻车所淘汰，因为前者庞大笨重，效率低，价格昂贵，对施工干扰大，而后者机动灵活，效率高，对施工几乎没有干扰，在技术性能上占全面的压倒优势。所以这架台车的自然寿命虽然可以达数十年之久，而技术寿命却只短短的几年。

技术寿命的长短与是否使用毫无关系，即使把它妥善地保管在仓库里也无法延长其技术寿命。

技术寿命又可分为预期的和现实的两种。预期的技术寿命是指对某种新产品技术有效时间的预测值，它很难通过某种公式精确地计算，只能依靠某些洞悉该领域技术更新动向及发展速度的专业人员，掌握大量的数据资料及丰富的经验预测判断。现实的技术寿命是指机械设备正在使用寿命的中期，由于社会上出现了更经济、更有效的新型设备，使企业认为有必要将旧设备淘汰掉时旧设备实际达到的寿命值，现实的技术寿命值的决定也就是设备更新的决策问题。由此可见，所谓技术寿命，归根到底，还是由经济上的得失决定的。因此，在某种程度上也可以把技术寿命理解为某种类型的经济寿命，不过这种经济寿命是单纯由于技术性无形损耗而引起的罢了。

机械设备的技术寿命，还可以通过对旧设备的局部技术改造而加以延长。这也是企业内部设备改造工作的主要内容。

不管机械设备出厂时间的早晚，同类产品的技术寿命终止期是一样的，这也是技术寿命与众不同的特征。

3. 功能寿命

由于施工生产对象的特殊性，作业条件的多变性，有些设备纯属是为了某一个特定的施工目的而专门制造的，在设备完成了专门的预定的功能任务以后，再也不能或很少再有可以预见的使用可能。那么，设备从制造，投产到完成其全部的任务所经历的时间，就是设备的功能寿命。这种寿命最易确定。原来施工计划中预定使用多长时间便是该设备的功能寿命。

施工企业自制（包括专项订货）的非标准设备中，有相当一部分就是属于这种类型的，而且其中不乏价值比较昂贵、结构非常复杂的设备。例如，上海市隧道公司在江南造船厂定制的特定断面的隧道掘进机，价值400万元，就是一种典型的具有功能寿命的设备，凡是只具有功能寿命的机械设备，不论其价值多么昂贵，不能转为固定资产，一旦其功能寿命终止，最好还是及早处理为宜。

4. 经济寿命

经济寿命是指纯粹从成本或利润角度出发而确定的机械设备的最佳寿命周期。所以，经济寿命也就是设备的平均年度成本费用最低，或年度净收益最大的使用期。企业新置一台设备，如果能对未来的费用发生情况精确地预测，那么，在购买设备时，就能精确地计算出它的经济寿命来。

在常用的经济计算方法中，确定寿命只考虑一个因素——只限于本设备的单位使用时间的成本因素或者利润因素。如果超出本设备自身范围以外，在不同牌型号的设备之间作使用经济性的综合比较，那么就要同技术寿命相混淆，这一点要特别注意。

一般来说，机械设备在使用的初期，运行维持费（人员工资、维修费用、能源消耗等）总是比较低的。以后逐渐老化，费用就越来越高。机械设备使用到某个时期后，如果再继续使用，由于运行维持费逐步提高而使年平均设备费用由下降转为上升趋势，形成一个 U 形曲线。因此，如果把年平均设备费最低的那个时间作为使用寿命的终点，那么由此而确定的折旧率正好届期可以把设备的原值（严格讲应该再减去残值）全部回收。用这笔折旧基金再购进一台新设备，开始下一个营运周期。如此循环下去，它的年平均设备费始终是最低的，从成本经济角度来说也是最合理的，所以也称为设备役期更新最佳周期。

三、经济寿命的计算方法

1. 简单面值法

所谓简单面值法，是以“账面数值”为依据。它根据同类型设备的统计资料，在不考虑利息及追加投资的前提下，以平均年度继续使用成本费确定设备的经济寿命。

2. 计息面值法

计息面值法，又称折现法，它与简单面值法在原则上无根本的不同，主要的差别在于计息面值法引进了时间因素，考虑了时间对各项费用的影响，在计算上也较为麻烦。

在计算中，利用现值法及年费用法，结果是一样的，但以采用年费用法较为直接一些。根据“期末惯例”，所有的 C_n 值都看作年末发生的费用，由于 C_n 值每年不同，且无规律，所以，只有将逐年的 C_n 值乘以（P/F，i，n）系数，求其现值的累计数，然后再乘以（A/P，i，n）系数将其换算为等值等额年金，其他费用也按等值换算原理处理，于是得设备的等值等额年成本费为：

$$U_n=(P-L_n)(\text{A/P,i,n})+\text{Lm}+\left(\sum_{i=1}^{n} C_n\left[P/F,i,n\right]\right)(A/P,i,n)$$

$$=\left[P-L_n+\sum_{i=1}^{n} C_n\,(P/F,i,n)\right](A/P,i,n)+L_m$$

式中 U_n——使用到第 n 年时对应于计息面值法的设备等值等额年成本费。

计算方法仍采取表格形式，以避免发生误算或漏算。由于考虑到时间因素，所以必须先假定一个 i 值，此 i 值一般采用企业所定的 MARR 值。若机械制造工厂向用户介绍本厂产品的经济寿命数据时，则可采用较高的银行利率。

除上述两种方法外，还有全费用计算法、简单解析法、数学模型法等，可以根据实际情况选用。

以上介绍了施工机械四种不同涵义的寿命，它们之间有一个共同点必须予以注意，那便是所谓寿命都是指在正常情况下（按照规定的要求加以使用、维修、保养等）而言的。假如对机械设备既不精心操作，也不注意维修保养，任意超载，带病运行，甚至发生重大机械事故，以致在很短的时间内使机械彻底损毁，纯属“夭折”，而根本不是以上介绍的寿命的涵义了。

以上四种不同涵义的寿命中，以自然寿命为最长，功能寿命为最短。至于经济寿命与技术寿命要视具体情况而定，在具体确定某一种或某一类机械设备的使用寿命时，往往要各种情况兼顾通盘考虑。一般来说，由于施工企业总是以追求经济效益为目的，所以经济寿命的影响较大。

参考文献

[1] 高建立 . 高速公路沥青路面养护关键技术与工程实例 [M]. 人民交通出版社，2006.

[2] 王玉顺，朱敏清 . 高速公路沥青路面预防性养护技术与应用 [M]. 中国建材工业出版社，2008.

[3] 张争奇 . 高速公路沥青路面维修养护技术 [M]. 人民交通出版社, 2010.

[4] 河南交通投资集团有限公司 . 高速公路沥青路面预防性养护技术规范 [M]. 人民交通出版社，2014.

[5] 周传林 . 公路养护技术与管理 [M]. 机械工业出版社，2010.

[6] 刘彦涛 . 预防性公路养护技术在现代高速公路养护中的应用 [J]. 科技与企业，2014（17）：244.

[7] 宋芳，于志东 . 浅谈微表处在高速公路养护技术中的应用 [J]. 黑龙江交通科技，2009，32（3）：11 ~ 12.

[8] 刘占良 . 高速公路养护技术的改进与完善分析 [J]. 黑龙江交通科技，2015，38（11）：64.

[9] 沈超平，杨广霖 . 新形势下高速公路养护技术的思考 [C]. 全国城市公路学会学术年会 . 2011.

[10] 尹建军 . 基于多种研发模式的高速公路养护技术创新体系研究 [J]. 产业与科技论坛，2007（9）：127 ~ 129.

[11] 中国公路学会筑路机械分会 . 沥青路面施工机械与机械化施工 [M]. 北京：人民交通出版社，1999.

[12] 中华人民共和国行业标准 .JTGF10—2006 公路路基施工技术规范 [S]. 北京：人民交通出版社，2006.

[13] 中华人民共和国行业标准 .JTJ034—2000 公路路面基层施工技术规范 [S]. 北京：人民交通出版社，2000.

[14] 中华人民共和国行业标准 .JTGF40—2004 公路沥青路面施工技术规

范［S］. 北京：人民交通出版社，2004.

［15］中华人民共和国行业标准 .JTGF30—2003 公路水泥混凝土路面施工技术规范［S］. 北京：人民交通出版社，2003.

［16］中华人民共和国行业标准 .JTG/TB06-03—2007 公路工程机械台班费用定额［M］. 北京：人民交通出版社，2007.

［17］公路工程施工定额 . 北京：人民交通出版社，2009.

［18］中华人民共和国行业标准 .JTG/TB06-02—2007 公路工程预算定额［M］. 北京：人民交通出版社，2007.

［19］郭小宏, 等 . 高等级公路机械化施工技术［M］. 北京: 人民交通出版社, 2001.

［20］中国建筑业协会建筑机械设备管理分会 . 建筑施工机械管理使用与维修［M］. 北京：中国建筑工业出版社，2001.

［21］戴世强 . 公路施工机械［M］. 北京：人民交通出版社，2001.

［22］王国安 . 公路机械化施工现代管理技术［M］. 北京: 人民交通出版社, 2000.

［23］费建国 . 公路工程机械化施工［M］. 北京：人民交通出版社，2001.

［24］陈家瑞 . 汽车构造［M］. 北京：人民交通出版社，2002.

［25］徐立汉 . 土石方机械操作工（基础知识）［M］. 北京：中国劳动社会保障出版社，2002.

［26］梁乃兴, 等 . 公路施工手册—工程材料［M］. 北京: 人民交通出版社, 2001.

［27］崔崇学 . 公路工程机械维修［M］. 北京：人民交通出版社，2001.